7448 4956

Luchando por la Vida

WITHDRAWN
BEAVERTON CITY LIBRARY
BEAVERTON, OR 97005
MEMBER OF WASHINGTON COUNTY
COOPERATIVE LIBRARY SERVICES

Mi historia

Clarita Sierra   Alex Sierra

Halo ●●●●
Publishing International

Nota del Autor: Esta es una historia de la vida real. Con el fin de proteger la privacidad y el anonimato de algunas Instituciones, personas y lugares, en este libro se han cambiado algunos nombres.

Copyright © 2016 Clara Sierra
Diseño de Portada e Ilustraciones: Mauricio Sierra
Anapaula Rivas. Coordinación Editorial
All rights reserved.

No part of this book may be reproduced in any manner without the written consent of the publisher except for brief excerpts in critical reviews or articles.

ISBN: 978-1-61244-448-2
Library of Congress Control Number: 2016901243

Printed in the United States of America

Publicado por Halo Publishing International
1100 NW Loop 410
Suite 700 - 176
San Antonio, Texas 78213
Toll Free 1-877-705-9647
Website: www.halopublishing.com
E-mail: contact@halopublishing.com

*A mi hijo Eduardo gracias por tu sabiduría, tu percepción,
tu sensibilidad y tu fortaleza.*

***A mi hijo Alejandro gracias por enseñarme el significado del amor
incondicional, por tu gran corazón, por tu sonrisa,
por tu alegría de vivir y tu gran capacidad para amar.***

*A mi hijo Mauricio gracias por tu ternura,
tu creatividad, tu compasión y tu honestidad.*

*Gracias a cada uno por llegar a mi vida e iluminarla con su luz,
con su amor y con la gracia de su ser.*

*A Gerardo mi amor, mi amigo y compañero de viaje.
Gracias por tu infinita paciencia, por motivarme siempre a ser mejor
persona, por ser mi guía, mi sostén y por tu eterna generosidad.*

*A todos los padres que han perdido a un hijo
a causa de esta horrible enfermedad.*

Clarita Sierra

ÍNDICE

¿Cómo huir de mí?

Conozco a Clarita y a Gerardo, hoy en día, dos grandes amigos míos, cuya amistad no se remonta, ni mucho menos, a lo largo del tiempo, si bien existen personajes con quienes basta haber convivido un par de horas como para experimentar una sensación de gratificante calidez propia de los compañeros de viaje que nos han acompañado durante casi toda la existencia. El pavoroso sufrimiento que padecieron, la muerte lenta de su querido hijo Alejandro, sin duda alguna el peor de los dolores que puede enfrentar un ser humano, los convirtió en seres excepcionalmente comprensivos ante el dolor ajeno, en realidad crecieron, surgieron como enormes árboles frondosos dueños de una gratificante sombra bajo la cual corremos a guarecernos en busca de protección, orientación o compañía o de una simple palabra de alivio que nos reporte paz y aliento…

La voz de Clarita equivale a una caricia comprensiva en la espalda. Su mirada inquieta refleja la búsqueda intensa de la palabra necesaria para tranquilizar, reforzar y ayudar: Pareciera que nació para ayudar en el entendido que el único verbo que sabe conjugar, me consta, es ese: ¡Yo ayudo! No creo que ninguno otro lo domine con tanta pasión y compromiso. ¿Gerardo? Gerardo siempre está, hasta si se le buscara a tientas en la oscuridad, ahí estaría invariablemente, claro que al lado de Clarita y de los suyos, pero también en el centro del corazón de sus amigos. No importa la distancia ni la complejidad de los problemas, Gerardo siempre estará en las duras y en las maduras, de pie, como un poderoso faro que orienta a los navegantes en medio de las tormentas marinas nocturnas.

Semejante alianza de fuerzas pocas veces vista en una pareja, fue puesta a prueba alevosa y perversamente en su vida cuando unas potentes manos de acero, desconocedoras del menor sentimiento de piedad, sujetaron férreamente el cuello de su hijo Alejandro decididas a privarlo de la vida. Al descubrir el mal, la mortal adicción, sumaron lo mejor de ellos y de su familia, recurrieron sin tregua y sin escatimar esfuerzos a las armas más modernas para lograr apartar esos dedos malditos de la garganta indefensa de Alejandro. Tocaron todas las puertas, emplearon lo mejor de sí, contrataron médicos especialistas nacionales y extranjeros, localizaron las clínicas más famosas dedicadas a combatir las adicciones, estudiaron a título personal el tema hasta dominar la materia, en la inteligencia que el empeño económico y emocional y la dedicación jamás mermaron el vigor ejemplar y contagioso de los Sierra-Roffe ni llegó a decaer el ánimo con tal de zafar al hijo de las garras del gigante sordo, mudo, ciego e inconmovible que lo asfixiaba día con día.

Una catarata implacable de sentimientos azotó a diario la cabeza, espalda y frente de la familia. En ocasiones la ira se sentaba a la mesa y empezaba el intercambio de acusaciones, de reclamaciones; en otras, el perdón, la benevolencia y la nobleza serenaban a los Sierra: ¿a quién culpar, por qué hacerlo, quién era el responsable de los hechos? ¡Cuánta injusticia! La tristeza acompañada de una profunda depresión producto de la impotencia, dominaba la inagotable conversación en relación a un solo y único tema: Alex. De la esperanza por un nuevo descubrimiento científico y por la aparición de un destacado especialista en adicciones, se caía en la decepción ante otro posible intento frustrado. La impotencia, el miedo, la desesperación, la rabia, el insomnio, la pérdida de atención ante la vida cotidiana, la carencia de atractivos y de satisfactores imprescindibles para justificar la existencia se agolpaban en las mentes angustiadas de la familia. De la misma manera en que Alejandro perdía el control de sus días y parecía precipitarse en un pavoroso tobogán en su fuga de sí mismo, los Sierra estaban obligados a guardar la calma, y la serenidad en su búsqueda frenética por lograr el rescate del ser querido que empeñaba objetos personales o sustraía bienes de la familia o se endeudaba con usureros agiotistas con tal de obtener recursos para drogarse antes de enloquecer. ¡Claro que a Alejandro y a los adictos no les importaba pasar como seres desconocidos de cara a los suyos antes de perder la razón! Echarían mano de lo que fuera con tal de obtener unos gramos del polvo maldito.

Nada tuvo remedio. Cuando las drogas destruyeron los centros cerebrales en donde se encuentra localizada la fuerza de voluntad de un individuo, Alejandro se convirtió en la hoja de un árbol sujeta a los caprichos del viento. Los Sierra perdieron irremediablemente a Alejandro. Las poderosas manos que durante tantos años sujetaron la garganta de Alejandro desaparecieron de pronto cuando éste expiró y escasamente se percibió su último aliento. Finalmente conquistó la paz por la que siempre había luchado. Todos perdimos a Alejandro, no sólo los Sierra ni sus familiares y amigos. México también perdió a un joven valioso.

¿Su efímero paso por la vida fue inútil? ¡No! Alejandro luchó como un gigante para zafarse de aquellas manos siniestras. Su lucha consta por escrito en muchas páginas escritas por su madre. Su inagotable coraje para huir de sí mismo y recuperar su salud y su alegría por vivir constituye un claro ejemplo de esfuerzo personal ante el irremediable arrepentimiento, un remordimiento extemporáneo, una demostración palpable para los jóvenes de nuestros días de lo que puede ocurrirles de caer en la tentación de probar los narcóticos sometiéndose a la voz diabólica del "mejor amigo" que sostiene aquello de "no pasa nada", la invitación de quien perversamente desea compartir la culpa de haber sucumbido a los brazos de la muerte al inhalar cocaína por primera vez. Por ello y sólo por ello, el libro de Clarita Sierra debería ser lectura obligatoria en todas las escuelas del país para evidenciar el hecho que el enfermo convertido en adicto a los narcóticos no solo hace de su existencia una tragedia, sino que arrastra a los suyos, a sus padres y hermanos, novias o novios, a las personas que más quieren en su vida, a un infierno del que él mismo no puede salir. ¡Qué difícil resulta asistir a la muerte lenta de un ser querido que ha destruido con drogas sus propios centros nerviosos de los que depende su fuerza de voluntad, sin la que cualquier empeño orientado a recuperar la salud será inútil! El naufragio emocional de la familia en semejantes condiciones implica un esfuerzo faraónico, cuyas heridas no cicatrizan fácilmente, sino por el contrario, arrancarse una y otra vez las costras parece ser una rutina indolente y destructiva en ocasiones casi imposible de erradicar.

No es a mí a quien corresponde tratar de explicar por qué Alejandro y tal vez millones de personas más cayeron y murieron víctimas de la inhalación de cocaína o de la inyección o ingesta de sustancias altamente tóxicas y mortales, no soy un experto en la materia ni pretendo scrlo, pero sí me corresponde denunciar también en estas páginas a una autoridad incapaz de impedir el envenenamiento físico de lo mejor de México: ¡nuestros hijos! Los funcionarios y jueces deberían leer el libro de Clarita "Luchando por la vida" para poder asomarse a los horrores que padece una familia atenazada por los cuatro costados cuando unos de sus integrantes ha caído víctima de las drogas que se enajenan en las calles o bares o restaurantes con la más absoluta impunidad. ¿Existen las culpas absolutas?

En el caso de Alejandro Sierra, la autoridad fracasó, como fracasó la familia, la escuela, la religión, las clínicas de rehabilitación, los doctores especialistas, el amor de cualquier tipo, los maestros, los verdaderos amigos, todos fracasamos menos los asquerosos hampones dispuestos a matar, a asesinar con tal de hacerse dinero provenga de donde provenga. ¿Qué hacemos como sociedad? Poco o nada, salvo Clarita que ha escrito estos dolorosos pasajes de su vida con la mano en el corazón y con el ánimo fundado de ayudar –su palabra favorita– de modo que otras familias no sucumban en el infierno en que los suyos podrían ser sepultados por la impotencia. Clarita da la voz de alarma, Clarita grita, Clarita explica, Clarita clama y clama al cielo, un cielo también sordo, pero no deja de denunciar con un hilo de voz para que su caso sea oído y leído y de ser posible, que nunca se vuelva a repetir, al menos, en los hogares mexicanos.

Los alumnos de cualquier escuela mexicana deberían leer "Luchando por la vida", como igualmente deberían hacerlo los maestros de nuestros hijos, los integrantes de las asociaciones de padres de familia, las autoridades educativas, los diputados y senadores, los agentes del ministerio público, los jueces, magistrados y ministros, en fin, los ciudadanos en generales conscientes de los peligros que enfrentan nuestros hijos y la juventud en general.

En este México amenazado, prostituido y engañado, todos deberíamos llamarnos "Clarita" si realmente deseamos cambiarlo. Clarita luchó hasta el límite de sus fuerzas porque Alejandro fuera un fanático adicto a la vida. Ella no es culpable, los demás sí lo somos ante nuestra patética indolencia al huir de nosotros mismos en lugar de hacer un frente cívico digno para combatir a los envenenadores de la nación…

Francisco Martín Moreno

Febrero del 2016

PRÓLOGO DE KEVIN MCCAULEY

"Todos queremos a este amigo, él solo necesita un poco de ayuda".

Estas fueron las palabras con las que me introdujeron a Alejandro Sierra, cuando me llamó un amigo que Alex había conocido en un tratamiento. Este amigo sí había logrado su recuperación y estaba preocupado por él, así que le recomendó nuestra nueva "casa de Medio Camino" en Utah. Alex fue nuestro primer residente.

Cuando conocí a Alex en el aeropuerto, nunca hubiera podido creer que había recaído, o quizá pensé que podía haber sido algo muy breve ya que en todos los aspectos se veía como un joven perfectamente sano. Era guapo, –incluso con mucha presencia-, infaliblemente educado y encantador. Enseguida, pude percibir que era una persona extraordinaria.

A las pocas semanas ya había seis muchachos viviendo en nuestra casa y Alex volvió a recrear un ambiente de camaradería con todos, de la misma forma que lo había hecho en la clínica donde había estado anteriormente. "Si hubiésemos sido una familia, Alex hubiese sido el hijo favorito". Apoyaba genuinamente a todos sus compañeros, era muy querido por todo el personal y hacia de muy buena manera, todo lo que se le pedía para fortalecer su sobriedad. Le gustaba pasar buenos ratos, era muy buena compañía y a cualquier lugar donde íbamos, si él estaba con nosotros, siempre la pasábamos muy bien. Aún recuerdo la noche que fuimos a jugar boliche. ¡Todavía puedo ver su gran sonrisa después de hacer una chuza!

Todos queríamos a Alex y él tenía todos los ingredientes para construir una vida sobria - el mejor tratamiento, una gran actitud, una familia amorosa, solidaria y comprometida-. Tenía todo a su alcance y una vida prometedora. No pasó mucho tiempo antes de que cumpliera un mes de sobriedad. Luego dos. Y luego tres.

Pero Alex poseía una profunda y peligrosa sensibilidad que he observado tan a menudo en personas que luchan contra la adicción.

También tenía, lo que resultó ser una de las más severas adicciones a la cocaína que he visto. La cocaína es una droga cruel que oscila entre períodos de calma y estabilidad y terribles ansias, obsesión y caos.

Mientras Alex estuvo en Utah, trabajo muy bien su programa, desafortunadamente se trasladó a San Diego para estar con su novia – algo que no hubiese yo escogido para una persona que se encontraba en una sobriedad temprana, pero no podía yo argumentar nada es ese momento ya que él estaba trabajando bien, hacía todo lo que se le recomendaba y se veía fuerte en su recuperación. Todo se veía bien. Sin embargo, con el tiempo, la relación con su novia se derrumbó. Alex estaba hecho pedazos. Y el ciclo obscuro de su adicción comenzó otra vez.

Durante el primer año de conocer a Alex, mi relación con su madre se hizo muy estrecha. Tengo un lugar especial en mi corazón para las madres de hijos adictos. Todavía puedo recordar lo que le hice pasar a mi madre mientras yo luchaba contra mi adicción a la cocaína. Y para reparar mis acciones, siempre que puedo les doy a estas madres que luchan por sus hijos todo mi tiempo y mi apoyo. Pero mi relación con la mamá de Alex, Clarita, se hizo mucho más fuerte. Hablábamos durante horas sobre Alex. Estuvimos siempre completamente de acuerdo acerca de sus maravillosas cualidades y fortalezas, intercambiábamos planes de esperanza para su futuro, y ambos reconocíamos esta parte frágil de su personalidad, que tenía que ver con sus relaciones.

Alex podía descender a un consumo escalofriante de drogas. Y de la misma manera que caía, se recuperaba rápidamente saliendo una vez más, como podía y de un momento a otro, lograba dar un paso más en el camino de la sobriedad. Se hacían planes para su recuperación, Alex los aceptaba y parecía que todo se iba acomodando, y sin embargo una vez más caía.

Gerardo y Clarita fueron A San Diego para ayudarlo. Me llamaron, y tome inmediatamente un avión. La esperanza de todos era que Alex regresara a Utah, un lugar donde él nunca había consumido drogas. Y tratar de replicar el período de la estabilidad que había logrado anteriormente.

Cuando llegué, me sorprendió lo mal que se veía. Aunque todavía tenía su misma sonrisa carismática, también mostraba la implacable e irracional necesidad de consumir droga que le demandaba su adicción a la cocaína... En esos momentos nada lo movía... ni las súplicas, ni las promesas, ni las lágrimas. Tomó toda la noche convencerlo de que se subiera al coche para llevarlo de regreso y una vez que lo logramos, manejé tan rápido como pude hacia Salt Lake City. Durante el camino platicamos mucho toda la noche – reímos muchas veces. Alex volvió hacer él mismo de siempre. Recordó con mucho cariño su anterior estancia en Utah, y una vez más el futuro parecía brillante.

Al llegar lo dejé en un hospital donde se desintoxicaría durante 72 horas, -una mera formalidad para regresar a nuestra "casa de medio camino"-. Nos dimos un abrazo y los dos estábamos esperanzados en el futuro. Antes de llegar a la casa recibí una llamada de la enfermera de desintoxicación: Alex había dejado el hospital y nadie sabía dónde estaba...

Después de varios días, y de muchas llamadas de desesperación entre Clarita, Gerardo y yo, Alejandro apareció. Lo fui a buscar a donde se encontraba. Lo regresé al hospital, le pedí que se quedara ahí, me lo prometió. Nos abrazamos. Manejé a casa y cuando me estaba estacionando, la enfermera llamó otra vez: Alex se salió del hospital. **"Así es la Cocaína"**.

Finalmente, Gerardo llegó a Salt Lake City, y se llevó a Alex de regreso a su casa en México. Se mantuvo bien por un rato y volvió a recaer. Clarita y Gerardo lo intentaron todo. Hicieron todo lo que se les pidió, y lo hicieron bien. Si existía alguna clínica con un tratamiento que fuera bueno: Alex asistió. Si había alguna terapia que probar: Alex la tomó. Lo que hubiera nuevo para el tratamiento de adicciones: Alex lo tenía... Cualquier centro que se les recomendara, así fuera el que tuviera todas las comodidades, o el más estricto: él lo probó. Y cuando pienso en la enorme cantidad de dinero que gastó esta familia desesperada, me siento avergonzado del negocio en el que trabajo.

Decimos continuamente que las personas que se adhieren al programa logran la recuperación. Decimos que los estudios lo demuestran, los números me dicen que es cierto. Pero la verdad es que la enfermedad mental no actúa así. La adicción no está obligada a respetar las reglas. Todo lo que Alex tenía, todo lo que se hizo por él, todo lo que Alex hizo- debió de haber funcionado. Lamentablemente, no fue así.

En nuestra última conversación, Alex me llamó desde la ciudad de México. Hablamos de lo bien que estaba, que había mantenido su sobriedad por un largo tiempo y se iba a casar. Le deseé lo mejor, sabía que él le daría a la mujer que amaba lo mejor de sí mismo. Pero justo antes de la boda, Alex tuvo una recaída.

Quería saber, su voz se ahogaba ¿es cierto? ¿Es cierto que los adictos nunca pueden mejorar?

Sé en mi corazón que esto no es cierto- que las personas sí pueden mejorar. Le recordé cuántas veces lo había logrado, lo bien que lo había hecho en el pasado, le recordé lo bien que se sentía cuando estaba sobrio. Le dije que creía en él. Y esto era cierto.

Alex sintió que el mundo se le cerraba, se sintió juzgado por todos, y quizás pensó que todo era peor de lo que realmente era, pero los adictos así son, están llenos de vergüenza. Sólo unos pocos logran dejar de pensar y de sentir así... Y creo que cuando la vergüenza y la culpa amenazaron la perdida de la relación a la cual él le había regalado su corazón entero, fue demasiado para él. Esto nos dice algo sobre la adicción, más que lo que Alex dice, pero nunca volví a hablar con él.

Cuando recibí la llamada de Clarita que Alex había muerto en un estado de paranoia inducida por la cocaína, mi mente volvió a mi propia adicción. Me acordé de cómo era ese terror. Me entristece tanto cuando pienso que mi paciente, mi amigo, Alex, estaba solo cuando murió. Había tanta gente que lo amaba y que trataron de darle la ayuda que necesitaba. Él sufrió. Y no lo merecía.

Existen "Ciclos de adicción" - en los individuos y en países enteros. Parece al menos, que en los Estados Unidos, estamos entrando a un nuevo período obscuro en la adicción, después de un período de relativa calma y estabilidad.

Pienso en Alex a menudo. Y cuando hablo con padres que han perdido a un hijo a causa de esta enfermedad, las palabras me fallan, me es difícil encontrar las que den cierto significado a su dolor, les señalo a otros padres que han logrado soportar y sobrevivir. Creo que cuando hay padres que como Clarita y Gerardo, son lo suficientemente valientes como para contar sus historias, éstas sirven de guía en la obscuridad para otras familias. Sé que sus palabras, en este libro, ayudarán a otros padres, y espero que les den consuelo.

Hay una luz en ese tipo de valentía, y arde al igual que la vida de Alex - más brillante, más fugaz, que cualquier otra cosa alrededor de ella.

Kevin McCauley

Marzo del 2016

INTRODUCCIÓN

YO NO SOY MI ADICCIÓN

Una vez más, me encuentro sentada en un avión camino a rescatar a Alejandro. Nos llamaron para decirnos que volvió a recaer y que se encuentra muy mal. Es tan difícil entender qué es lo que le pasa... Cada vez que lo dejamos en algún sitio, parece estar bien, lleno de ilusiones, de ánimo y con una gran sonrisa nos dice: -Esta vez es diferente, será la última, nunca más volveré a consumir-...Y a tan sólo unas horas o unos días, ya está usando de nueva cuenta... Cada vez que lo veo lo quiero abrazar, lo quiero proteger como cuando era niño y le pertenecía sólo a mis brazos. Tristemente a veces ya no lo reconozco....

Clarita Sierra

Contrariamente a la idea de que son los padres los que dejan un legado a los hijos, en este libro, es Alex, a través de su historia, el que le otorga una herencia a su madre y a toda la familia: la de la lucha incansable por reconstruirse a sí mismo, lejos de los espacios de las drogas. Dilucidar qué sucedió en esta historia, puede, sin duda, ayudar a otros padres a que conozcan más sobre el mundo de las adicciones, así como darles a conocer los distintos clichés que se han producido en torno a esta enfermedad; para que así, al contar con más herramientas, puedan enfrentar, de la mejor manera, las complejidades de una adicción. El hilo conductor de este libro, es la propia narración de Alex, con datos precisos sobre esta enfermedad, así como la perspectiva de la familia y los amigos.

Este libro es un homenaje a la vida de mi hijo Alejandro, un homenaje a la vida misma, y es también una narración de sus experiencias en el mundo de las adicciones. En estos "ires y venires" que él enfrentó en ese oscuro mundo y en un momento de franca y dolorosa recuperación, él decidió escribir la historia de su lucha frente a las adicciones y dejó, aunque inconcluso, un testimonio íntimo, impactante y profundo sobre esta enfermedad tan estigmatizada, compleja y destructiva. Al final, creo que Alejandro también nos dejó con estas líneas, la historia de la lucha valiosa y constante consigo mismo, lucha de autoconocimiento; donde permanecía la idea siempre constante de buscar su esencia, de conocer sus flaquezas y fortalezas. Hizo un largo viaje tratando de definirse más allá de su adicción. Luego entonces, este es un libro que también habla sobre la búsqueda de nosotros mismos. Mientras escribo estas líneas, Alex, parece susurrarme al oído: **me niego, me niego rotundamente a ser definido por mi adicción.**

Alex disfrutaba de la vida a plenitud y quiso gozarla a manos llenas, intensamente, con todos los significados que esto tiene consigo. Era alegre y generoso, de amplia sonrisa y mirada profunda y con una luz que irradiaba a todos los que lo conocimos.

Durante lo que me parecieron siglos, permanecí dedicada en cuerpo y alma en tratar de comprender el tema de la adicción. Todavía en la actualidad, las dudas me consumen. En ese entonces, ninguna información que leía, podía quitarme la sensación de impotencia que tenía. Literalmente me dediqué a leer desesperadamente todo lo que a mi paso encontraba, escuchaba a cuanta persona me ofreciera alguna solución al problema, pasaba las horas en la computadora buscando clínicas en donde tuvieran los mejores y más nuevos programas para combatir esta horrible enfermedad.

Creo que al estar informada sobre lo que la droga estaba provocando en el cerebro de Alejandro y cómo se estaban produciendo cambios en su forma de tomar decisiones y en su percepción de que lo único importante en esos momentos para él era conseguir droga, me causaba una impotencia y un millón de sentimientos encontrados: por un lado, una compasión inmensa por él y por el otro, un enojo brutal; desafortunadamente esto me hacía engancharme en su locura, aun cuando yo sabía que lo peor que podía hacer en ese momento era formar parte de su crisis.

Poco a poco fuimos entendiendo que, "la recuperación es un proceso de muchas caídas y comienzos falsos. El dolor y los errores son inevitables, pero también es inevitable el crecimiento, la sabiduría y la serenidad con la que las familias abordan la adicción con una mente abierta y con un deseo profundo de aprendizaje para aceptar que la recuperación, así como la adicción misma, son procesos largos y complejos". (1)

Lamentablemente, a nosotros nos tomó mucho tiempo aprender, que lo único que podíamos hacer para ayudar en el proceso de la recuperación, tanto nuestra como de Alejandro, era utilizar todos nuestros recursos para enfrentar esta enfermedad y poder apoyarlo para no destruirse más. Alejandro tuvo muchas dificultades en mantener su recuperación, y también tuvo momentos en los que volvíamos a tener con nosotros a este Ser tan maravilloso.... ¡claro!, hasta que llegaba devastadora, la siguiente recaída. Esto sin lugar a dudas, causaba mucha tristeza en nosotros; pero también en el proceso, nos hicimos más fuertes, crecimos como familia y fuimos aprendiendo a no crear expectativas y sobre todo, nunca perdimos la esperanza.

En el anhelo de encontrar algunas respuestas, mucha fue la literatura que fuimos leyendo, entre ésta, llegó a mis manos el libro Addict in the Family de Beverly Conyers, sus palabras me hacían mucho sentido pues finalmente era una madre como yo, atrapada en el desconocido mundo de la adicción: "La recuperación es un largo viaje de crecimiento personal. Un viaje que no se puede forzar y que toma su tiempo. La persona tiene que estar lista para hacer cambios en su vida." (2)

Como muchas veces el doctor Kevin McCauley nos aconsejó, nosotros como padres o como parejas del adicto, sólo podemos acompañarlos durante este proceso, haciendo nuestros propios cambios, escuchándolos con amor, respetando sus decisiones, aunque creamos que no son las correctas; esto ayuda a promover su crecimiento, su autoestima, les da empoderamiento y se fomenta el sentido de responsabilidad en ellos.

Esta es nuestra historia, con todos los errores y aciertos que tuvimos. Quizás para nosotros como pareja, como familia, la información de su consumo nos llegó demasiado tarde, y es precisamente por eso, que queremos compartir nuestra experiencia. En este testimonial que narra el tormentoso viaje de Alex por este mundo, intentamos hacer un recuento de su vida.

Espero que estas páginas cumplan con su cometido, aclarar algunos clichés que existen en torno a esta enfermedad, quiero que se entienda, que se aborde correctamente, que deje de ser malinterpretada y juzgada. No pretendo que sea una suma de consejos, sino únicamente que a través de nuestra experiencia, los adictos y sus familias, encuentren quizás algunas respuestas y puedan sentirse acompañados en el duro proceso de la adicción.

CAPÍTULO I.

TODO LO QUE UNA MADRE DEBE SABER.
MI VERSIÓN DE LOS HECHOS

"En un principio era yo una mamá como cualquier otra, tropezando y tratando de resolver las lecciones de la maternidad. Pero un día tuve que aprender a ser la madre de un adicto. Tuve que aprender a cambiar la vergüenza y la culpa, por fortaleza. (…) Cuando la adicción se encuentra con el amor, las líneas se pierden. Queremos amar a nuestro hijo sin ayudar al adicto, pero desafortunadamente, comparten el mismo cuerpo".

Sandra Swenson

Estoy en la unidad de Terapia Médico Familiar, mi espacio de trabajo que a su vez se ha convertido también en un espacio terapéutico para mí y todos mis compañeros. Nos reunimos todos los martes para supervisar los casos del taller de cáncer. Durante más de 10 años, me han escuchado y han sido testigos de nuestra historia.

Para mí ha sido un espacio seguro y donde siempre he encontrado una escucha empática y mucha contención. Hay una caja de Kleenex que tan sólo de verla me provoca una profunda tristeza. Ya he llorado mucho, soy muy sensible y a la vez muy fuerte cuando la situación lo requiere… soy una sobreviviente.

Sentados en los sofás, me espera mi grupo, mi jefa me descubre en la mirada la necesidad que tengo hoy de hablar. Otras veces les he hablado del desconcierto, la culpa, la frustración, la tristeza, el desasosiego y la impotencia, es como una interminable montaña rusa de emociones. Todos me dan su apoyo, comparten diferentes estrategias que quizás me puedan servir. Mi café ya frío, pero igual me lo tomo con la extraña sensación de sentirme acompañada en este lugar.

Hago una pausa en el relato y les digo desesperadamente: "¿cómo puedo hablar de todo esto sin sentirme juzgada por el mundo exterior? Ellos me responden con un silencio solidario y una mirada en sintonía; de alguna forma, todos hemos estado en algún espacio de profunda tristeza; sin embargo, aquí todos tenemos la tranquilidad de no ser juzgados y de que, por lo menos en ese cuarto, no estamos solos, nos queda un sentido profundo de empatía.

Y es justamente la sensación de no sentirme juzgada, al menos por ellos, lo me ha permitido a lo largo del tiempo hablar. Hoy comienzan a salir de mi boca frases sin sentido, lo percibo a la perfección y sin embargo no puedo ordenar mis pensamientos, así que simplemente dejo que fluyan: por mucho que quieras hacer como familiar…. todo depende sólo del adicto…. ¿no es cierto?... Duele saber que no puedes hacer nada que los haga sentir mejor…Y ellos… mienten, manipulan, abusan, no cooperan… Hoy no tengo para compartir más que dudas y mis miedos -Varias cabezas asienten, tratando de mostrarme su apoyo-…. ¿Por qué todos nuestros intentos por ayudarlo fracasan?, ¿fue nuestra culpa?, ¿qué es una adicción, es realmente una enfermedad?, ¿trabajar con ellos en su espiritualidad sirve de algo?, ¿qué podemos hacer como familia, distinto de lo que ya estamos haciendo? Siento un profundo dolor por no poder hacer nada por ese ser que tanto amo y al que ya no reconozco del todo.

Jamás pensé que pudiera resistir tanta incertidumbre. El encuentro de Alex con las drogas, me ha dado experiencias que no le deseo a nadie. Impotencia, una profunda impotencia, la incertidumbre, el dolor, la desesperanza, momentos de poca tolerancia, y un enojo terrible con la enfermedad. A lo largo de todo el proceso adictivo de mi hijo, me asalta siempre la duda, ¿cómo ayudarlo a reconstruirse, si yo me estoy desmoronando por dentro?

A veces pienso que yo tenía una voz muy fuerte en la casa. El hecho de ser terapeuta era razón suficiente para ser escuchada, para tener la credibilidad en este tema. ¿Acaso no todas las madres la tenemos? Siento que la voz de mi marido y la mía, le resuenan a Alex una y otra vez en la cabeza. ¿Ha tenido eso que ver en las recuperaciones y recaídas de Alex? Ha habido muchas ocasiones en las que pienso que Alejandro y yo somos tan parecidos. Los dos tenemos una personalidad muy sensible, nos importa mucho el qué dirán, el deber ser. Ni mi hijo ni yo, sabemos muy bien cómo poner límites, yo llevo toda la vida trabajando en eso, nos interesa demasiado el quedar bien… "No saber decir que no", muchas veces he creído que ese es un gran foco rojo en la adicción de mi hijo. ¿No es cierto?

Suspiro y continúo mi relato. La verdad es el recuerdo del Alex cariñoso, generoso, asombrado por la vida, el que me motiva hoy a hablar con ustedes… -Casi sin pedirle permiso al grupo, tomó un pequeño libro de un doctor Kevin McCauley, que es el que últimamente me hace mucho sentido y comienzo a leer: "…Me queda muy claro que hay algo mucho más profundo en la adicción que un mal comportamiento. Los familiares observan con una gran tristeza, cómo desde este oscuro lugar, esta persona que tanto quieren va transformándose y alejándose poco a poco. Sin embargo, junto a este enojo y esta frustración, tenemos el recuerdo de cuando nuestro ser querido no actuaba así, estoy seguro que todos recordamos a una persona muy diferente: cariñosa, responsable, generosa, decente"… (3)

Saben, -le digo al grupo-, a veces pienso que lo he perdido del todo, y me pregunto ¿dónde quedó aquel hijo tierno, platicador, sensible, creativo y cariñoso, aquel ser que tantas alegrías nos ha traído? Alex es impulsivo sí, pero sensible e inteligente, tiene una luz maravillosa, es generoso, deja marca en las personas que lo conocen, es espontáneo y profundamente empático. Es entonces cuando me pregunto, ¿qué fue lo que cambió?, ¿dónde quedó aquel ser que yo recuerdo tan nítidamente y al que tanto amo?

Recuerdo las que debieron haber sido quizás las primeras señales de alerta que en ese momento no vimos, ¡éramos tan ingenuos! En una ocasión Alex me preguntó: -*Ma, tengo un amigo que se mete cocaína. ¿Qué le puede pasar?* Yo le respondí de acuerdo a la información que había tomado en una especialidad en adicciones, pero no me di cuenta que él era el que estaba coqueteando con la idea de usarla.

En otra ocasión, era el mundial de soccer del 2006 en Alemania e invitamos a la casa a ver el juego a varios amigos y familiares y a su vez éstos invitaron a más amigos. Terminamos siendo 200 personas en el evento. Alex llegó con unos muchachos que ni mi marido ni yo conocíamos, se veían niños y niñas agradables, debimos pedirle a Alex que nos los presentara, pues luego nos enteramos que ese día habían estado tomando mucho y usando cocaína, aquí en nuestra casa... Ninguno de nosotros fuimos a ver qué era lo que estaban haciendo. Quizás ese fue otro foco rojo.

Tengo la imagen tan clara de Alex de pequeño, ¿cómo no hacerlo? yo lo traje al mundo, fue un niño muy deseado. Recuerdo todavía su carita de libertad, de gozo, de emoción cuando lo llevamos por primera vez a Disneylandia. Era tierno, dulce, cariñoso, siempre estaba pegado a mi esposo y a mí. Y al mismo tiempo, desde pequeño parecía no medir las consecuencias, le gustaba vivir la vida al tope. Nunca me imaginé que le fuera a llegar a gustar una droga, era muy sano, le gustaba mucho el deporte. ¿Qué por qué digo que es impulsivo? Siempre lo fue, totalmente intrépido, se sentía invencible como Superman, incluso era su superhéroe preferido, constantemente retaba al universo. Recuerdo como me decía desde niño: *-Ma, si tengo que vivir la vida con miedo, prefiero no vivirla.* Pero un día sin medir el peligro, se metió en algo que no pudo controlar... ¿Si a mí me hubieran ofrecido alguna droga, la habría probado?... la personalidad de Alex decidió arriesgar. ¿Sería su genética adictiva o él la provocó con su consumo? Uno con su estilo de vida prende y apaga los genes heredados.

¿Mi hijo con una adicción? Hasta que no lo vives, tan sólo son palabras sin sentido en tu cabeza y aun viviéndolo, es ¡tan difícil de entender! y volteo a mirar al grupo pidiendo apoyo. Encuentro nuevamente algunas miradas empáticas que me animan a continuar. Alex fue adentrándose cada vez más en un camino sin retorno, pasó de una sustancia a la otra y a la otra, casi sin darse cuenta, como un buen día me lo compartió:

"Yo había probado el alcohol desde los 16 años y por supuesto cuando me pusieron la coca enfrente, para mí fue como si me pusieran el nuevo sabor de Sabritas. No había conciencia alguna de lo que estaba haciendo. Era simplemente una aventura más... Y pues pasó lo que tenía que pasar... ¡me gustó! ¡Había adquirido una nueva herramienta para la fiesta!"

¡Claro!, un día llegó a la vida de mi hijo y por la puerta grande el temible crack y Alex también le dio la bienvenida. Por fin había encontrado la que sería su droga de preferencia. Hoy en día, estoy segura que Alex desearía no haberla probado nunca…

Ahora ya siento que es una eternidad desde aquel momento. Un sin fin de veces me he preguntado qué fue lo que pasó en la cabeza de Alex, ¿qué le pasó a su cerebro, que mi querido hijo no ha podido escaparse del crack? A veces hay en él algo más fuerte que la adicción misma, que le dice "ya no quiero seguir consumiendo", pero el crack es muy poderoso. Está sumergido en una gran encrucijada. ¿Qué pasa en el cerebro de una persona adicta al crack que no puede salir? No lo entiendo…

Hoy me siento triste e indefensa, por eso quise hablar. Alex ha vuelto a recaer. Íbamos taaan bien, pero ha vuelto a recaer. Y entonces pienso que quizás Alex se va por el camino que ya conoce, puede ser un camino terrible, pedregoso, resbaloso, pero a él le resulta reconfortante pues es un lugar ya conocido y eso le da seguridad, le vuelve a dar la adrenalina que le falta y se llena de energía, eso es lo que te provoca el crack. Alex me lo ha dicho tantas veces: -*Ma, yo salgo de mi adicción y cuando tú me empiezas a decir: "mira Alex estas son las juntas, este es el horario, ya te tengo tres terapeutas"… y comienzas a querer arreglar toda mi vida… mi cabeza se empieza a poner nerviosa nuevamente y me dice -No Alex, no vamos a poder hacer todo esto-, entonces, ¿qué hago?, me vuelvo a ir a usar porque eso es lo que me reconforta, eso es lo que sé hacer y eso es lo que puedo controlar…*

En mi afán por rescatar a Alex y mi falta de comprensión de la angustia que le causa en su cerebro, he tratado de resolverle la vida, siento que está en momentos tan frágiles y vulnerables, que parece que estuviera roto por dentro y que no va a poder él sólo. ¡Qué difícil es!, porque quizás eso es justamente lo que le provoca más angustia. Todo eso, aunado a su personalidad de querer siempre agradar a todos y en todos los instantes.

Estoy en un momento sin sentido, realmente sin sentido… No sé si lo podremos salvar una vez más ¿saben? Tengo miedo.

Termino mi relato, no volteo a ver a nadie, pero siento las miradas que me acompañan. Afuera comienza a llover. El sofá me contiene, mi cuerpo se desploma, siento que no he dormido en años, pero no puedo flaquear, en cualquier momento Alex nos puede necesitar, de alguna manera me siento fuerte, está en mi naturaleza.

CAPÍTULO II.-

ARMANDO EL COMPLICADO ROMPECABEZAS
DE MI VIDA

"El amor incondicional es uno de los anhelos más profundos,
no sólo del niño sino de todo ser humano."

Erich Fromm

"La razón por la cual las historias son tan poderosas es quizás
porque, por lo menos las buenas, no tratan de convencer a nadie
a través de la lógica. En lugar de esto, llegan a través de las
emociones, tienen la capacidad de tocar nuestro corazón".

Jake D. Parent

¿Dónde empezó todo?, ¿será que tendré que recurrir a mis recuerdos más lejanos, para encontrar en ellos algo de dónde sostenerme? ¿Dónde comienzo yo y dónde termina mi adicción? ¿Cómo poder recuperar mi esencia, ante tanto caos que hay en mi cabeza? ¿Puedo retomar mi vida?, ¿volver a confiar en mí?, ¿qué significa crecer y convertirse en adulto?, lo digo en serio... siempre me siento bien cuando estoy al cobijo de alguien, de alguna niña guapa por ejemplo, y me rehúso a tener que abandonar ese tan conocido y querido espacio de confort, el único donde no me siento vacío, donde me siento seguro, ¿por qué me cuesta tanto trabajo crecer, sentirme bien? Necesito aferrarme a la tarea de encontrar en mi pasado el sentido de mi existencia.

Este es el relato de mi vida que comencé a escribir hace tiempo, en ese entonces me encontraba en un Anexo, no recuerdo el año, quizás 2010, un lugar indescriptible, ahí estaba yo solo y mis pensamientos, tratando de dar respuesta a todo este rebumbio en mi cabeza:

Me encuentro en un centro de reintegración en la ciudad de Tijuana llamado CRREAD. "Anexo" es como les llaman a estos lugares. Lugares donde se atiende a personas de bajos recursos con problemas de alcohol y drogas. Hay dos maneras para entrar a uno de estos lugares. Como voluntario –que es cuando una persona entra por su propio pie y pide ayuda- en este caso la estancia mínima es de 6 meses; o por lo que se llama petición familiar –esto es cuando la familia del adicto solicita al centro la ayuda para internar a su familiar- en este segundo caso no hay estancia mínima o máxima, el interno puede estar aquí todo el tiempo que la familia deseé. Hay personas que llevan aquí ya más de cuatro años completamente olvidados por sus familiares. Yo me encuentro aquí a petición de mi familia. Recibí de ellos una carta que después de hacer una cronología de todo lo que he vivido a lo largo de mi adicción –como si yo no lo recordara perfectamente- me escriben lo siguiente:

"Hoy te encuentras nuevamente en el Anexo, decisión que tu tomaste cuando aceptaste la propuesta del dueño de la clínica donde estabas: si te volvías a salir de la clínica, él te metería a un anexo y por lo tanto creemos que es importante que conozcas las decisiones a las que hemos llegado. Son decisiones que aunque no lo entiendas ahora y tal vez no lo creas, nos causan mucho dolor. Pero a la vez sabemos que no nos has dejado más alternativas, si te das cuenta, hemos intentado todo. Sabemos que el tiempo es un factor decisivo en tu recuperación aunque tú lo ves como tu peor enemigo. Por esto hemos decidido entregarte las llaves de tu vida, tú vas a decidir qué es lo que haces con esta experiencia, como la vives... Vas a estar en el anexo por tiempo indefinido, no menos de seis meses. Necesitas recuperar todo lo que tu enfermedad te ha hecho perder, necesitas volver a reestructurar tu vida, cambiar tus hábitos destructivos y construir nuevos paradigmas. Por otro lado, necesitamos todos recuperar nuestra salud. Debemos también por tiempo indefinido hacer una pauta en nuestra relación. Tú tienes que reparar el daño que te has hecho y hacerte dueño y responsable de tus errores y de igual manera, nosotros tendremos que trabajar la parte de la que hemos sido responsables, los errores que hemos tenido y también tendremos que hacernos responsables y dueños de nuestra propia recuperación. Sí Alex, de nuestra parte también ha habido muchos errores, errores cometidos por el gran amor que te tenemos, por la ternura y la compasión que durante todos estos años nos has inspirado. Creemos que es momento de soltarnos, tú a nosotros y nosotros a ti y esto sólo lo vamos a lograr poniendo por el momento cierta distancia. No te faltará lo necesario, ya sea por medio de Ángel y Becky o tu terapeuta de la clínica, te tratarán de dar todo lo necesites. Ojalá que este tiempo te dé la oportunidad de volver a sensibilizar tu consciencia, encontrar tus verdaderas emociones que han estado anestesiadas por un largo tiempo y que logres volver a conectarte con lo que es real y verdadero. Es una gran oportunidad y experiencia de vida para rescatar tus partes sanas y tus valores.

En austeridad, en la humildad y sobre todo en el dolor y en el sufrimiento los seres humanos logramos tocar nuestra esencia divina, logramos transformar nuestro lado oscuro y aprendemos a ser dueños de este. Crecemos de nuestros errores y logramos responsabilizarnos de nuestra vida, todo esto nos ayuda a renacer en la luz.

Esperamos que te des cuenta que la recuperación está dentro de ti y no afuera. Los recursos están ahí dentro y no en psicólogos, clínicas de lujo, dinero, novias y comodidades, sino sólo dentro de ti. Ojalá logres durante este tiempo valorar todo lo que la vida te ha dado y que por el momento has perdido.

Realmente Alex, confiamos con todo el amor, la compasión y la ternura que hay en nuestros corazones, que lograrás esta recuperación y te reencontrarás con tu yo interior.

Queremos que estés seguro que al salir de este difícil capítulo en tu vida que sólo tú puedes cerrar, contarás como siempre ha sido, con nuestro amor y apoyo incondicional"

Te queremos mucho

Tu Pa y tu Ma

"Realmente hoy ha sido un día muy difícil. Quedaron de llevarle la carta que le escribimos a Alex hace unos días. Han sido momentos muy complicados, pero hoy en especial he sentido una opresión muy grande en el corazón y un nudo en la boca del estómago. Esto no es por mí, es por el gran dolor que hoy Alex va a sentir. (…) Habló el dueño de la clínica para decirnos que ya le leyeron la carta a Alex, dicen que se sintió totalmente derrotado y lloró mucho. Yo no sé qué hacer con mis emociones, estoy muy mal, no puedo abrazar a mi hijo y no puedo secar sus lágrimas". Clarita Sierra

El tiempo de mi estancia: INDEFINIDO.

Hace mucho tiempo que he querido escribir un poco sobre las experiencias que he vivido a lo largo del tiempo. Por alguna u otra razón siempre pasa algo que simplemente interrumpe esta tarea y la dejo a un lado. Esperemos esta vez pueda completarla y ayudar a mis lectores a no cometer los mismos errores que me han llevado a una vida, en ocasiones, obscura y miserable. Tengo la intención de recordar lo mejor que pueda. Un poco de mi infancia, de mi formación, de la vida que llevé al lado de una familia que siempre ha estado ahí para apoyarme, en las buenas y en las malas. Y lo más importante, cómo fue que caí en el obscuro mundo de la adicción. Ésta es una tarea importante para mí, puesto que a lo largo de los años, he ido perdiendo la capacidad de recordar los buenos momentos que he vivido, he ido perdiendo piso, y poco a poco, la capacidad de relacionarme con el mundo. He perdido mi esencia y espero al escribir esta historia, vuelvan esos recuerdos y esos sentimientos que tanto me hacen falta.

La enfermedad de la adicción nos afecta física, mental y espiritualmente. Con cada una de mis recaídas siento que me rompo en pedazos, cada vez más pequeños y poco a poco tengo que ir pegando las piezas, para tratar de volver a ser una persona completa.

Me he vuelto un codependiente a mi familia, a mis parejas, he perdido la capacidad de afrontar los problemas que la vida me presenta y a causa de ello, me he escondido detrás de las drogas con la intención de llenar el vacío que me he creado a lo largo de mi vida. En los recuerdos encuentro mucho sufrimiento, muchos momentos de terror que todavía hacen que se estremezca el cuerpo, tan sólo al pensarlos. Dicen que mirar para atrás no es bueno, que hay que vivir el "sólo por hoy", puesto que el pasado ya no está aquí y el futuro aún es incierto. Yo miraré mí pasado con el fin de encontrar respuestas, respuestas a muchas preguntas que día a día pasan por mi cabeza. ¿Dónde fue que me perdí? ¿En qué momento dejé de ser yo? ¿Qué es lo que pasó a lo largo de mi infancia que me trajo hasta donde hoy me encuentro? Y sobre todo, ¿qué es lo que tengo que cambiar en mí para poder volver otra vez a tener una vida normal? Es cierto, la enfermedad de la adicción es incurable y por lo mismo, regresar a tener una vida normal, quizás ya no es posible; sin embargo, de hoy en adelante tengo que cuidar cada uno de mis pensamientos, cada una de mis reacciones, ya que cualquiera de estos, si no son analizados y resueltos me pueden llevar de regreso a la obsesión del consumo… y si esto llega a pasar, puede llegar el momento en el que me encuentre otra vez en el terrible fondo del abismo, alejado de la realidad y hundiéndome cada día más.

"Para sobrevivir, un adicto tiene que tener una contención invaluable… (Alex nunca la tuvo por no ser disciplinado)… por eso tenía que cuidar todo lo que hacía. Es fundamental tener un plan de acción, una estrategia bien planeada para que cuando venga cada "craving", (en este libro se utiliza la palabra en inglés pues no hemos encontrado una en español que la defina mejor. Algunos términos que se encuentran en los textos sobre las adicciones pueden ser: obsesión, ansiedad, compulsión o deseo vehemente) el adicto pueda saber cómo reaccionar ante cada pensamiento obscuro… En nuestro caso, nos angustiábamos pues sentíamos que él no tenía ese plan y que si no cambiaba su estilo de vida, podía recaer muy fácilmente". Clarita

Dicen que no hay como la fuerza de un adicto ayudando a otro, si tú te sientes solo y perdido, si sientes que has hecho cosas que nunca te podrás perdonar, si crees que la vida ya no tiene sentido, espero leas esta historia y en ella encuentres un poco de esperanza, que sepas que no estás solo, que son millones las personas que padecemos de esta horrible enfermedad y que sí, sí hay una solución. Creo que de todas las enseñanzas que he tenido en este proceso, una de las que más me ha ayudado, es la de contactar conmigo mismo, darme un tiempo diario para reflexionar acerca de cómo soy yo, pues como bien dice la frase: "Aquel que no conoce su pasado está condenado a repetirlo". En ocasiones, lo puedo hacer después de leer un libro de autoayuda, de meditación, o después de escribir en mi diario; otras veces lo hago antes de ir a algún grupo de ayuda; y en otras ocasiones, no necesito de todo lo anterior. Sin lugar a dudas, ha sido fundamental darme ese tiempo conmigo mismo y reconocer cómo estoy, cómo me siento; a veces lo escribo y otras únicamente lo percibo en silencio, sin influencias de nadie".

Alejandro se asumió a sí mismo con todas sus fortalezas y sus incapacidades, con todo el valor y con todo el miedo, y con la incertidumbre y las incongruencias que siempre rodean el mundo

de la adicción. Claramente en esa época, sabía que contaba con muchas herramientas para afrontar la vida y sin embargo, a veces se sentía incapacitado para utilizarlas, tenía un deseo profundo de lograrlo, de salir de ahí a como diera lugar.

MI INFANCIA TAL COMO LA RECUERDO

Nací el 11 de julio de 1983 en la Ciudad de México, en el hospital ABC, soy hijo de Gerardo Sierra y Clarita Roffe de Sierra. Tengo un hermano cinco años más grande que se llama Eduardo y otro hermano un año más chico que se llama Mauricio. Después de tener a Eduardo, mi mamá tuvo varios problemas para poder tener otro hijo, de hecho, perdió un hijo con unos meses de embarazo, esto antes de que yo llegara y creo que por esa razón, mis papás siempre me dijeron que fui un bebé muy deseado y desde que lo recuerdo, en efecto, se me trató así. Siempre me sentí amado y protegido por mis padres.

"Nuestra relación era muy bonita, mucho cariño y muchos momentos compartiendo juntos.....fútbol, tenis, viajes... Cada uno de esos instantes en familia, Alex los llenaba con su entusiasmo, con detalles espontáneos, tenía una gran chispa y alegría por vivir. Era muy observador y rápido en sus respuestas y soluciones, nunca se le cerraban las puertas y así fue hasta el final. Él confiaba en mí y yo en él. Siempre supe y estoy convencido de que Alex, en todo momento trató de salir adelante y su esfuerzo, aun cuando sí lo valorábamos, nunca logramos entender su magnitud". Gerardo Sierra

Tuve una infancia realmente bonita, con mucho amor y cariño. Gracias al esfuerzo de mi padre, mi familia tiene una buena posición económica y por lo tanto, pudimos gozar de una vida llena de satisfacciones. Hemos tenido la oportunidad de viajar mucho durante nuestra vida a lugares bonitos y desde pequeños teníamos todo lo que necesitábamos. Nos llevaron muchas veces a Disney World, en Orlando. Yo era el más feliz en esos viajes, hasta la fecha me emociono con el simple recuerdo de felicidad que sentía al estar en ese lugar. Será porque era un lugar lleno de "magia" donde todo estaba diseñado para hacerte pasar un rato feliz, o quizás porque recuerdo la unión de la familia en cada uno de estos viajes, éramos inseparables.

"De chiquito era como todos los niños, muy travieso, era introvertido pero cuando tomaba confianza era muy extrovertido. Siempre buscaba algo más, era muy inquieto, todo el tiempo se la pasaba investigando, era más arriesgado que los demás niños. Me encantaba su creatividad e imaginación, el dinamismo de sus pensamientos; era ágil, propositivo y aventurero. Incluso desde los viajes que hacíamos, era muy chistoso verlo. Hay una escena que recuerdo muy bien con Chip and Dale, debe haber tenido 4 años, Alex trataba de tocar a estos personajes y estaba entre que se atrevía y no se atrevía, siempre midiendo, hasta que finalmente lo hizo, fue todo un logró para él. Esa capacidad no la perdió nunca"… Gerardo

¿Qué pasa cuando se tiene todo y no es suficiente? Alex muy bien sabía lo deseado que fue, siempre protegido por el amoroso abrazo de una familia, sin ninguna preocupación económica, lo cual desmiente el pensamiento, ese cliché generalizado que asume al adicto adulto como un niño abandonado, infeliz y traumatizado.

Siempre he sido muy apegado a mis padres. De pequeño, era con mi mamá con la que pasaba el mayor tiempo posible, recuerdo que desde que iba al kínder "El Principito" -que quedaba muy cerca de mi casa-, salía corriendo de ahí para poder estar con ella, siempre me recibía con los brazos abiertos. También recuerdo en muchas ocasiones hacerme el enfermo para poder quedarme en la cama toda la mañana viendo la tele con mi mamá.

"Alex es el hijo de en medio, Eduardo era su ídolo, pero le llevaba 5 años y medio y lógicamente no lo quería con él y sus cuates, lo que le afectaba a Alejandro por su sensibilidad. Cuando nació Mau, se sintió destronado muy de prisa, a pesar de que Alex había sido tan deseado; Mau era muy simpático y extrovertido y Alex en esa época era muy tímido. Mau también le decía: "vete con tus amigos", ¿por qué te quieres venir con los míos? Alejandro disfrutaba desde niño de las emociones fuertes. Para algunos puede ser insoportable subir a un bonjee jump, y Alex a los 10 años ya se había echado varias veces de ahí. Era muy fantasioso, como dulce, tímido y para algunas cosas era inseguro. Recuerdo que de las cosas que más le gustaban de pequeño era estar con nosotros. Los viajes de esa época eran mágicos para él porque estábamos todos juntos disfrutando en familia y eso le daba mucha seguridad". Clarita

"De chicos, Alex y yo compartíamos el mismo cuarto, caminábamos juntos de ida y regreso hacia la escuela todos los días. Jugábamos juntos todo el tiempo. Crecimos en una privada donde había ocho familias con niños de la misma edad, jugábamos al futbol, escondidillas en las casas, hacíamos travesuras. Alex era muy inquieto y explorador, pero entre los dos nos dábamos cuerda. Él era el que ponía la pauta y yo lo seguía por ser el más chico". Mauricio Sierra

"Recuerdo a Alex de pequeño muy alegre, muy hiperactivo, siempre iba un paso adelante tratando de descubrir cosas nuevas. Eran edades muy distintas pero jugábamos mucho por toda la casa, en los pasillos y en los cuartos, a veces hasta fútbol jugábamos dentro. Desde que Alex tenía 9 años, mi papá nos empezó a llevar al golf. Yo ahí estaba en plena pubertad y en el tema del golf era muy competitivo y ellos todavía jugueteaban mucho. Era muy buena experiencia, convivíamos con mi papá, incluso hacíamos viajes especiales para ir a jugar, recuerdo con mucho cariño el de Hawaii y el de Palm Springs." Eduardo Sierra

Creo que con mi papá la relación fue creciendo con el tiempo, es una persona maravillosa. De pequeños estaba el mayor tiempo posible con nosotros, más tarde, por su trabajo, convivir con él era más difícil pues pasaba mucho tiempo en la oficina.

"Creo que para Alex era complicado ser el de en medio, ser el sándwich, puedes pensar que nunca tuvo "su momento", pues cuando Alex tenía año y medio nació nuestro hermano Mau y quizás Alex sintió que ya no le ponían la misma atención. Creo que su personalidad fue siempre la misma. El mismo Alex que recuerdo de chiquito a los 3 años, era el mismo Alex que murió. Desde siempre le encantaba la adrenalina, las cosas que lo ponían al límite, las montañas rusas, los coches…las niñas." Eduardo

Alex desafiaba a la vida constantemente; se sentía invencible, podía resultarle más fácil echarse de un bungee que encarar responsabilidades y las consecuencias de sus actos. Así es como lo describe su familia: "Alex seguía siendo un niño, con todo lo positivo y también lo negativo que pueda tener un niño". Una persona con una adicción, (como puede ser en el mundo de los niños) no sabe de grises, todo es terrible o todo es grandioso; la adicción te imposibilita ver la vida de una manera más realista

y asumirla como tal, por eso Alex siempre buscaba la perfección, quería crear la imagen perfecta de sí mismo y al verse atrapado en una adicción espantosa, su autoimagen se degradaba cada vez más. ¿Si el mundo se divide en bueno y malo, ¿yo dónde quedo?, podría preguntarse Alejandro.

A los 5 años, comencé a ir al colegio Vista Hermosa una escuela privada con un muy buen nivel educativo. Siempre fui un buen estudiante y tenía una buena relación con mis maestros y amigos. Recuerdo que en primaria no era de los estudiantes populares, a pesar de que tenía buenos amigos también pasaba malos ratos cuando los "bullys" de la escuela me molestaban. En primero de primaria fui con miedo a la escuela todo el año, porque había un compañero que se sentaba en la banca de atrás y me pateaba la espalda para que yo le diera el dinero de mi lunch. Años después se convertiría en uno de mis mejores amigos. Al pasar a secundaria, en 1996 las cosas siguieron tranquilas, los primeros dos años me gustaba mucho jugar fútbol y estaba en la selección de la escuela. Continuaba teniendo una vida sana, con buenos amigos y amigas. Claro que ya a esta edad, empezó un poco más el interés por el sexo opuesto, yo era un niño bonito pero no era de los más guapos, todavía no desarrollaba bien mis facciones, mi pelo era un desastre, por eso me apodaron "el micro", pues parecía un micrófono, un look que no me hacía muy popular entre las mujeres. Pero la verdad todavía esto no me causaba muchos problemas, sí comenzaban un poco mis inseguridades pero seguía siendo un niño feliz lleno de sueños y de ilusiones.

Fue en el último año de secundaria, 1998, cuando las cosas se empezaron a poner un poco más interesantes, comenzaron las fiestas y apareció el que más tarde se convertiría en un muy buen amigo "el alcohol". Recuerdo muy bien cómo esta sustancia ayudaba a olvidar mis inseguridades, me hacía sentir más guapo, carismático e incluso podía hablar con el sexo opuesto mucho más fácilmente; ésta fue una actividad en la que me volví todo un experto. Creo que desde los 15 años les di una particular importancia a las mujeres; todavía no se volvía lo más importante de mi vida –como más tarde sería- pero ya abarcaban una gran parte de mis pensamientos diarios.

"Lo primero que le dio seguridad en su vida fueron las niñas, porque poco a poco aprendió a relacionarse con ellas y para él fue más importante tener novias que amigos. En su adolescencia, Alejandro se llevaba con los "nerds" porque él mismo decía que era un nerd: traía frenos, lentes, buen niño, siempre tenía una buena conducta, le iba bien de calificaciones. Yo veía a mi hijo en esa época con serios problemas para relacionarse y encontrar un grupo al cual pertenecer. Con sus inseguridades, él quería ser amigos de los "picudos" y en esa transición perdió su identidad de grupo, por tratar de llevarse con los más populares y con las niñas. Realmente se trataba de un sentimiento de inadecuación constante. Justamente en ese proceso de querer pertenecer y tener seguridad para hablar con las niñas fue como cayó en el alcohol; no es que todo girara en torno a la bebida, sino que ésta fue la herramienta que encontró para relacionarse mejor." Clarita

Logré terminar secundaria a pesar de que la escuela ya no era mi prioridad, afortunadamente puedo decir que soy una persona inteligente y nunca tuve dificultad para lograr pasar mis materias. Mis papás constantemente me decían que pasaba la escuela con el mínimo esfuerzo, y bien que tenían razón. Pero tener buenas calificaciones y ser el mejor en la escuela, nunca fue algo a lo que yo le diera mucha importancia.

"Cualquier joven cuando consume alcohol y drogas piensa: -me imagino que lo peor puede pasar, pero a mí nunca me va a pasar- y desafortunadamente ese es el riesgo, sí puede pasar. El dado puede ir en contra de quien sea y con drogas, no sólo se puede perder dinero, si en el dado sale el número equivocado. Es la vida misma la que se puede perder". (4)

Poco a poco, conforme fui creciendo, mi vida empezó cada vez más a girar alrededor de las fiestas, las salidas con amigos y amigas y por supuesto el alcohol. Ya más grande, habré tenido 17 o 18 me comenzó a importar mucho qué tipo de ropa usaba –buscando que ésta fuera de buena marca-, el coche con el que me llevaban a las fiestas, tener una buena mesa en los lugares a los que iba y siempre tratar de asistir a los mejores eventos. Aún con eso, la vida que llevaba no me resultaba fácil, no tenía las amistades más populares, mis papás no me daban mucho dinero y recuerdo que parte de mí, quería seguir siendo el niño bueno e inocente que había sido hasta ese momento, pero poco a poco el "glamour del alcohol" me iba atrayendo más y más y me convertía en una persona que no era realmente en esencia.

Alex reconoce que su encuentro con el alcohol y su efecto desinhibidor, redirigió su camino hacia otros objetivos y metas. La vida representa pruebas contantes y la manera de librarlas depende de las herramientas con las que contamos. Aparentemente Alex tenía una serie de recursos a la mano y sin embargo, se decantó por un camino que lo hizo llegar a la adicción.

En el primer año de preparatoria las cosas ya no fueron iguales. Perdí total interés por mi educación, ahora sí era sólo la fiesta y las mujeres lo único que me llamaba la atención. Reprobé por primera vez un año escolar debido a la cantidad de faltas de asistencia –era más divertido saltarme clases o simplemente no asistir- y así fue como me corrieron del colegio Vista Hermosa. Lugar donde había crecido y había logrado forjar varias amistades.

Por ese tiempo tuve mi primera relación sexual, algo de lo cual no estoy muy orgulloso. Recuerdo que fue la presión de los amigos lo que me hizo comenzar a tener relaciones compradas. La primera vez no fue una experiencia bonita y desde ese entonces me empezó a costar mucho trabajo tener una buena relación que no fuera precoz. Estaba acostumbrado a tener relaciones incómodas donde mi desempeño sexual nunca fue bueno. Era un niño cuando lo hice por primera vez y no estaba ni seguro de lo que estaba haciendo. Recuerdo que fue en un cuarto sucio de una casa de citas, con una mujer mucho más grande que yo. Me sentía incómodo y lleno de miedos, pero también con cierta emoción de lo que estaba a punto de hacer. Fue algo rápido, que me dejo con un vació emocional, me sentí sucio. Tener relaciones sexuales, algo de lo que la gente hablaba como algo maravilloso, para mí no fue gran cosa. Mi primera vez no fue nada placentera... Fue a lo largo del tiempo y después de muchas parejas que empecé a encontrar el verdadero placer en esta conexión tan maravillosa entre el hombre y la mujer.

Durante este año de preparatoria conocí a una niña que se llamaba Andrea, que se convirtió en una de las personas más importantes en mi vida. Era el año de 1998, y ella fue realmente especial para mí. En un primer momento, llegué a pensar que estaba fuera de mi alcance así que comencé poco a poco a buscarla, a tratar de conquistarla, no fue una tarea fácil. Me escapaba de la escuela con varios amigos para ir a visitarla a su escuela. Le hablaba constantemente por teléfono y la iba a visitar a su casa.

A pesar de todos mis esfuerzos, no lograba convencerla para que saliera exclusivamente conmigo. Un día, en un lugar llamado "El Suspiro" después de haber pasado toda la tarde juntos, llegó el momento de despedirnos; al acercarme a darle un beso de despedida en el cachete, recuerdo vívidamente cómo movió un poquito la cara para que nuestros labios se encontraran. Todavía recuerdo cómo me temblaban las piernas de la emoción. Fue el primero, de muchos besos que siguieron en los siguientes años de nuestras vidas.

Mi familia compró en 1999 una casa de playa en Ixtapa, Zihuatanejo. Hemos pasado innumerables vacaciones llenas de aventuras y buenos momentos. Recuerdo que a unos meses de nuestro noviazgo, Andrea y yo, coincidimos en unas vacaciones, (sus papás tienen también una casa en el mismo fraccionamiento); fue algo muy especial. Nos pasábamos todo el tiempo juntos en la alberca, pasando momentos realmente agradables, tengo increíbles recuerdos, fue con ella con quien pude sentir la emoción del primer amor.

"Conocí a Alex más o menos cuando yo tenía 14 años, lo recuerdo como un niño súper tierno, con lentes, siempre educado y propio, una persona con una mirada profunda y especial que mantuvo siempre, y 16 años después la seguía reconociendo cuando la veía. En esa época, como éramos tan chicos y sin experiencia, los nervios nos atacaban cuando estábamos juntos. Desde el momento que nos conocimos comenzó una historia de amor muy intensa para los dos". Andrea

Mi vida siguió su marcha, las fiestas continuaron, el alcohol siguió siendo un amigo. Recuerdo varias ocasiones en las que llegué intoxicado a mi casa, donde era confrontado por mis padres. Se me pedía mucho que tuviera cuidado con mi manera de tomar, pero todavía no era visto como un problema, era un adolescente experimentando con los placeres de la vida.

"Yo recuerdo que la manera de tomar de mis hijos, sí me preocupaba, toda la experiencia que iban teniendo de adolescentes entorno al alcohol, porque yo no tomaba. Sin embargo, mi marido que había ido a un colegio de puros hombres, me trataba de confortar diciéndome que era algo normal en la adolescencia"… Clarita

En este año también empecé a tener problemas con diferentes grupos sociales, recuerdo que había un grupo de niños de un colegio

privado de puros hombres, que constantemente me buscaban para golpearme; hasta la fecha no sé realmente por qué… sólo recuerdo que vivía con mucho miedo. Una semana antes, esos mismos niños, habían dejado a uno de sus compañeros con una conmoción cerebral, después de haberlo estrellado a banquetazos. Comencé a esconderme de ellos, en las fiestas tenía que estar alerta para no tener que cruzarme con ninguno, realmente les tenía pavor. Fue en una fiesta de 15 años, en la Hacienda de los Morales cuando me vi frente a todos. Me encontraba en el baño cuando un grupo de 10 o 15 niños entraron, me detuvieron a empujones y gritos durante un rato amenazando que me iban a golpear, hasta que un guardia de seguridad entró y los sacó. Después de cerrar la puerta, el guardia me dijo que no iba a dejar que me pegaran, pero que le hablara a alguien por teléfono para que me sacara de la fiesta. Entonces le llamé a mi hermano Eduardo y él me dijo que me quedara tranquilo, que él iba a ir a recogerme. Poco tiempo después, entró al baño un chofer, un hombre realmente grande, que me preguntó si yo era Alejandro Sierra y me dijo que venía de parte de mi hermano y que me iba a ayudar a salir. Una vez fuera, me encontré a mi hermano con todos sus amigos listos para defenderme. Hasta la fecha, le estoy agradecido a Eduardo por haberme sacado de esa horrible situación.

"Yo creo que ese momento fue un parte aguas en la vida de mi hijo. Siento que comenzó a definirse a través de las mujeres, aún más después de esta experiencia. Los hombres lo odiaban y las mujeres se enamoraban locamente de él (él dice que hasta la fecha no sabe por qué le querían pegar, pero la realidad es que una novia de estos chicos le dio un beso). Comienza a convertirse en un joven muy inseguro, sin amigos, sin nadie y es entonces cuando nos pide salirse del colegio… Recuerdo que platicamos con él y le preguntamos a dónde se quería pasar y fue cuando se pasó al Colegio Albatros, pero decidió que tampoco estaba a gusto. Pasa primero de preparatoria en el Albatros, y entonces decidió que se quería ir a Canadá porque continuaba con el temor de que le rompieran la cara; es entonces cuando se va a ese país a continuar sus estudios. La realidad es que uno no nace como padre sabiendo cómo tiene que actuar en cada caso. Hoy, después de casi 15 años, lo puedo ver claramente, le estábamos resolviendo el problema, pero en ese momento obviamente pensábamos que estábamos haciendo lo mejor para él. Y aquí hay otro foco rojo. Probablemente como papás, les resolvimos mucho los problemas a nuestros hijos, pero igual que estaba yo protegiendo a Alex, lo hacía en otras ocasiones con mis hijos Eduardo y Mauricio. A los tres los rescatamos de diferentes situaciones. En esa circunstancia, mi marido y yo accedimos a hacer lo que él quería en lugar de decirle: "aquí no hay más que de una sopa, tratas de pasar el año porque el Vista Hermosa te está dando una segunda oportunidad y acabas tu preparatoria en este colegio, puedes también repetir el año, o te buscas un trabajo, porque yo no voy a pagar otro colegio y no voy a pagar Canadá." Mi arrepentimiento es que no puse esos límites… Tampoco pensamos en ese momento en la importancia que implica graduarse con tu generación; lo viví con mis otros dos hijos, aunque hicieron amigos después en la Universidad, sus amigos de toda la vida han sido los del colegio de esa época. Quizás no tuvimos la sensibilidad para apoyarlo a reparar sus relaciones, los conflictos que estaba teniendo con otros jóvenes, en lugar de ayudarle a escaparse de sus acciones y responsabilidades…" Clarita

El miedo de Alex era muy real y continuó por varios años. La amenaza de este grupo de muchachos no se había difuminado, cada vez que se topaba con ellos le decían: "a la próxima te matamos". Entre los 17 o 18 años, regresando de un viaje, fue a una discoteca y le rompieron la nariz.

"Recuerdo muy bien que yo venía regresando de viaje con ellos, mi marido se había ido de viaje de negocios y nosotros llegamos a la casa como a las 6 o 7 de la noche. Entonces Mau y Alex me preguntaron: -Ma, ¿podemos salir a bailar?-, por supuesto que no, -contesté yo-, acabamos de llegar de vacaciones.

Ok. -me contestaron-, y unas horas después se subieron a dormir.

Supuestamente todos nos dormimos y, de repente, a las 4 de la mañana, Mauricio me despierta y me dicen: -Ma… háblale a Luis Ortiz, (un cirujano plástico amigo nuestro), háblale porque a Alex le rompieron la nariz.

¿Cómo que le rompieron la nariz? –Dije yo-, si ya se habían ido a dormir.

Bajé las escaleras de la casa para encontrarme a Alejandro con la nariz rota y todo sangrado, claro que mi primera reacción fue regañarlo, pues se habían ido sin permiso. Según lo que ellos me relataron después, Alex estaba pasando entre las mesas de una discoteca y empuja sin querer a un borracho y este tipo le dice: -vamos afuera, ¡te voy a romper la cara! Pero, ¿por qué me vas a romper la cara, si yo no te he hecho nada?, le contesto Alex. Los de seguridad sacaron a Alex del lugar y le dijeron que se fuera a su casa. En ese momento, salió un muy amigo de Alex y le dijo: -este cuate quiere hacer las paces contigo y Alex le contestó: -que bueno porque a mí me tenía preocupado-... siempre se preocupaba mucho por lo que los otros pensaran de él... así que se esperó. El borracho salió y le dijo: -te voy a dar un abrazo y al acercarse, con la cabeza le rompió la nariz-. Su inseguridad siguió aumentando con todo ese evento". Clarita Sierra

A causa del constante temor a ser golpeado, les pedí a mis papás la oportunidad de irme a estudiar fuera de México. Ellos accedieron y buscamos una escuela en Canadá.

Ante el miedo, la huida; correr de una situación amenazante es una respuesta natural de sobrevivencia. A pesar de que aún no había hecho contacto con la droga, ya se encontraba en él este mecanismo de defensa, que con el tiempo se convierte en un modo de protección de sí mismo. La huida constante en un enfermo adicto es una forma de vida, la sustancia no sólo es la vía de escape, sino el refugio mismo.

"Se sabe que el estrés cambia al cerebro. Hay un tipo de estrés llamado "DERROTA SOCIAL" que se puede observar entre los changos, en donde podemos ver tres tipos:
1. Dominantes
2. Los que se encuentran en la media
3. Sumisos
Los dominantes someten a los sumisos a una gran cantidad de agresión e invaden el territorio de estos. Los estudios han mostrado que si se les ofrece cocaína a los changos dominantes, estos la prueban e inmediatamente la rechazan. Los sumisos, por el otro lado, rápidamente se vuelven adictos cuando se les da la cocaína.

Además se encontró que si estos changos se ven expuestos a un episodio de estrés social, después de un periodo de abstinencia, recaían fácilmente. Este estrés inducido provoca cambios en el sistema hedónico del cerebro, según Koob y LeMoal´s, nos provee con un modelo de cómo el estrés de nuestro medio ambiente puede establecer el escenario para que se dé la adicción" (5)

Me fui a estudiar a Port Hope, Ontario. Aquí fue donde cursé mi segundo año de preparatoria, tenía entre 16 y 17 años y realmente fue un año muy divertido, estuve en el equipo de fútbol soccer donde destaqué como uno de los mejores jugadores, también fui el "Number One Varsity Tenis Player" un gran honor dentro de la escuela. Mis calificaciones fueron buenas, los comentarios que hacían los profesores en mis notas siempre fueron positivos, y fuera de extrañar mucho a mi familia, fue un buen año; lleno de tranquilidad donde nadie me quería golpear. Aprovechaba mi tiempo libre para asistir al gimnasio donde pasaba largos ratos, empecé a tomar conciencia de mi cuerpo y me gustaba ver los resultados después de una buena sesión de ejercicio. Las niñas ya empezaban a fijarse mucho más en mí y tuve varias parejas a lo largo del año.

Fue en Canadá donde probé la marihuana por primera vez, no tengo mucha memoria del momento, sólo recuerdo que me reí mucho, que pasé un rato agradable, sentí una sensación de bienestar a lo largo de mi cuerpo y después toda la comida me supo deliciosa, la sensación que se conoce vulgarmente como "los munchies". Mis papás me dieron mi primera tarjeta de débito para cualquier gasto que se me ofreciera. No hice mal uso de ésta, pero en varias ocasiones la utilicé para invitarle alcohol a varios de mis compañeros. Una de mis memorias más divertidas fue un viaje que hice a Montreal. Nos dieron permiso a tres amigos y a mí de pasar el fin de semana en esta ciudad. Era mi primer viaje solo. Al llegar al hotel donde nos íbamos a hospedar, preguntamos cuál era la mejor discoteca para poder asistir esa noche. Nos comentaron que era un lugar llamado 737, un club privado y que se requería de estar en la lista de invitados para poder tener acceso. Se me ocurrió un plan, hablamos al club 737 y le dijimos al gerente que el hijo del presidente de México se encontraba con nuestro grupo de amigos – cosa que no era cierto

– y que queríamos ver si nos podían dar acceso y una buena mesa. El gerente muy emocionado nos dijo que sería un placer atendernos personalmente. Llegamos al bar a las diez de la noche, observamos que había una larga fila como de 200 personas esperando, así que pensamos que nunca lo lograríamos. Al acercarnos a la cadena le dije al guardia de seguridad que yo era el hijo del Presidente de México y que el gerente nos estaba esperando. Cinco minutos después, el gerente bajó la cadena para darnos acceso; la gente se quedó impresionada al ver que nosotros entramos, pues casi todos llevaban horas esperando.

Al pasar de los años y en una búsqueda más espiritual, Alex comenzó a descalificar el estilo de vida basado en la imagen superficial y vacía que él tanto procuraba en esa época.

"En la adicción, Alex trataba de llenar su vació existencial con cosas materiales que lo deslumbraban y le daban seguridad. Cuando Alejandro regresó de aquel viaje, le dijeron que ya no podía entrar a ningún colegio por que el programa de Canadá era distinto, así que tuvo que hacer preparatoria abierta. Nosotros no estábamos muy conformes, pero recuerdo que él me dijo: -Mami, te prometo que entro a la Universidad igual que el resto de mi generación del Vista Hermosa- y así lo hizo". Clarita

Al terminar el año era hora de regresar a México, no sabía exactamente a qué escuela quería asistir para cursar mi último año de preparatoria, por lo que tome la decisión de hacer la preparatoria abierta. Así fue como terminé con esa etapa de mi vida; sin una graduación con mis amigos, sin haber salido de una escuela, simplemente me presente a los exámenes los aprobé y seis meses después, se me entregó un diploma que me permitía más tarde ingresar a la Universidad.

Recuerdo que en esa época, mi familia y yo viajábamos mucho a Ixtapa donde se encontraba la discoteca "La Valentina", donde también se hacían filas para poder entrar; era un lugar muy popular y poco a poco, mis hermanos y yo nos convertimos en clientes importantes, nuestra mesa siempre estaba esperando vacía para nosotros a cualquier hora que llegáramos. Eso me hacía sentir siempre importante, en ocasiones, cuando la mesa no estaba disponible, recuerdo haberme sentido inseguro e incómodo y hacía todo lo posible para que movieran a las personas que la ocupaban y me dejaran sentarme a mí y a mi gente.

A través de sus palabras, se puede observar que su autoafirmación dependía de la imagen de estatus y prestigio que intentaba proyectar a los demás. Si alguno de los detalles en esta creación, salía de su control, la angustia lo sobrepasaba. Alex reconocía que requería de accesorios (mujeres, mesas de pista) que le dieran la seguridad que no podía encontrar dentro de sí. La superficialidad de sus relaciones con el sexo opuesto y su carácter de mera diversión, es evidente en su testimonio.

En La Valentina, me hice amigo de un cuate con el que siempre me sentaba, juntos nos sentíamos realmente populares, teníamos siempre mucho alcohol y muchas niñas que pasaban las noches con nosotros. Andrea, de la que me había enamorado en el pasado, seguía siendo muy importante en mi vida y en Ixtapa constantemente renacía el amor que teníamos. No teníamos una relación estable -a causa de mis infidelidades y mi falta de seguimiento en la relación-, pero cada vez que nos veíamos indudablemente acabábamos juntos. Teníamos una conexión realmente especial. Hay días que recuerdo estos momentos y me arrepiento de no haber sido más responsable con lo que teníamos pues podría haberse convertido en algo maravilloso. Pero nunca le di la importancia necesaria, siempre la hice a un lado y constantemente jugué con sus emociones. Yo imaginaba que me quería tanto que nunca iba a perderla… …

"Recuerdo que cuando Alex regresó de Canadá ya no era el mismo niño dulce, ni yo era parte de sus prioridades. Estaba emocionado por salir con gente más "cool", -como yo le decía-…. Entonces me sentía mal porque yo daba tooodo por él. Era la típica niña enamorada del niño que no le hacía caso". Andrea

Primera vez

Al que yo comencé a considerar como mi mejor amigo, me acercó a un mundo peligroso y desconocido. Un día nos encontrábamos muy borrachos fuera de la discoteca cuando se me acercó con una bolsa de polvo blanco, me dijo que era cocaína y me ofreció probarla. Le

pregunte qué era lo que iba a sentir y él me dijo que no me preocupara que era una sensación increíble, que me iba a bajar la borrachera y me iba hacer sentir lleno de euforia. No lo pensé dos veces, tome el billete en forma de popote, lo metí a la bolsa e inhale cocaína por primera vez en mi vida. Tengo que ser honesto y aceptar que no recuerdo bien este momento, no recuerdo la sensación de euforia, no recuerdo ningún episodio de esta noche, solo sé que así fue como la probé por primera vez. Pero estoy seguro que algo bueno he de haber sentido, pues muchos años después, esta sustancia sigue apoderándose de mi vida. No fue de inmediato que me envicié con esta sustancia, se nos dice que la adicción es progresiva, incurable y mortal. Mi vida puede ser un buen ejemplo de esta progresión. Empecé usándola solo en Ixtapa, digamos una vez al mes, pronto cambió a una vez por semana, y cuando menos me di cuenta ya era de uso diario. No podía vivir sin la sustancia, inhalaba una línea al despertar, una línea al salir de la regadera, al ir manejando hacia la universidad, durante clases y en todo momento que fuera posible. Ahora se sumaba una actividad más a las cosas importantes de mi vida: "alcohol, mujeres, fiestas y cocaína".

La relación con mi familia comenzaba a volverse más distante, algo que siempre me ha causado mucho dolor pues como lo mencioné anteriormente, mi familia y yo éramos inseparables, hacíamos juntos todo. Pero con el tiempo las cosas fueron cambiando, sin darme cuenta me fui alejando de ellos. Siento que se perdió un poco de la magia que teníamos o simplemente mis hermanos y yo crecimos y nuestros intereses fueron cambiando. Tristemente si veo hacia atrás, era más importante la fiesta y las mujeres que pasar un rato agradable con mis papás o mis hermanos. Me encontré muchas veces pidiéndole a Dios que regresara el tiempo para poder hacer las cosas diferentes.

"Para mí, la adicción es una enfermedad y desafortunadamente se trata como si fuera un acto criminal. Tenemos el famoso cliché de que el adicto es malo, una mala persona que viene de familias disfuncionales y fue maltratado de joven… No podemos captar que el adicto puede ser la persona más buena y generosa del mundo, pero que vive con muchas inseguridades. Es muy triste como padres, darnos cuenta cómo influye la presión de los pares y lleva a nuestros hijos al consumo, a fumar, a tomar. Esta presión se intensifica por la búsqueda de la pertenencia a algún grupo social, desafortunadamente cuando nuestros hijos tienen inseguridades, son mucho más vulnerables al uso.

"Cuando una persona prueba por primera vez la droga, al tener una propensión genética a la adicción, él se hace aún más propenso. No es una conducta de "mala persona", sino es la genética y su cerebro lo que lo hacen más propenso a continuar usando".

"Existe una línea muy fina entre el abuso de la sustancia y la adicción. Una persona que consume drogas regularmente y en exceso, se puede convertir poco a poco en un adicto porque va cambiando la bioquímica de su cerebro. Sin embargo, una persona con predisposición genética, con un poco de consumo, se puede convertir en un adicto, ya que la droga se convierte en su supervivencia casi de manera inmediata. Aquí, como padres, nos encontramos en un espacio incierto, al no saber si nuestros hijos, con pocas dosis, se puedan convertir en adictos. Sería como jugar a la ruleta rusa".

"Sigo pensando que además de todos los factores de riesgo que existen en el mundo de las adicciones, hay un elemento adicional: la suerte. Más que la suerte, el destino, es decir, lo que te toca vivir. Quizás si no hubiéramos comprado Ixtapa, Alex nunca hubiera probado las drogas, o lo habría hecho en otro momento de menor vulnerabilidad. Quizás alguien se puede burlar de mí cuando digo que su alma vino a trabajar en situaciones específicas y que hubiéramos hecho lo que hubiéramos hecho Gerardo y yo, el desenlace hubiera sido el mismo… Puedo añadir que al final del día, tanto nosotros como familia, como Alex, teníamos que trabajar y vivir ciertas experiencias para crecer como seres humanos. Desde mi experiencia, entender esto fue muy importante". Clarita

¿Alex hubiera probado la cocaína si no hubiera estado alcoholizado? Lamentablemente, el alcohol es la puerta de entrada al mundo de las drogas, muchos adictos se quedan ahí y no por eso es menos penosa su caída; pero otros tantos, siguen adelante con sustancias cada vez más dañinas como drogas de diseño, crack y heroína, entrampándose de tal modo, que el camino de regreso parece en muchos casos, imposible de retomar.

CAPÍTULO III.-

MI GRAN AMIGO LA DROGA

"La tentación es un ensayo general para
la experiencia kármica de la negatividad."

Gary Zukav

"Dios nos deja libres para elegir, aun cuando él sabe el
peligro que esto representa. Algunas veces utilizamos esa libertad
erróneamente. La usamos para lastimarnos a nosotros mismos.
Y cuando esto sucede, tengo que creer que Dios llora,
a pesar de que nosotros seamos los responsables."

Harold S. Kushner

**Alex menciona en su historia, que para este momento de su
vida, ya se sentía totalmente a merced de las drogas. "Me encontré
muchas veces pidiéndole a Dios que regresara el tiempo para
poder hacer las cosas de otra manera". Sin embargo, el camino
se volvía cada vez más complicado; poco a poco, Alejandro iba
cruzando una delgada línea, hasta que ya no hubo posibilidad
alguna de retorno.**

*Para el año 2000, me encontraba en la Universidad Anáhuac,
lugar donde mi papá y mi hermano Eduardo habían terminado sus
carreras. Yo estudiaba Administración de Empresas. Sólo recuerdo
que constantemente asistía drogado a las clases, y que cada vez me
costaba más trabajo poner atención. Sin embargo, seguía siendo
relativamente un buen estudiante, lograba pasar los semestres y
continuar estudiando a pesar de que mi adicción iba creciendo.*

"Recuerdo que Alex me decía, mientras se escondía en la parte de abajo de la casa: -mira Juanita-, cuando salgan mis papás, me avisas, -a mí eso se me hacía muy raro-, pero le hacía caso, todo lo hacía para no ir a la escuela y poder consumir sólo. Yo le preguntaba, pero Alex ¿por qué no vas a la escuela, ya es una semana y tú no quieres ir?, yo sí les voy a decir a tus papás; pero él ya no me contestaba igual que cuando era pequeño, ya tenía otro carácter. En ocasiones, le iba a avisar que le hablaban por teléfono y él se molestaba por la interrupción, yo creo que era porque ya estaba consumiendo. Otras veces me decía: -hoy no tuve ganas de ir a la escuela, pero no le vayas a decir a mis papás porque me voy a enojar contigo. Cuando sus papás se llegaban a enterar que no había ido a la escuela, se peleaban mucho con él, aún más su mamá; pero cuando Alex quería algo, no los dejaba en paz hasta que obtenía lo que quería. Él no aceptaba nunca que le dijeran que no. -Yo no me voy a dejar-, me decía. El señor hablaba con ellos y le tenían más respeto. Yo le decía Alex no le contestes a tu mamá, hazle como los otros, pero él me decía yo no me voy a dejar si veo que no tienen la razón". Juanita Monroy

"Yo viví junto con Alex su época de diversión y quizás no lo vi como una etapa en donde socialmente tuviera un problema, o en donde la dependencia ya fuera un tema para él. Para mí, esa parte estuvo muy escondida, porque yo también salía con él y lo veía en la fiesta y pensaba que todo era parte de su reventón, recuerdo que pensaba: -ya llegará el momento en que se calme o lo veía como algo común pues entre mis cuates, todos experimentaban con alguna cosa y yo nunca vi a Alex meterse en un problema". Mauricio

Un joven de 18 años como Mauricio, no tenía las herramientas para apoyar a su hermano; y no es una cuestión de edad, muchas veces, ni siquiera los papás cuentan con esas herramientas para acompañar a los hijos en estos procesos. Si no se ha tenido la experiencia, es muy natural que la razón y las emociones se entremezclen tanto, que no se pueden controlar.

Comencé a tener problemas con la materia de matemáticas, me iba poco a poco atrasando hasta que tuve que abandonar la carrera. Pero durante estos tres años muchas cosas sucedieron. Mis amistades constantemente cambiaban, no recuerdo como comenzó mi amistad

*con Raúl, el me invitaba mucho a su casa de fin de semana. Salíamos
a las discotecas y recuerdo que tomábamos mucho, yo continuaba
mi uso de cocaína pero observaba que él y sus amigos, siempre
aguantaban más que yo en la fiesta. Daban las 6 de la mañana y
ellos seguían brincando y bailando y yo realmente no entendía cómo
le hacían puesto que yo para estas horas ya me sentía acabado por
los efectos del alcohol y la coca. Una noche le pregunte a uno de sus
amigos que cómo aguantaban tanto y se veían tan contentos. El sacó
de su bolsa una pastilla roja, con la marca de dos peces. Le pregunte
qué es lo que era y me dijo que era éxtasis, (una droga de diseño que
no se debe mezclar con el alcohol). Me dio una y me dijo que eso me
ayudaría a pasar un buen rato. Me enamoré de inmediato de esta
droga. La sensación de placer y de euforia que sentí al consumirla
es inolvidable. Baile y brinqué toda la noche, todos mis sentidos se
agudizaron, la sensación general de mi cuerpo era muy especial,
sentía que podía ver mejor, oír mejor, sentir mejor. Me sentía el rey
del mundo y al igual que con la cocaína sentí que no existía ningún
problema en el mundo que pudiera afectar lo bien que me sentía yo
por dentro.*

"Yo siento que la gran diferencia entre Alejandro y Raúl era que éste
último recurría al éxtasis para pasar un rato agradable (como algunos
jóvenes experimentan), pero cuando Alex lo hacía era para olvidar
sus problemas y llenar su vacío existencial. Muchos años después
platicando con este amigo, él me decía que para él era preocupante
ver la compulsión de Alejandro que no se conformaba con una sola
pastilla, sino que se metía una tras otra en una sola noche". Clarita

*Por esta época conocí a una niña linda que me encantó, realmente
me gustaba mucho, pero por mi consumo y mi estilo de vida no podía
mantener ninguna relación estable. La conocí en una discoteca.
Los dos sabíamos del uno y del otro e incluso en ocasiones nos
comunicábamos a través de mails y chats, pero nunca nos habíamos
visto. Inmediatamente que la vi supe que era ella, me encantaron sus
ojos y su sonrisa. Como me arrepiento de esta época porque hasta
el día de hoy Susy ha sido una de mis mejores amigas con la cual
siempre he podido contar incondicionalmente.*

"Ojos coquetos y mirada profunda, sonrisa bella y cautivadora
y un corazón cálido y generoso…. Era imposible pasar por alto su

sonrisa esa noche tan especial de mayo en el BABY'O de Acapulco. Los dos bailábamos sin quitarnos la mirada mientras sonreíamos felices. Yo siendo muy tímida no me atrevía a acercarme a él, pero después de un rato finalmente se acercó a mí y me preguntó si yo era Susy y yo le pregunté si él era Alex Sierra... Algunos lo podrán llamar una loca coincidencia pero yo lo llamo destino. Esa noche conocí una de las Almas más especiales del mundo, alguien que hasta el día de hoy es uno de los seres humanos más significativos de mi vida. Alguien que ocupa un lugar muy especial dentro de mi corazón. Alguien que impactó mi vida de una forma tan positiva, que siempre estaré eternamente agradecida." Susy

Y así pasó mucho tiempo, pero como buen adicto que soy, el uso del éxtasis no paró ahí; llegando a México ya no sólo buscaba a mi "dealer" (vendedor) para comprar coca sino que siempre compraba grandes cantidades de éxtasis. Pensaba que la fiesta sin estas drogas ya nunca sería igual. No había fin de semana que no consumiera ambas sustancias, sin darme cuenta que el efecto de una, alteraba el efecto de la otra y las sensaciones de placer que sentí cuando probé el éxtasis por primera vez, ya nunca fueron iguales. Constantemente buscaba ese "high" que sentí en aquella ocasión y a pesar de estar cerca de sentirlo, creo poder mirar hacia atrás y decir que ya nunca fue igual. Como buen adicto, mi tolerancia a las sustancias empezó a aumentar, por lo que también tenía que aumentar las cantidades que usaba para poder producir algún tipo de efecto. Y al aumentar tanto las cantidades, éstas acababan por producir un efecto negativo: me sentía mal, dormir era casi imposible, la nariz la tenía bastante afectada por la coca, constantemente me dolía y me era difícil respirar. En muchas ocasiones, al ver sangrar mi nariz y sentir el dolor, aventaba la coca al escusado jurando no volver a consumir. Pero pasaba el tiempo y al volver a sentirme bien, renacía la obsesión por volver a consumir y así comenzaba de nuevo el ciclo de "vivir para consumir y consumir para vivir".

"Las drogas pueden apoderarse rápidamente de la vida de una persona. Con el tiempo, si el consumo de drogas continúa, otras actividades placenteras se vuelven menos agradables. Por ejemplo, una persona que consume cocaína por mucho tiempo se vuelve anhedónica, (le cuesta trabajo volver a sentir placer) y las drogas se vuelven necesarias para que el consumidor se sienta "normal." Ya no vuelven a sentir lo mismo que sintieron la primera vez y se pasan buscando ese mágico momento de placer en sus siguientes consumos". (6)

En todo este tiempo, tuve varias relaciones amorosas, todas terminaban en un lapso corto de tiempo pues mi adicción era lo más importante en mi vida. Comenzaba una relación sintiendo la euforia que cualquier relación nos brinda en un principio, la emoción de lo desconocido, el primer beso, la primera relación sexual; eran cosas que me hacían sentir bien, que me hacían en varias ocasiones querer dejar de consumir, pero el tiempo transcurría, lo desconocido se volvía rutina y la aburrición comenzaba a aparecer. Yo, un adicto a la adrenalina, terminaba la relación con el fin de buscar algo nuevo, algo que me volviera a llenar el vació de mi vida, pero todo lo que buscaba tarde o temprano dejaba de funcionar y me encontraba de nuevo hundido en lo que yo sabía hacer mejor, drogarme.

"En retrospectiva, creo que el inicio de la adolescencia de Alex fue inseguro, lo que lo llevó a buscar su seguridad en apoyos externos que le dieran la tranquilidad y la imagen que él en sus fantasías creía que sería ""la imagen que a todos les gustaría ver de Alex"": seguridad en sí mismo, confianza, presencia, control; es lo que obtenía a través de todos estos factores que él constantemente buscaba. Mujeres, dinero y lamentablemente y poco a poco, la droga. Motivado por su inseguridad, fue tomando estos caminos incorrectos, caminos fáciles que él nunca se imaginó que tendrían el control de su vida por más que el luchara y se esforzara por salir adelante". Gerardo

Un día como cualquier otro me habló Andrea por teléfono, me dijo que quería platicar conmigo, que tenía algo importante que decirme. Lo que dijo ese día yo no me lo esperaba. Todavía recuerdo sus palabras "estoy embarazada y me voy a casar" fue como un cubetazo de agua helada. A pesar de que en esos momentos teníamos poco contacto, yo sabía que ella salía ya con otro, la noticia fue devastadora. Andrea era mi primer amor, y yo tenía la estúpida idea de que siempre iba a estar ahí para mí. Pero en ese momento me di cuenta que la había perdido, que ya nunca íbamos a tener la relación que los dos siempre quisimos, y que por mi forma de vivir y de actuar nunca pudimos lograr. Me invito a su boda, probablemente dado nuestro historial yo no debería de haber asistido, pero mi ego hizo que fuera, todavía no podía creer que ya nunca iba a ser mía, me dolió mucho verla jurarle su amor a otra persona y por supuesto, volví a esconder mi dolor detrás de la cocaína, el éxtasis y el alcohol.

Los años iban pasando y es poca la memoria que tengo de todas las cosas que sucedieron, estoy consciente que si ha habido cierto daño hecho a mi memoria, me cuesta trabajo acordarme bien de las cosas, tengo muy nublada esta época de mi vida. Pero en general, recuerdo que eran fiestas, viajes, mujeres, alcohol y todo tipo de drogas que pudiera encontrar. Experimenté, como ya lo mencione, con la cocaína, el alcohol, éxtasis, marihuana; inclusive pase por una época en la que me inyectaba esteroides y anabólicos para crecer mi masa muscular. Todo esto lo hacía simplemente para llenar el vació que sentía en mi interior. Y con todo este consumo también cambió mi actitud hacia mi familia y amigos.

"Cuando Alex volvió de Canadá, yo me había ido un tiempo de la casa y cuando regresé lo vi muy diferente, ya no tenía la misma sonrisa, estaba siempre callado y pensativo; tenía otro carácter porque antes no era así, era muy alegre, recuerdo cuando bajaba, se ponía a cantar, hacía bromas, y cuando regresé, él ya se enojaba de todo. Que si le hablaba yo, él rápido explotaba. Físicamente también lo vi muy distinto. Luego me decía, me puedes inyectar esto, se inyectaba anabólicos o esteroides y él me decía "no pasa nada". Lo llegué a inyectar como unas tres veces y luego dejó de pedírmelo, imagino que aprendió a hacerlo sólo. Al poco tiempo fue que sus papás se dieron cuenta que algo pasaba". Juanita

"Probablemente fue en los primeros años de la carrera, que Alex tuvo dos choques de los que milagrosamente salió ileso, uno en México, del que lo rescató Eduardo diciendo que él era el que iba manejando. (Alex estaba muy borracho). Yo los estaba esperando en la casa y recuerdo como Alex, todavía en la inconsciencia del alcohol y todavía en shock por el choque, se observaba mientras se tocaba a sí mismo diciendo. ""cómo me quiere Dios, estoy perfecto"". Yo lo observaba desde una ventana, lo dejé un rato seguir con esa narrativa hasta que lo pesqué y le dije: no, a la que quiere Dios es a mí, porque tu estarías muerto y yo te estaría llorando". El otro choque fue en Ixtapa, por la misma época, en esa ocasión volteó una camioneta Suburban, nosotros nos enteramos hasta que ya había sucedido todo. En esa época, creo que existía todavía una negación en nosotros que no nos permitía ver que quizás Alejandro tenía un problema con el alcohol, y por supuesto que no sabíamos de la delgada línea que existe entre el alcohol y otras drogas. Mirando hacia atrás realmente no comprendíamos las complejidades de una adicción". Clarita

"Muchas familias de adictos, (…) niegan durante largo tiempo la adicción de sus seres queridos hasta que las circunstancias los obligan a enfrentarla. La negación es una respuesta humana natural a situaciones que no somos capaces de encarar y a las cuales no estamos listos para hacerles frente." (7)

En el 2005 hice un viaje con toda mi familia en un crucero al Báltico.

"Antes del crucero visitamos Ámsterdam, y recuerdo que nos fuimos los tres hermanos a una "Coffee shop", esa noche la pasamos muy bien. Como sabes, es legal comprar marihuana en ese país, y yo la he probado, pero nunca me ha gustado. Ya en el barco, en nuestro camarote Alex me dijo: mira lo que traigo Eddie, -y me mostró como 60 tachas-, ¡a las niñas les encantan! Yo le respondí: mira Alex, ya echamos relajo en Ámsterdam, pero venimos en un viaje familiar, nos agarra la policía y no viene al caso; acto seguido tomé la bolsa y le tiré las tachas al escusado. Por supuesto, él me golpeó. Yo no le regresé los golpes, pero esa misma noche les dije a mis papás lo que había sucedido, aunque ellos hablaron con Alex y estaban bastante molestos con él; creo que ahí todavía no entendieron la magnitud de ese tema; yo creo que nadie en la familia entendía cabalmente que era una adicción". Eduardo

Durante este tiempo salía con una niña que se llamaba Samantha -entre otras-. Pero era Sam con la que pasaba gran parte de mi tiempo. Teníamos una relación conflictiva y muy obsesiva, llena de lujuria. No puedo negar que pasamos buenos ratos, éramos sexualmente muy compatibles y nos buscábamos constantemente para satisfacer nuestros deseos. Recuerdo que una de las razones por las que me gustaba estar con ella era porque no le importaba mi consumo. Era libre de actuar y ser como yo quisiera cuando estaba con ella.

Deseaba constantemente lo que otros tenían, luchaba por obtener todo lo que se me cruzara por la mente y por mi manera de insistir, manipular y perseverar lo conseguía todo, pero nada era suficiente. Ya no era la misma persona que antes. Tenía un fuerte temperamento, poca paciencia, explotaba muy fácilmente. Perdí la capacidad de amarme y por lo tanto también la capacidad para amar a los demás. Me escondía en las mujeres, dándoles todo el poder sobre mí. Esperaba constantemente su aprobación, me gustaba que me dieran cumplidos, pero no sabía ni como recibirlos. No me sentía merecedor de nada, pero al mismo tiempo quería todo. En la escuela las cosas se habían ya descarrilado, abandoné mi carrera de Administración de Empresas en el tercer año, me cambie a Administración Turística en la que permanecí sólo seis meses, después volví a cambiarme a Arquitectura en el 2006, siempre dejando mis estudios inconclusos.

"En una de esas ocasiones, acabó estudiando arquitectura en la Anáhuac, yo estaba estudiando la misma carrera en la UIA y yo era muy dedicado a la escuela, pero a él siempre lo veía demasiado relajado, como con flojera. En esa época comenzamos a convivir aún más porque casi siempre estábamos en el estudio de la casa, donde hacíamos las maquetas y las tareas y él consumía ahí, fue cuando comencé a pensar que algo estaba verdaderamente mal. Yo nunca lo quise ni exponer, ni confrontar. Él solito se dio cuenta que tenía un problema." Mauricio

Vivía en una búsqueda constante de lo que quería para mi vida, pero ya nada me llamaba la atención. Fue transcurriendo el tiempo y poco a poco, todo se había convertido en algo lento y aburrido, la escuela no me interesaba, la relación con la familia no estaba del todo bien. Ya era cotidiano robarles dinero a mis papás, falsificaba cheques, hacia mal uso de las tarjetas de crédito, les esculcaba su clóset, encontrando todo el dinero que pudiera robar para poder constantemente alimentar mi adicción. Perdí por completo el valor al dinero. Hacia constantes compras por internet, de celulares, zapatos, tenis, chamarras; todo en esa búsqueda por llenar el vació que las drogas seguían provocando.

"Yo siempre hablaba con Alex y le decía: mira Alex, yo creo que por ahí no va el tema, trata de dejar tu abuso. Independientemente de su problema, Alex era un cuate muy noble, muy divertido, yo creo que daba la vida por ti; pero también era muy inmaduro y para él, el tema de la gastada en el antro, las marcas en la ropa, era como algo relevante. Yo creo que eso era lo importante para él, pues era la manera de en la que quería transmitir seguridad, cuando realmente era un cuate muy inseguro. Yo no sé porque le gustaban esos rollos, porque la verdad así no nos educaron". Eduardo

"En esas fechas, aún Alex no nos contaba nada de su adicción, pero lograba manipular a la asistente de Gerardo, para lograr que pagara la tarjeta de crédito sin que su papá se enterara. Tiempo después, fue mi sobrino Juan Carlos el que nos alertó del mal uso que Alex estaba haciendo con la tarjeta en las discotecas, cosa que nos sorprendió de sobremanera ya que esta tarjeta la tenía Gerardo guardada en su caja fuerte y únicamente se las daba cuando salíamos de viaje. Luego nos enteramos que Alejandro había hablado a American Express haciéndose pasar por su papá, diciendo que la había perdido y necesitaba una reposición; así fue como nos dimos cuenta que ya tenía otra tarjeta." Clarita

Recuerdo que un día, las cosas se pusieron realmente mal, o simplemente por primera vez me di cuenta que ya llevaba mucho tiempo con una situación que no me beneficiaba en nada. Tenía demasiados problemas y ya no tenía la capacidad para lidiar con ellos. Estaba muy cansado de ver en lo que se había convertido mi vida. Recuerdo vagamente entrar al cuarto de mis papás y pedirles ayuda. Les platiqué todo lo que estaba pasando, les conté de mi adicción a la cocaína y otras sustancias y les supliqué que me brindaran su apoyo. Les platiqué que tenía un amigo con el que había probado la cocaína por primera vez, y que él había estado en un centro de rehabilitación y ahora se encontraba limpio, sobrio y gozando de la vida, algo que yo quería para mí.

"Fue más o menos a inicios de noviembre de 2006, que yo comencé a notar en mi chequera que me faltaba dinero, revisé mi estado de cuenta del banco y mi talonario y no encontré algunos cheques. Fui al banco y les expliqué y ellos me dijeron que iban a hacer las averiguaciones, unos días más tarde, me mandaron llamar pues ya tenían a la cajera que había cambiado los cheques y me mostraron estos y entonces distinguí la letra de Alex. Aunque sentí espantoso, ya sospechaba algo, pues la conducta de Alex había cambiado radicalmente en los últimos meses. Esa noche, sin haber hablado antes con Gerardo, llamé a mis hijos a mi cuarto y les dije: -quiero hablar con todos- comencé regañándolos en general sobre las cosas que hacían, sobre lo irresponsables que eran con sus pertenencias y la cantidad de veces que nuestro chofer les resolvía cualquier asunto: que la llanta ponchada por caerse en hoyos después de la fiesta, que les fueran a recoger el coche a algún lado, que le pusieran gasolina y luego me dirigí específicamente a Alex y continué. -Yo no los eduqué para que sean ladrones, ya sé que me has estado robando… y en este momento me vas entregar las llaves del coche, celular, computadora y voy a ir a hablar al Anáhuac y si tienes más faltas que asistencias, te dejo de pagar la escuela. Se fue a su cuarto, regresó a la media hora y fue cuando nos dijo: Tengo un problema muy fuerte con la cocaína no puedo parar, necesito ayuda". Clarita

"Alex estaba dejando de asumir sus responsabilidades y ni en la familia ni con los amigos estaba bien. Él solo tomó la decisión de decirles a mis papás y de afrontarlo. Yo siempre lo quise acompañar, pero a lo mejor como hermano chico para mí era muy complicado; no sabía cómo y pensaba: -cómo puedo darle un consejo a mi hermano, si él es el grande y yo también participo de la fiesta." Mauricio

Creo que fue en Noviembre del 2006 cuando tomamos la decisión de internarme en una clínica en la costa del pacífico mexicano. Cuando llegue a la clínica no tenía idea de lo que iba a pasar. Estuve en el área de Detox –desintoxicación- durante 3 o 4 días, medicado para ayudarme a no sentir el síndrome de abstinencia, recuerdo ponerme de rodillas a lado de la cama y llorar sin parar por verme en esa situación. Sabía que era por mi bien, que yo había pedido la ayuda, pero estaba confundido, desorientado y por supuesto tenía mucho miedo de lo que vendría.

Al pasar por la desintoxicación fui integrado con los demás pacientes y así comenzó lo que sería mi camino por el mundo de la recuperación. Se me introdujo por primera vez al programa de Alcohólicos Anónimos y sus doce pasos. Empezó el trabajo de introspección y por primera vez se me dijo que padecía de una enfermedad progresiva, incurable y mortal. Algo que por supuesto yo nunca creí. Se me dijo que nunca más iba a volver a probar una sustancia que alterara mi mente, y esto incluía el alcohol. Cosa que yo no tenía ni la más mínima intención de dejar.

Una vez que pasó el susto inicial de afrontar la responsabilidad de sus acciones y que con su consumo había perdido la posibilidad de terminar una carrera, amistades, y que había deteriorado la

relación con sus padres y hermanos, durante todo el tiempo de su recuperación en la clínica, se mantuvo en la negación de que si "verdaderamente" tendría un problema.

"Realmente en un principio de su enfermedad, ni conocíamos de que se trataba, ni con qué nos estábamos enfrentando, tampoco teníamos la menor idea de que tanto la droga tenía el control de nuestro hijo." Gerardo

Yo iba al tratamiento por el simple hecho de que los problemas de mi vida ya eran demasiados, porque ya las cosas no salían como yo quería, porque había estado ya en accidentes automovilísticos a causa de mi alcoholismo. Pero recuerdo que estaba seguro que yo no iba porque tenía un problema con el alcohol y las drogas. Me acuerdo ser muy insistente con el terapeuta al decirle, yo vengo a resolver mis problemas, y al resolver mis problemas estoy seguro que dejaré de consumir sustancias peligrosas. El terapeuta rápido puso mis pies en la tierra y me dijo que primero tenía que resolver el problema con mi consumo y a través de esto, mis problemas con la vida se convertirían en algo normal con una fácil solución, pero que tenía que empezar por la adicción. Nunca me gusto su manera de afrontarme; yo estaba seguro que él no tenía razón, que mis problemas de sentirme sólo, inseguro, lleno de miedo, no eran a causa de la adicción y estaba dispuesto a demostrárselo.

"Quizás uno de mis arrepentimientos más grandes sea el desconocimiento, el no estar bien informados de lo que era una adicción. Aún en el momento que ya habíamos tomado la decisión de enviarlo a rehabilitación, durante su estancia en la clínica, creo que yo seguía pensando que tan sólo era un mal hábito o un mal comportamiento en mi hijo. Creo que todavía no entendíamos que la adicción era una enfermedad. Así que mi pesar actual es, que si en términos generales alguien de mi familia tuviera una enfermedad grave, hubiera buscado en ese momento el mejor doctor y la mejor clínica para ese tipo de enfermedad. Eso lo entendí mucho tiempo después." Clarita

"Cuando Alex se fue a su tratamiento, lo viví como algo muy ajeno y raro, como que sentía que era un pretexto. Mis papás no conocían bien el tema de la adicción, así que al igual que Mauricio y yo, no lo entendían; mucho tiempo después mi mamá se volvió experta. Y mi papá actuaba más según lo que le dictaba su corazón, más de "feeling". Yo creo que los dos daban la vida para que saliéramos adelante, sin importar el problema en el que nos pudiéramos encontrar. No creo que yo entendiera la adicción de Alex… siempre le di apoyo y reconocía su lucha, pero ya avanzada su adicción, la realidad es que Alex me caía mal y aprendí que cuando él estaba usando, era imposible hablar con él." Eduardo

"Con el tiempo la adicción afecta al resto de los miembros de la familia y se ven envueltos como en un sube y baja de emociones, se sienten abandonados, enojados y se crean muchos resentimientos. Muchas veces como padres, la culpa y la vergüenza no nos permiten ver lo que está en frente de nuestras narices, si vemos a nuestro hijo sano y relativamente feliz, es muy difícil pensar que sufra una enfermedad, crónica, progresiva y mortal. Muchas veces, la ignorancia nos hace vivir en negación, hasta que nos vemos forzados a aceptar lo que está sucediendo, esto es más fácil que hacerle frente a algo tan extraño y complicado como la adicción. "Como dice Conyers, la negación es el cimiento de la adicción, la tierra fértil en donde ésta crece y florece. La negación provee el cómodo delirio de que todo está bien, suavizando el camino para los adictos para que caigan más profundamente como en una especie de espiral. " Clarita (8)

Pasaron los días en la clínica y al sentirme aburrido, inconforme con lo que se me estaba enseñando, tuve que poner en marcha mi adicción y buscar algo que me diera la adrenalina necesaria para pasar el rato. Y esta adrenalina la encontré en Laura; una niña que sufría de anorexia y bulimia. Comenzamos a mandarnos cartitas todos los días, de ahí pasamos a agarrones de mano cada vez que el staff no nos estaba viendo, a escondernos en los rincones y abrazarnos y jurarnos amor eterno, –vaya fantasía-.

Ya le había perdido el interés al tratamiento, ahora lo único que importaba era que Laura, una niña igual de perdida emocionalmente que yo. No estaba realmente interesado en ella, a pesar de que con mis cartas y mi forma de tratarla la hice pensar que sí. Recuerdo que me escribía que gracias a mi le habían vuelto las ganas de vivir, de comer y de estar bien. Sucedió lo que siempre pasaba en mis relaciones, yo encontraba la manera de hacer sentir bien a mi pareja, dándole todo lo que estuviera a mi alcance, ya fuera emocional o material, mientras que yo en el fondo me seguía sintiendo vacío. En el transcurso del tratamiento, se me mencionó que yo no iba a estar listo para salir al mundo al finalizar mis 30 días y que el equipo terapéutico sugería que asistiera a su casa de medio camino, –medio camino es una especie de tratamiento en el que el paciente poco a poco se reintegra a la vida cotidiana, pero sigue viviendo en un espacio seguro, donde se somete a un antidoping constantemente-. La idea de estar lejos de mi familia, y más tiempo encerrado en este tipo de lugar me aterraba, por lo que desde un principio, me mantuve firme en mi creencia de que yo iba a estar bien, que con lo que había aprendido en esos 30 días era suficiente para dejar el mundo de las drogas y que estaba listo para regresar con mi familia. –Nunca me imaginé que 5 años después iba a seguir batallando con lo mismo-. Gracias a mi insistencia, mi capacidad de manipulación, gracias también a que mi familia todavía no estaba tan afectada y no teníamos tanto conocimiento por el tema de las drogas y que además, todos en la casa pensábamos que juntos podíamos lograr lo que fuera; fue que mis papás aceptaron mi decisión de dar por terminado mi tratamiento y darme la oportunidad de regresar con ellos.

"Nosotros no contábamos con herramientas suficientes sobre el mundo de la adicción y nos urgía hacer algo por Alex. Originalmente nos decían que debía quedarse 30 días en el tratamiento. Tres semanas después acudí a la semana familiar, éramos tan ignorantes que yo fui la única de la familia que asistí. En esa ocasión fue que escuché por primera vez el término de codependencia y no lo entendí cabalmente. La adicción es un proceso de aprendizaje muy difícil. Ahí mismo, me dijeron que mi hijo no estaba preparado para salir que debía quedarse en su casa de medio camino y agregaron, -"si tú lo dejas salirse ahorita y regresar a tu casa, se va a acabar muriendo", (algo que no me gusto escuchar y que comúnmente se dice en las clínicas cuando el paciente no quiere seguir las recomendaciones que se le dan). Nosotros sentíamos que la misma contención que recibiría en una casa de medio camino la podía tener mejor en casa donde continuaría trabajando su programa. Además me dijeron que tenía que empezar a aprender a practicar "amor Duro", una teoría con la que nunca he estado de acuerdo, siempre he creído que lo mejor es estar cerca del adicto y darle amor. A lo mejor estoy equivocada.

Es importante señalar que en este momento de la adicción de Alex, no teníamos el conocimiento o el entendimiento de que las casas de medio camino son un espacio seguro para el adicto cuando salen de la clínica. Alex obviamente me hizo un drama con el cual me convenció de que eso no era para él, que estaba dispuesto a seguir el tratamiento en su casa, nos prometió que seguiría todas las indicaciones necesarias para su recuperación. Dicen en doble AA que la persona que quiere recuperarse, lo puede hacer hasta debajo de un árbol. En nuestro poco conocimiento de lo que es realmente el proceso de esta enfermedad y el hecho de que la clínica no hubiera logrado un buen enganche terapéutico con Alejandro, decidimos que continuara el proceso en familia que regresara a casa, Alex continuó en su negación y nosotros en la nuestra." Clarita

Fue el 24 de diciembre que regresé a mi casa. Subí corriendo las escaleras, entré al cuarto de mis papás y al verlos sentí la necesidad de abrazarlos y decirles lo feliz que estaba de estar nuevamente con ellos y de lo listo que estaba para enfrentar la vida. El 31 de diciembre, seis días después de salir de la clínica, se despertó el fenómeno de "craving", comenzó la obsesión y me empecé a convencer de que unas líneas de coca no me harían tanto daño. Con el pretexto de ir a visitar a mi novia María, -tenia novia desde antes de irme a la clínica, salí de mi casa en búsqueda de un poco de coca, para poder empezar el año como quería, drogado. Me encontré con mi dealer y le compre una bolsa de coca —sabor coco- Si, me gustaba mucho la cocaína "lavada" de diferentes sabores, especialmente la de coco. Recuerdo que en el camino de regreso le pedí a Dios que me diera una señal si consumir no era la mejor idea. Y cuidado con lo que pides porque se te dará. Cuando menos me di cuenta, me metí en una calle en sentido contrario y me topé con una patrulla, ellos prendieron su sirena y procedieron a pedirme que me detuviera. Escondí rápidamente la bolsa de coca. Me dijeron que iban a llevar mi coche al corralón. -Esto no me podía estar sucediendo, yo estaba supuestamente en otra zona de la ciudad, en casa de María, dándole un abrazo de año nuevo-. Si dejaba que se llevaran mi coche y mis papás se enteraran de esto, todos se hubieran dado cuenta de lo que realmente estaba haciendo esa noche. Pero como México está lleno de corrupción, les ofrecí mi celular a cambio de que me dejaran ir. Una persona con un poco de conciencia se hubiera dado cuenta de que esta era una "buena señal de Dios" que demostraba que consumir no era una buena idea, pero para un adicto como yo, esto simplemente había sido mala suerte. Por lo que saqué la bolsa de coca y empecé a drogarme de camino a mi casa.

"Un día me marcó para decirme que se iba a rehabilitar a una clínica, y me prometió que cuando regresara, por fin íbamos a poder ser felices. Recuerdo que cada fin de semana me hablaba para contarme cómo le estaba yendo, tenía muchas ganas de salir adelante y yo contaba los minutos para que regresara. El día que salió, me habló por teléfono para decirme que ya estaba en México y que le habían dicho que tenía que cortar con todos los lazos de su pasado para que pudiera salir adelante. Aunque me dolió la decisión, sabía que era por el bien de Alex así que la respeté." María

Fue un año nuevo muy incómodo, todos me felicitaban por estar limpio y sobrio, por haberme ido a mi tratamiento, todos estaban orgullosos de mis ganas de cambiar, llegaron los abrazos de fin de año y sentí mucho cariño de parte de toda mi familia. En un momento a solas con mis papás, recuerdo lanzarme a los brazos de mi papá y entre lágrimas decirle cuanto sentía por el daño que había causado anteriormente, que le prometía nunca más los iba a hacer sufrir de esta manera, y aunque lo que estaba diciendo realmente lo sentía de corazón y lo hacía de buena fe, en el fondo de mi bolsa izquierda se encontraba la bolsa de cocaína. Estaba pidiendo perdón por algo que ya nuevamente estaba haciendo. Esa fue la primera promesa con relación a mi enfermedad que rápidamente rompí. Empezó el año y yo seguía consumiendo, igual que antes de irme al tratamiento e incluso un poco más. Pero pretendía ante los ojos del mundo estar limpio y sobrio, asistía a las juntas de AA constantemente drogado.

CAPÍTULO IV.-

EL CRACK, UNA DROGA DIFERENTE

Mi nombre es Crack
Destruyo hogares... Destrozo familias.
Me llevo a tus hijos... y esto es sólo el comienzo.
Soy más costoso que los diamantes, más precioso que el oro.
El dolor que traigo, no lo debes perder de vista
Si me necesitas, recuerda, soy fácil de encontrar...
Vivo alrededor... en las escuelas y en la ciudad.
Vivo con los ricos... Vivo con los pobres...
Vivo por tu calle... ¡tal vez incluso al lado!
Me puedes usar de varias maneras...
Puedes inyectarme o fumarme
Solía ser llamado "cocaína... o coca"
El sonido que hago, cuando soy inhalado
es lo que me ha dado mi nombre CRACK
Mi poder es impresionante; Pruébame y verás...
Pero si lo haces, quizá nunca puedas librarte de mí
Si me pruebas una vez quizás te deje ir
Pero pruébame otra vez y seré el dueño de tu Alma
Cuando "yo" te posea, robarás y mentiras,
Harás lo imposible con tal de drogarte
Cometerás delitos para disfrutar mis encantos narcóticos...
Valdrá la pena el placer que sentirás en tus brazos,
pulmones y nariz.
Le mentiras a tu madre; robaras a tu padre...
Cuando vea sus lágrimas,.. .te sentirás triste.
Pero pronto olvidaras tus valores... y cómo fuiste educado...

Voy a ser tu "conciencia"... te enseñare mis maneras

Me quedaré con los hijos de los padres
y con los padres de los hijos

Alejo a la gente de "Dios"... y separo a los amigos

Te quito todo,... Tú físico y tu orgullo.

Estaré contigo siempre... justo a tu lado.

Me entregarás todo lo que tienes... tu familia, tu hogar...

tus amigos,... tu dinero... entonces te quedarás solo.

Te quitaré y te quitaré, hasta que ya no tengas más que dar...

Cuando termine contigo... serás muy afortunado si sigues vivo.

Si me pruebas, cuidado... esto no se trata de un "juego"...

Si me das la oportunidad... ¡te volveré loco!

Violare tu cuerpo... controlare tu mente...

Seré tu dueño... y tú ¡"alma" será mía!

Las pesadillas que te voy a dar mientras duermas...

Las voces que vas a escuchar...dentro de tu cabeza...

Los sudores, los temblores... las "visiones" que verás...

todos serán mis regalos.

Pero ya para entonces, será muy tarde, y sabrás en tu corazón...

que ya eres mío... y que ya nunca nos separaremos...

Y te arrepentirás de haberme probado... todos lo hacen...

Pero tú me buscaste.... No YO a ti...

Sabías que esto sucedería,... muchas veces te lo dijeron...

Pero desafiaste mi "poder"... y escogiste ser "valiente".

Pudiste haber dicho "no"... y sólo alejarte...

Si pudieras vivir otra vez ese día... ¿Hoy qué dirías?

Seré tu "amo"... y tú mi esclavo...

Incluso me iré contigo... cuando vayas a tu tumba.

Ahora que sabes quién soy... ¿Qué vas a hacer?

¿Me probaras o no? Sólo depende de ti...

Puedo traer más desdicha
que lo que ninguna palabra puede expresar...

Ven, toma mi mano... ¡déjame llevarte al infierno!

Anónimo

En esta necesidad de hacer todo lo que sea para conseguir nuestra próxima dosis y que no acabe esta sensación de bienestar, podemos probar y hacer cosas que continúan poniéndonos en riesgo, es una especie de inercia, como una espiral sin retorno.

Alrededor de marzo, un amigo con el que consumía y yo decidimos irnos a Cuernavaca a pasar un fin de semana en casa de mi abuela. Aquel fin de semana tuve mucha suerte pues me tocó el aniversario de la discoteca "Taizz" y queríamos acompañar a un grupo de amigas esa noche, así que procedimos a comprar todo lo necesario para el viaje: ¡mucha cocaína! Eso era suficiente. Llegamos un viernes por la tarde ya bastante drogados, puesto que a lo largo del camino fuimos inhalando varias líneas de coca sin importar que yo iba manejando. Siempre estaré agradecido con Dios que a pesar de manejar drogado o alcoholizado en miles de ocasiones, he tenido la fortuna de seguir vivo y salir ileso de dos choques en los que los coches quedaron destrozados.

Alex siempre pensaba que tenía todo bajo control, que él era más listo que la droga y que podía, en el momento que quisiera, recuperar el control sobre sí mismo, así que seguía sin sentir que tuviera un problema real.

"Creo que la debilidad principal de Alex comenzó a ser su falta de análisis: en su inicio a las drogas creía que él las iba a controlar siempre, pero no lo lograba. Nunca pensó con detenimiento su problemática y tomó malas decisiones, debido por un lado a su juventud y por otro, a la enfermedad que ya comenzaba. Quizás nosotros tampoco le dimos el tiempo suficiente para ayudarle a tomar la decisión correcta. Por ejemplo, cuando se cambiaba de una carrera a otra, creo que Clarita y yo estábamos más metidos en la problemática del trabajo y él, con su extraordinaria capacidad de manipulación, nos convencía. Posiblemente tampoco nosotros tomábamos en esa época las decisiones correctas." Gerardo

Pasamos la noche del viernes drogándonos y tomando. Llego la hora de cambiarnos para ir a la discoteca donde nos encontraríamos con nuestro grupo de amigas. Llegamos al lugar y nos fue imposible a ambos permanecer ahí, los efectos de la droga y la paranoia producida

por el exceso de consumo, se apoderaron de nosotros y decidimos regresarnos a la casa.

Esa noche creo que ninguno de los dos pudimos dormir. A la mañana siguiente notamos que nuestras reservas de cocaína se estaban agotando por lo que decidimos salir a las calles en búsqueda de algún vendedor. Por fin dimos con una persona que nos ofreció un poco de "piedra o crack" –cocaína para fumar-. Mi amigo y yo ignorábamos lo que era esta sustancia, pero a falta de cocaína para inhalar, decidimos que nos mostraran cómo usar esta nueva droga. Recuerdo que sacaron una lata de coca cola, le hicieron unos agujeros en el centro, pusieron un poco de ceniza de cigarro encima de los agujeros y procedieron a poner una piedra amarillosa encima de la ceniza. Me pusieron la lata en la boca y me dijeron que aspirara todo el humo que me fuera posible al prender la piedra y la ceniza. En el momento que lo hice me dijeron que retuviera el humo en los pulmones por un lapso corto de tiempo y que poco a poco lo fuera soltando. Al hacer esto recuerdo que empezó un fuerte zumbido en mi cabeza, pero no era algo incómodo, en mi corazón sentía como una explosión de amor y luz, me sentía en completa paz interior, todos mis miedos desaparecieron por completo, fue un efecto de adrenalina instantánea, me dio lo que siempre había estado buscando, ya no necesitaba nada más. Y por fin encontré lo que se convertiría en mi droga de preferencia. – **"Cómo deseo esto nunca hubiera sucedido"**-.

Durante ese fin de semana, consumimos varias veces más esta sustancia, salimos a bailar el sábado, nos drogamos antes y después, bebimos champaña, gastamos mucho dinero, todo firmado con la tarjeta de crédito que mi papá me había dado ya un tiempo atrás.

En el camino de regreso de Cuernavaca me sentía tan deprimido, tan asqueado por las drogas, mi estado era verdaderamente deplorable, llevaba tres días sin haber dormido ni comido, así que tomé aquel plástico que tanto quería y lo rompí en dos pedazos, juré no volver a consumir nunca más. Creo que fue un par de días después, que me encontraba en las oficinas de American Express, pidiendo un reemplazo de esa tarjeta.

Según los expertos, un consumidor recurrente de cocaína o crack puede llegar a tener una gran tolerancia a estas sustancias y cuando se habitúa al consumo de cocaína, parece que la persona está muy activa y despierta, aunque sólo sea de forma aparente. Al interrumpirse el consumo, la situación se complica, pues el adicto empieza a sentir los síntomas de la abstinencia muy rápidamente. Al contrario del alcohol, el síndrome de abstinencia del crack está relacionado con sus conductas: puede comenzar con depresión, ansiedad y agitación que algunas veces se convierte en paranoia. Al avanzar la abstinencia por la falta de serotonina, hay un aburrimiento extremo, falta de motivación. Al recordar los efectos de la cocaína o situaciones asociadas con esta droga, se produce un intenso deseo o ansiedad por volver a consumir y estas asociaciones provocan un nuevo exceso en el consumo. La forma más peligrosa de cocaína que existe es el crack, una combinación de cocaína y gasolina o ácido sulfúrico de donde se extrae una pasta que cuando se seca, se fuma en una pipa o se tritura para formar un cigarro. A una euforia de cocaína le sigue a menudo un bajón que dura de 30 a 60 minutos o más, donde el consumidor se siente cansado, ansioso e irritado. El volver a consumir provoca un alivio inmediato de los síntomas y crea un ciclo de uso, evitando los efectos que no serán placenteros. Generalmente, mientras mayor sea la euforia, peor serán las consecuencias de ese desplome. (9)

Le hablé a mi dealer y le dije que si vendía crack, puesto que ya había tomado la decisión de que ésta sería la única droga que continuaría usando, escogí la peor de todas, pero en ese entonces todavía no lo sabía. Él me dijo que sí, que de hecho tenía crack de muy buena calidad puesto que él mismo la cocinaba, nos quedamos de ver en un lugar a cierta hora del día y así fue como empezó mi romance con esta sustancia. Recuerdo que pasaba horas enteras manejando y fumando por toda la ciudad de México, no me podía quedar quieto en ningún lugar, sentía que todo los coches me perseguían, que todos me estaban espiando, que ningún lugar era seguro, estacionaba el coche sólo el tiempo suficiente para fumar un poco y luego seguía mi camino, sintiendo terror cada vez que un coche pasaba a mi lado.

Tuve "la fortuna" de que mis papás tomaran la decisión de irse de viaje a un recorrido por Italia. Digo que tuve la fortuna desde mi lado adicto, pues esto me daría la oportunidad de drogarme sin tener la presión de ellos.

En junio o julio del 2007 fue cuando partieron pensando que yo estaba bien, sabían que ya había vuelto a tomar alcohol así que antes de irse hablaron conmigo diciéndome que este mes sería una oportunidad para retomar mi camino y decidir qué era lo que quería hacer con mi vida. No creo que supieran que nuevamente estaba consumiendo cocaína y mucho menos sabían que ya estaba encerrado en el mundo de la "piedra". "Me sentí realmente triste cuando mis papás se fueron, pues en realidad, desde hacía meses que yo no estaba bien, la adicción me estaba volviendo a llevar a lugares oscuros y necesitaba a mis padres más que nunca. Desafortunadamente, nunca supe pedir ayuda, ese es uno de mis grandes defectos. Mi orgullo siempre me impidió tener la humildad de pedirla cuando más lo necesitaba. Lo que realmente sentí cuando se fueron es que ya estaban hartos de mi comportamiento y que necesitaban alejarse de mí. Me sentí abandonado. Este sentimiento de abandono provocó que creciera un fuerte resentimiento contra ellos y este resentimiento provocó enojo y coraje, y al sentir esto, me daba a mí mismo el pretexto perfecto para drogarme".

Muchas veces me he preguntado qué es lo que hubiera pasado, si les hubiera dicho a mis papás que ya estaba consumiendo una forma de cocaína llamada crack, si les hubiera dicho que tenía miedo, que no quería que se fueran de viaje, que los necesitaba, ¿por qué no lo hice?

"Los adictos no decimos la verdad de nuestro consumo. Mentimos continuamente, no lo hacemos porque seamos deshonestos, sino es como parte de la naturaleza de la adicción, lo hacemos para seguir usando y seguir funcionando. Esta es una de las verdades fundamentales de la adicción. Lo que Queremos se convierte en lo que Necesitamos. Las cualidades: verdad, honor, integridad y decencia, dejan de importar, lo único que importa es la droga." (10)

Mis papás dejaron dinero en la caja fuerte para que Eduardo lo utilizara para lo que se necesitara en la casa mientras ellos no estaban. Yo como buen adicto, había averiguado la combinación y pude usar ese dinero en lo único que yo necesitaba en este momento: comprar crack y fumármelo. Mi hermano Mauricio se encontraba en Australia, de intercambio, estudiando un semestre de arquitectura, y Eduardo estaba muy ocupado con el trabajo, sus amigos y su novia, como para darse cuenta qué era lo que estaba pasando conmigo. Por lo tanto, realmente estaba yo sólo en la casa la mayor parte del tiempo que obviamente aprovechaba para drogarme una y otra vez.

Pasaba el día entero fumando en diferentes partes de mi casa, en el baño, en el clóset, en el cuarto de tele, en el cuarto de mis papás, en la azotea de mi casa; todo el mes entero la pasé fumando. Siempre escondiéndome de "ellos", que eran las personas que mi paranoia me hacía jurar que siempre estaban ahí observándome. Empecé a oír voces, escuchaba la voz de mis papás, la de mis hermanos, sentía que ya todos sabían lo que estaba haciendo, la paranoia se apoderaba de mí constantemente; pasaba horas tirado en el piso, viendo por debajo de la puerta que nadie fuera a acercarse a mi cuarto.

No comía, no dormía, mi estado físico y mental empeoraban con el pasar de los días. Recuerdo que empecé a tener una tos crónica, no dejaba de toser, yo sabía que era uno de los efectos secundarios de la droga, pero ante mi nana Juanita que era la encargada de cuidarme y mi hermano Eduardo, aparentaba estar muy en enfermo. Incluso fui a ver a un doctor que tomó una radiografía de mis pulmones, me dijo que no tenía nada de qué preocuparme, que mis pulmones se encontraban en buen estado, esta noticia sólo ayudó a que el miedo por consumir se me quitara, sentía que me habían dado una luz verde para seguir fumando y así fue. Volví a repetir lo mismo que ya he mencionado antes "vivir para consumir y consumir para vivir".

"Consumía mucho porque alucinaba y luego en las noches llegaba a tocarme el timbre y me decía: Juanita ven porque siento que me están espiando. Yo lo trataba de tranquilizar, ya tenía muchas alucinaciones. Yo le decía, -ya duérmete no hay nadie-, pero me tenía que dar la vuelta por la ventana para que él se quedara tranquilo de que no había nadie. Luego al día siguiente, encontraba que había tapado con ropa debajo de las puertas, las ventanas, todo porque se sentía vigilado. Cuando yo llegué de regreso a la casa, veía en el cuarto de abajo rastros de cocaína y le decía -¿qué es esto?-, pero él no me contestaba." Juanita

Durante este tiempo a la única niña que seguía viendo era a Samantha, pues como dije anteriormente, era la única persona que sabía que yo fumaba piedra y con tal de estar conmigo lo permitía, me encantaba tener relaciones con ella mientras me drogaba –aunque las relaciones pocas veces eran satisfactorias- mis años con las drogas y el fumar cocaína no me lo permitían. Pero a Sam no le importaba y ella seguía a mi lado a pesar de la adicción. Pasó el tiempo y llegó la hora de que mis papás regresaran a México. Cuando me vieron notaron el mal estado en el que me encontraba, pero creo que todos lo tratamos de pasar por alto, ni ellos ni yo queríamos admitir la gravedad de mi enfermedad.

Y así dejamos pasar el tiempo, mi adicción seguía creciendo, volvieron los robos a mis papás, mi comportamiento era cada vez más anormal, me volví una persona agresiva, con poca tolerancia y completamente fuera de la realidad. Nos seguíamos yendo de vacaciones, y para fines de ese verano, lo pasamos en Ixtapa. Donde ya no me interesaba la vida que antes me gustaba, pasar el día en la playa o en la lancha buscando niñas con quien salir en la noche; ahora lo que me gustaba era robarles dinero a mis papás, irme al centro a comprar piedra y regresar a mi casa para pasar el día fumando en el baño. Se volvió realmente incómodo, era difícil ver a cualquier miembro de mi familia a los ojos, constantemente me sentía observado, sentía que ya sabían lo que estaba haciendo pero la familia permanecía callada, nadie decía nada y todos estábamos viviendo en una negación total.

"A nuestro regreso lo encontramos mal pero tardamos algún tiempo en entender la severidad del problema. Íbamos a Ixtapa y aunque Alex ya no era el mismo su actitud había cambiado radicalmente, nos lograba engañar y trataba de convivir con nosotros, realmente el que sí se daba cuenta era Mauricio que nos decía, -¿qué no le vieron los ojos?, ¿no se dieron cuenta cómo se le trababa la quijada al hablar?-". Clarita

UNA NUEVA OPORTUNIDAD

Fue un día en septiembre, ya de regreso en México, cuando mi papá me dijo que si quería platicar con él. Nos sentamos en una mesa en el cuarto de juegos de la casa y comenzamos a hablar. Yo recuerdo estar sentado enfrente a él completamente vacío, no encontraba palabras para expresarme, no podía decirle lo que sentía, puesto que ni yo tenía la capacidad de reconocer mis sentimientos. Estaba de cuerpo presente y mente ausente, lo único que pensaba era cuándo me iba a volver a drogar. Pero mi papá comenzó hablar, comenzó a tratar de entender por lo que yo estaba pasando, me dio muchas palabras de aliento, pudo contactar él mejor que yo, con mis sentimientos.

Kevin McCauley en su libro Addiction hace referencia a lo que AA llama "momento de claridad" donde se dan situaciones inexplicables: por un momento baja el "craving", la conciencia se agudiza y el adicto por primera vez, se ve como lo ven los otros y una ventana de oportunidad se abre; pero esa ventana no va a estar por mucho tiempo abierta. En este momento, bajan sus defensas y es la oportunidad para que el adicto acepte algún tratamiento.

Digamos que me adivinó lo que estaba sintiendo y por primera vez en mucho tiempo me sentí en paz. Sentí confianza en él, sentí que me comprendía, me sentí querido y creo que fue por estas razones que junté la fuerza para pedir ayuda una vez más. Recuerdo que esa tarde mis papás y yo la pasamos en la computadora buscando la mejor clínica para mi problema. Hablamos con muchas personas que conocían del tema para que nos orientaran. Después de toda la tarde llegamos a tener las tres mejores opciones. Una en Utah, esa era la que a mi mama más le gustaba y dos más en Malibú, CA. Las tres estaban clasificadas como las mejores clínicas del mundo. Hablamos a una de las clínicas en California para preguntar informes, nos platicaron de qué se trataba el programa, ellos no trabajaban con los doce pasos de Alcohólicos Anónimos y eso me llamaba mucho la atención, puesto que con la experiencia que había tenido en la clínica anterior, creía que esto a mí no me funcionaria. Esta clínica se enfocaba en mucha terapia individual y en descubrir la raíz de nuestra adicción. El costo era altísimo, cifra que se nos hacía una verdadera locura para un programa de tan sólo 30 días. Pero mis papás querían lo mejor para mí y estaban dispuestos a hacer todo lo necesario. También hablamos con otra clínica de nombre Promises y aunque ellos sí trabajan con el programa de los Doce Pasos, también se enfocaban en terapia individual y de grupo. Su forma de hablarnos y atendernos se nos hizo mucho más centrada.

MI VIDA EN PROMISES

Un día después ya habíamos pagado el tratamiento y estaba en camino al aeropuerto internacional de Los Ángeles, donde el personal de Promises me recogería para trasladarme a la clínica. Llegué ahí en agosto y ahí me quedé hasta octubre. Promises, como ya lo mencioné, es una clínica muy buena terapéuticamente, es el lugar al que varias celebridades han asistido. Por supuesto que eso me llamaba mucho la atención y me motivaba para querer asistir al programa. - Al llegar ahí me enamoré del lugar de inmediato, el trato y el cariño que sentí de todo el personal me hizo sentirme como en casa y supe que este era el lugar indicado para recuperarme. Pasé por varias entrevistas, con la directora, después dos internos me hicieron preguntas sobre mi historial, le siguió el equipo psiquiátrico para ver si necesitaría medicamento y por último vi al jefe de doctores. Recuerdo que él me preguntó que porqué estaba ahí, a lo que contesté, "porque esta es la mejor clínica del mundo", su respuesta no fue lo que esperaba, me dijo "el que quiere curarse se puede curar hasta debajo de un árbol". Esas palabras me hicieron poner los pies en la tierra y darme cuenta que iba a estar en mí y no en las manos de "la mejor clínica del mundo" el que me recuperara.

Aquí empezaría de nueva cuenta un extenso trabajo de introspección que me llevaría a probar un poco de lo que es la vida en sobriedad. Pasé por los obligatorios días de Detox, y creo que fue en mi segundo día cuando observé a otra persona que también se encontraba en Detox que se veía realmente mal, no dejaba de temblar, de sudar, se veía realmente acabado. Era un actor de innumerables películas. Era increíble para mí sentir que estaba recuperándome entre gente tan importante y famosa, me hizo a mí y a mi personalidad adicta sentirme en el lugar indicado y a gusto con este tratamiento.

Saliendo de Detox me introdujeron con la que iba a ser mi terapeuta. Una mujer joven e inteligente y no puedo dejar de decirlo, realmente hermosa. Iba a ser difícil poderme concentrar en mis problemas teniendo como terapeuta a una mujer tan guapa enfrente de mí. Recuerdo que en mi primera sesión entré con una gran sonrisa, ella rápidamente me preguntó el porqué de ésta, le contesté que estaba muy contento de estar ahí y rápidamente ella me dijo "me estás diciendo que llevas consumiendo cuatro años, que has perdido parejas, que te has metido en múltiples problemas, que no sabes vivir la vida tal como es, que has perdido la confianza de tus padres, que les has robado el sueño y sus ilusiones y ¿hoy te encuentras contento de estar en una clínica de rehabilitación?" Sentí como que alguien me acababa de dar un golpe de realidad y por primera vez me sentí triste y confundido. Pero ella me dijo que no me preocupara que por eso estaba yo ahí, para trabajar con esa tristeza y poder salir adelante. Y así fue como comenzó mi tratamiento en Promises.

"El enganche terapéutico de Promises me pareció fundamental, ya que la terapeuta logró centrar a Alejandro y ayudarlo a tocar sus sentimientos y emociones con claridad" Clarita

Asistíamos a juntas de Alcohólicos Anónimos y Narcóticos Anónimos (AA y NA) todas las noches fuera de la institución, cosa que me agradaba mucho. Las juntas a las que nos llevaban siempre eran interesantes, la finalidad de esto era encontrar el espacio donde nos sintiéramos más identificados y comprometidos. De esa manera, me empezó a gustar la vida dentro del programa. A la semana, llegó un nuevo paciente que era un ex jugador de fútbol y escritor de un libro. Él y yo comenzamos una muy buena amistad, pero al pasar al pasar el tiempo y como es costumbre en mi vida la euforia de lo que estaba viviendo comenzó a desvanecerse y el aburrimiento comenzó a surgir.

Y como bien dicen, "la ociosidad es la madre de todos los vicios". Me faltaba lo que siempre había tenido a lo largo de mi vida, una compañera, y comencé en mis oraciones diarias a pedirle a Dios que apareciera una mujer con la que pudiera disfrutar esta nueva vida. Y vuelvo a decir, cuidado con lo que pides porque se te dará.

HELEN

Pasaron sólo dos días cuando llegó una nueva paciente Helen Marie, una niña de 18 años que era lo más hermoso que yo había visto en mi vida. Una güerita de facciones finas, con unos ojos verdes que eran realmente espectaculares y un cuerpo que cualquier modelo envidiaría. Quedé instantáneamente enamorado. Y así fue como el interés por mi recuperación pasó a segundo plano, ahora lo más importante en mi vida era conquistar a Helen.

"Cuando conocí a Alex me seguía recuperando de mis noches de consumo de alcohol, estaba realmente cansada y con muchos resentimientos porque mis padres me habían mandado a una clínica de rehabilitación, pero había algo en Alex que me hizo sentir inmediatamente que todo iba a estar bien y que estaba yo en el lugar indicado. Me cautivó instantáneamente su sonrisa". Helen

No pasó mucho tiempo cuando empecé a notar que yo también le atraía, me veía con una mirada peculiar, siempre me sonreía y comenzamos a poco a poco tener un poco de contacto físico; un

72

pequeño abrazo, un pequeño guiño de ojo, o en ocasiones nos agarrábamos la mano por tan sólo unos segundos. Helen era lo que yo siempre había querido en una mujer y por lo que lo que estaba viviendo en esos momentos era realmente un sueño. Después de los treinta días, se me recomendó pasar a la fase dos del programa. Aquí empezabas a tener un poco más de libertad, tú escogías cuáles eran los grupos a los que querías asistir, podías tener ya un coche, vivías en una casa separada de la clínica. En esta ocasión me encantó la sugerencia, no sólo porque estaba disfrutando del programa y de mi sobriedad, sino que esto me daría la oportunidad de seguir viendo a Helen. Por supuesto que tomé la decisión de asistir a todas las terapias, por el simple hecho de que Helen que seguía en la fase uno del programa, tendría que asistir obligatoriamente a todos estos grupos. Y así continuamos nuestro romance. Me sentía como un niño haciendo travesuras y esperando que no me cacharan, era una adrenalina que le daba un impulso a mi recuperación. Se vinieron los famosos "Malibu fires" (incendios) a sólo unos cuantos kilómetros de la clínica, la montaña de Malibú ardía en llamas, por lo que el dueño de Promises tomó la decisión de trasladarnos por unos días a un hotel en Marina del Rey; llegamos al hotel y se nos asignó un cuarto en el que pasaríamos la noche. Yo recuerdo hablar al spa y programar una cita para un masaje, esas eran las cosas que pasaban por mi mente, que me merecía un masaje por el estrés por el que estaba pasando.

No importaba el precio, yo sabía que se lo cargarían a la cuenta de mi papá y él nunca me diría nada, como siempre el valor por el dinero para mí no existía. Cuando salí de mi masaje me encontré a Helen en el elevador y le pregunté si quería meterse a la alberca y al jacuzzi conmigo, me dijo que sí. Recuerdo esta noche como algo especial, los dos teníamos ganas de besarnos, de abrazarnos de aprovechar esta increíble oportunidad para demostrar la atracción que teníamos el uno por el otro. La noche se prestaba para esto, la alberca estaba iluminada con una luz azul tenue, y en la parte superior se reflejaba la luz de una luna llena espectacular. Pero Helen se resistía, se resistía a pesar de las ganas que tenía de estar conmigo y se resistía porque ella tenía una pareja, a la que no le quería ser infiel. Estuvimos muy cerca el uno del otro, pero no aprovechamos la situación, la dejamos pasar. Helen respetó a su pareja y no quiso caer en mis manos. Al día siguiente se nos trasladó a otro hotel muy cercano al que estábamos, que era más económico. Me imagino que pagar la noche del primero para

30 personas no era algo que el dueño de Promises estaba dispuesto a hacer por un lapso de 3 o 4 noches. Pero fue aquí, en el jacuzzi del segundo hotel, cuando Helen y yo ya no pudimos resistir la pasión que sentíamos, nos besamos por primera vez y una vez que hicimos esto ya no volvimos a parar, aprovechábamos cualquier momento para besarnos, tocarnos, había una química realmente especial entre nosotros. Yo me sentía el rey del mundo después de haber pasado por este momento tan especial con Helen.

"Una noche después de asistir a nuestras juntas de AA/NA decidimos ir al jacuzzi del hotel para relajarnos, hablamos mucho de lo que cada uno sentía por el otro y lo agradecidos que estábamos por nuestra rehabilitación y por el lugar donde estábamos, que nos había reunido. Aquí fue donde pensé, Yo podría pasar el resto de mi vida con esta persona". Helen

*Después de un par de días regresamos a la clínica, yo como mencioné estaba en la fase dos del programa donde podía ya tener coche, obviamente esto era imposible esto ya que mi coche estaba en México y mi papá me había enviado el dinero para poder transportarme sin necesidad de un coche, dinero que gasté en tonterías. Mi amigo el futbolista me prestó uno de sus coches. Pero para mí esto era como otro sueño hecho realidad, tenía todo, vivía en Malibú, California, tenía a mi lado a la mujer más hermosa que había visto en mi vida, un coche espectacular que subía mi autoestima. Estaba como dicen en "la cima del mundo" ni por un segundo me pasaba por la cabeza usar cocaína. Por lo menos no en ese momento, **mientras la euforia fuese lo suficientemente fuerte como para no dejar entrar a mi enfermedad**.*

"En esta época nosotros no teníamos esa experiencia que vino después donde Alex se escapaba de las clínicas, esto nos permitía hasta cierto punto estar tranquilos y pensar: "Alex ya está en tratamiento, estamos haciendo lo correcto". Nos encontrábamos todavía sin conocer a profundidad la gravedad del problema. A la tercera semana de Alex en Promises, nos invitaron a una sesión de terapia familiar a la que asistían todos los padres y después de ésta, teníamos una sesión particular con los terapeutas familiares. Alex por supuesto, nos dijo que no era necesario ir a la grupal. Las actitudes de Alex nos hacen pensar que él tampoco acababa de entender lo que le estaba sucediendo, la gravedad del asunto, incluso por eso nos enojó verlo llegar aquel día por nosotros al hotel para ir a la sesión en un coche deportivo, sabiendo que a su papá y a mí siempre nos ha molestado los préstamos de los coches. Eso era parte de su temperamento... estaba en la negación total de que había un problema e insistía en seguir viviendo una fantasía.

En nuestra negación de lo que estaba sucediendo, pensamos que no era necesario ir a la sesión grupal y sólo asistimos a nuestra cita con el terapeuta. Hoy me queda tan grabada la frase de las clínicas que dice: "los papás piensan que les vamos a devolver a su hijo: lavado, planchado y almidonado", sin entender que la verdadera recuperación se iba a dar cuando Alejandro trabajara con todos sus pensamientos, emociones y conductas inadecuadas y que nosotros como familia, también debíamos hacer un trabajo interior para lograr cambios en los patrones negativos que se dan en la dinámica familiar". Clarita

Estaba muy apegado al programa, asistía a juntas todas las noches y ya tenía un "sponsor" o Padrino como le llaman en México. Todo marchaba viento en popa, y tanto yo como mi familia pensábamos que ya había llegado el final de mi adicción, si alguien nos hubiera dicho que apenas estábamos comenzando, nunca le hubiéramos creído. Llegó el final del tratamiento de Helen, sus papás ya no quisieron que se quedara a la fase dos del programa, le habían conseguido una casa de medio camino, exclusivamente para mujeres en La Jolla, California, donde seguiría su tratamiento durante tres meses. Helen pensaba que esto sería el final de nuestra relación, pues yo permanecería en Malibú y pronto regresaría a México. Pero yo le prometí que encontraría la manera de que estuviéramos juntos. A mí todavía me quedaban quince días más en la fase dos de Promises. Recuerdo que me dolió mucho despedirme de ella el día que se fue, pero yo sabía que no era el final de nuestra relación, pues yo estaba tan emocionado con ella que haría cualquier cosa por continuarla. Durante este tiempo, permanecimos en contacto vía Internet y llamadas telefónicas. Inclusive se me dio un pase para pasar el fin de semana con ella en San Diego. Pero el pase tenía ciertas restricciones, tendría que quedarme en casa de Helen, a pesar de que ella no estaría ahí, pues se encontraba en su casa de medio camino que antes mencioné. Yo había conocido a sus papás durante los sábados familiares en Promises y había hecho buena empatía con ellos. Me recibieron con los brazos abiertos en su casa en San Diego.

Un día pasé por Helen y le dieron el día para estar conmigo, fuimos a su casa, sus papás no se encontraban ahí y recuerdo que fue en ese momento que tuvimos nuestra primera relación sexual. Todavía recuerdo vívidamente el momento, lleno de emoción, nerviosismo y adrenalina. El estar con Helen fue maravilloso. Pasamos un buen fin de semana juntos y luego llegó la hora de que regresara a Promises.

Al siguiente fin de semana, mi amigo del que ya he platicado, me invitó a una fiesta de Halloween en una mansión famosa, una de las más cotizadas del mundo. Me acuerdo que pasamos a una tienda para comprar nuestros disfraces; él fue vestido de futbolista del equipo de Barcelona y yo de la selección brasileña. También nos acompañaron otros dos amigos de Promises de origen alemán, nietos de un famoso general de la Segunda Guerra Mundial. Como dije, estaba entre puro famoso justo donde mi ego me quería tener. Llegamos a la fiesta y fue algo espectacular. Pero como todavía estábamos internados en Promises, tuvimos que estar de regreso a las 12:30 de la noche, solo estuvimos una hora en la fiesta. De igual manera fue un momento que no puedo dejar pasar sin mencionar. Otra de las experiencias que me han hecho sentir importante y/o especial.

Carta de la terapeuta de Promises, 16 noviembre de 2007

Clara:

Quiero confirmar con ustedes la salida de Alex este próximo lunes 26 de noviembre y proporcionarles las recomendaciones para ésta y los terapeutas a los cuales referimos a nuestros pacientes mexicanos. Mi recomendación es que Alex saliendo de Promises, viva en una casa de medio camino por lo menos tres meses. (Las casas de medio camino están dirigidas por una persona, son como casas de huéspedes con reglas y responsabilidades, se puede salir y entrar con un horario y lo ideal es que tengan un trabajo o que asistan a una escuela. Por lo general, habitan ahí de 8 a 10 personas que están viviendo el mismo proceso). Él me comentó que después de visitar varias casas que nosotros sugerimos ya escogió una. También se le recomendó que continúe en el programa de "Outpatient" (clínica externa) de Promises durante tres meses más. Esta recomendación fue proporcionada para asegurar que continúe su tratamiento durante seis horas del día, además de que le proporcionan un terapeuta individual, lo vincula a una comunidad en recuperación y le proporciona un lugar donde le puedan practicar los análisis en forma regular, para estar seguros que no ha vuelto a consumir. Sin embargo, Alex me informó que él no acepta esta idea. Pero a lo que sí está dispuesto, es a participar en psicoterapia individual con un especialista privado y se le recomendaron varios terapeutas. También me comunicó que en la casa de medio camino le recomendaron un Life Coach con el cual ya acordó una cita. También he recomendado a Alex asistir a reuniones de 12 pasos todos los días y trabajar con su padrino en el programa. Les recomiendo insistentemente a ti y a Gerardo asistir a reuniones de Al-Anon como medio de apoyo durante este proceso. Alex indicó que continuará asistiendo al gimnasio y participando en otras actividades deportivas. Hasta que Alex se inscriba en la escuela o consiga un trabajo, le recomendamos que se comprometa a comenzar algún trabajo voluntario.

Le hemos proporcionado los nombres de los terapeutas y psiquiatras para la zona oeste de Los Ángeles y también le dimos referencias en México por si decide regresar a su país.

Alex ha trabajado significativamente en su recuperación desde su llegada a Promises. Ha sido un elemento encantador para la comunidad de Promises y he disfrutado mucho trabajar con él. También fue un gran placer conocerlos a ustedes. Le recomendamos a Alex que siga muy comprometido con su recuperación y que en algún momento traten de asistir todos juntos a alguna terapia familiar. Si tienen alguna duda o inquietud, no duden en comunicarse conmigo o con el terapeuta familiar. ¡Cuídense!

Llegó el final de Promises y era hora de pasar a la siguiente etapa, tenía dos opciones: la primera era regresar a México con mi familia y la segunda era irme a una casa de medio camino en Santa Mónica, CA. Por supuesto escogí la segunda a la que me fui en noviembre. Ésta era la opción que permitirá seguir viviendo la vida que hasta ahora me tenía tan contento, y por supuesto era la única manera de seguir viendo a Helen. La casa estaba bien bonita y me sentía muy contento con mi estancia; pasaba los días manejando por las calles de Los Ángeles en el Mercedes que me había prestado mi amigo, me despertaba a correr todas las mañanas, iba al gimnasio, asistía a mis juntas, platicaba con mi padrino y por supuesto anhelaba el fin de semana para poder irme a visitar a Helen.

Carta del dueño de la Casa Medio Camino, 29 de noviembre de 2007

Querida Clarita:

Quería tomarme un momento para informarles del progreso de Alex. Ha sido una maravillosa adición a nuestra casa y siempre es un placer ver su cara sonriente cuando llego en la mañana. En cuanto a su recuperación, parece que está llevando a cabo muchas acciones positivas en el cambio en su estilo de su vida. El día de ayer vino a visitarlo su padrino y Tom, el director de la casa, me comentó que lo conoce y que es una gran persona, así como un excelente ejemplo de cómo mantenerse sobrio y disfrutar de todas las cosas maravillosas que la vida tiene para ofrecer.

Alex asiste todos los días a sus juntas de NA y también se reúne todos los jueves con el grupo de egresados de Promises. Recuerdo lo importante que era para mí cuando terminé hace algunos años ese programa, estar cerca de todas estas personas. Es muy importante formar estas amistades durante los primeros meses de sobriedad para tener apoyo y confiar en ellos, en las buenas y en las malas. Una de las cosas que más me gustaría subrayar es cómo tenemos que prepararnos para esos momentos difíciles de la vida, porque nosotros no podemos huir de nuestras responsabilidades y nuestros sentimientos. Alex sin duda, va por el camino correcto y todos estamos aquí para ayudarle a vencer los momentos difíciles y a reír con él durante los buenos tiempos.

Saludos

Y así fue como pasé los siguientes dos meses de mi vida. Empecé a sentir la necesidad de estar más cerca de Helen y comencé a proponerles a mis papás que me pusieran un Departamento en San Diego. Llegaron las vacaciones de diciembre y era hora de regresar a México a pasarlas con mi familia. Antes de regresar a México, mi amigo de Promises me pidió su coche y fue también momento de regresárselo. Yo sabía que tarde o temprano este momento llegaría.

Me fui directo a Ixtapa donde pasaría Navidad con mi familia, pasé unas muy buenas vacaciones, llenas de tranquilidad y de buenas conversaciones. Tomamos la decisión de mandar mi coche hasta

Tijuana para que yo después lo recogiera y lo cruzara a Los Ángeles para que pudiera ir a mis juntas y hacer todas mis actividades y que en ocasiones pudiera yo ir a visitar a Helen, sin tener que pedirle a nadie un coche prestado.

El 30 de diciembre volé a Tijuana, ya que el 31 podría recoger ya mi coche y cruzarlo para así pasar año nuevo y unos días más cerca de Helen. Llevaba ya unos días sin asistir a juntas de apoyo y al llegar a Tijuana, comencé a sentir la necesidad de usar.

"Día con día mi relación con mi recuperación crecía al igual que mi relación con Alex. En el programa de AA dicen que todo pasa por alguna razón y verdaderamente creo que Dios me puso en este programa para conocer a Alex. Me enamoré de él casi instantáneamente y encontramos consuelo y apoyo uno en el otro, sabiendo que la recuperación era un proceso difícil y que nos estábamos solos, que nos teníamos uno al otro. A través de mi relación con Alex encontré que para mí la sobriedad era un proceso bello y lleno de paz". Helen

VUELVO A USAR

Es impresionante que todo en mi vida estaba bien, tenía una pareja con la cual estaba realmente feliz, acababa de pasar unos increíbles momentos con mi familia, me habían mandado mi coche desde México a Tijuana, para que no me faltara nada, llevaba un poco más de tres meses limpio y sobrio, pero a pesar de esto, en el momento que entró el pensamiento o "craving" no hice nada para ahuyentarlo, simplemente lo dejé ser y poco a poco fue creciendo, hasta que llegó el momento que ya fue imposible hacerlo a un lado. Me convencí como siempre lo hago, que usar un rato esa noche no le afectaría a nadie, que nadie se enteraría, al fin no me harían un antidoping hasta seis o siete días después que regresara a mi casa de medio camino. Tiempo suficiente para que mi cuerpo se limpiara de la sustancia y nadie se diera cuenta que había vuelto a usar. Por lo tanto, bajé a la entrada del hotel donde me estaba hospedando y le pregunté a un taxista si sabía dónde vendían crack. Él me dijo que sí y que estaba dispuesto a conseguírmela. Le di el dinero y me senté en el lobby del hotel a esperar su regreso. Unos treinta minutos después éste regresó con un poco de crack, lo suficiente para pasar una buena noche fumando y estar listo al día siguiente para recoger mi coche y regresar a mi vida normal y a mi vida de recuperación en Santa Mónica. Antes de usar le hablé por teléfono a Helen para decirle que ya pronto estaríamos juntos otra vez, ella estaba muy contenta con la noticia, también le hablé a mis papás para decirles que me había pedido algo de cenar al cuarto y que después de cenar ya estaría listo para dormir. Ellos sonaban muy contentos y orgullosos de mí. Al colgar el teléfono me sentí liberado de toda responsabilidad y procedí a prender un poco de crack. Y así pasé toda la noche, hasta aproximadamente las tres o cuatro de la mañana no paré de fumar. Desperté muy cansado de una noche bastante desagradable, donde otra vez me sentía lleno de culpabilidad, otra vez volví a fracasar y desafortunadamente era una carga que me ponía en los hombros de las cual no me podría liberar hasta tiempo después, cuando les contara a mis seres queridos lo que había pasado; pero por el momento, tendría que vivir yo con el secreto. Secreto que más tarde fue una de las razones por las que volví a recaer.

Al día siguiente fui a recoger mi coche, crucé la frontera y rápidamente me dirigí a la casa de medio camino donde Helen se encontraba, recuerdo que nos dio mucha emoción vernos, fue largo el abrazo que nos dimos, no nos queríamos soltar. Yo me estaba hospedando en un hotel en La Jolla, CA., que estaba cerca de la casa de medio camino de Helen, rápidamente manejamos hasta el hotel para poder pasar un rato más íntimo. Esa noche era la noche de año nuevo, fue una experiencia completamente diferente a la de años anteriores, esta vez la pasé rodeado de gente que no tomaba y no se drogaba. Y por primera vez en mi vida, lejos de mi familia.

Era el inicio del 2008, pasé aproximadamente cinco días más con Helen antes de regresar a mi casa de medio camino en Santa Mónica, cuando regresé todo volvió a la normalidad, como si nunca hubiera usado unos días antes. Regresé a mis juntas de AA y NA, seguía viendo a mi "padrino" estaba trabajando en mis doce pasos de AA y seguía anhelando el fin de semana para poder manejar a San Diego y estar con Helen.

Carta de Alex, Enero 16 de 2008

Ma y Pa:

El dueño de la casa de medio camino quiere que me comprometa a permanecer otros 60 días aquí y ya en el tercer mes, moverme a un departamento solo, aunque seguiré durante ese mes (ya sin pagarle nada) viniendo a las juntas los lunes, miércoles y viernes y me seguirá haciendo los análisis. Dice él que ésta es la mejor manera de pasar de una "Casa de Medio Camino" a un departamento, y lo dice con 17 años de experiencia detrás. Ya se comprometió a conseguirme trabajo voluntario por lo menos tres veces a la semana y yo buscaré a qué clases puedo ir de oyente para ver a cuáles quiero entrar. También buscaré algún tipo de trabajo. En fin, desde mi percepción, me siento bien, me siento sano y listo para hacer muchas cosas, pero como dicen en el programa, "your very best thinking is what brought you here" (tu mejor pensamiento fue lo que te trajo aquí) y realmente ahora es necesario tomar la dirección de gente que tiene mucho más experiencia que yo. Igualmente quiero saber su opinión, pues entiendo que es mucho dinero de renta y todos los gastos, pero creo que es algo que en un futuro nos va a recompensar a todos de manera extraordinaria, siento que poco a poco este proceso que estoy viviendo ya nos ha empezado a dar recompensas a todos, especialmente a mí.

Alex

Para estos momentos, Alex realmente estaba involucrado en su recuperación, escuchando todas las recomendaciones y desafortunadamente, los papás de Helen y ella comenzaron a coquetear con la idea de que Alex se fuera a San Diego para estar juntos. Había una preocupación de los papás de Helen de que si Alex no se iba a San Diego, Helen se iría con él.

"Promises nos había recomendado la casa de medio camino para que más adelante pudiera vivir solo; se sabe que si logras pasar un año limpio, tienes más posibilidades de salir adelante. Estábamos muy contentos porque Alex ya llevaba cuatro meses limpio y estaba contento. Cuando los papás de Helen y Alex me hicieron esta propuesta, lo platiqué con Gerardo y nos pareció una buena decisión ya que Alex estaría como en su propia familia, conocía a los papás de Helen quienes me habían prometido cuidarlo como propio y él se involucraría en el programa de AA en San Diego. Hoy, ocho años después, sí hubiera aceptado esta propuesta, pero jamás hubiera permitido que Alex se fuera a vivir solo a un departamento. Nunca pensé en todas las consecuencias que esto tendría. La solución hubiera sido que se fuera a una casa de medio camino, igual a la de Los Ángeles, donde hubiera recibido la contención necesaria en los primeros meses de su vida en San Diego y donde hubiera formado un grupo de apoyo que nunca tuvo en San Diego y que sí había logrado formar en Los Ángeles". Clarita

Un día al regresar de uno de mis tantos fines de semana con Helen, el dueño de la casa de medio camino me estaba esperando junto con todos los demás compañeros de la casa, me dijo que quería hablar conmigo. Muy agresivamente me empezó a atacar, me dijo que no veía que le estuviera poniendo nada de interés a mi recuperación, que lo único que veía que me importaba era Helen y que por lo tanto me iba a prohibir las visitas los fines de semana por un tiempo indefinido. Esto por supuesto provocó mucho enojo dentro de mí y comenzamos a discutir muy acaloradamente. Se puso tan difícil la situación que le hablé a mis papás y les dije que yo ya no quería estar ahí ni un minuto más, que me quería ir a San Diego. Mis papás como siempre preocupados en atender mis necesidades para que no fuera yo a recaer, accedieron.

Carta de Clarita

Hola Alex:

Siento mucho por lo que estás pasando. Como sabes ya hablé con el dueño de la casa y le dije que ya habíamos hablado contigo para hacer nuevos acuerdos los cuales estabas respetando. Lo que nos tiene preocupados a tu papá y a mí -no es la primera vez que te lo decimos- es que desde que estás con Helen, mucho de tu cabeza, tiempo y pensamiento está en estar con ella. No estás viviendo tu proceso, estás viviendo el de una relación complicada.

Ahora, no sientas que todos están en tu contra, no es así, pero parte del programa y de la recuperación es escuchar lo que se te dice con el corazón abierto y seguir las recomendaciones. La nuestra es que escuches a personas que parece ser que tienen más experiencia sobre estas situaciones y que su único deseo es ayudarte. Escúchalas, dialoga con tu grupo y si te abren otra perspectiva, aprovéchala. Si te tienes la confianza de estar actuando con tus propias herramientas,

¡qué bueno!, no la pierdas. Estamos totalmente de acuerdo y sabemos, aunque no lo creas que vas a tener errores, tampoco queremos que seas un santo, pero sí tenemos que señalarte que estás repitiendo patrones de conducta que no están bien. Por ejemplo, en algún momento tendrás que aprender el valor del dinero. Alex, no estamos en contra de ti ni de tu relación con esta niña, creo que puedo hablar por toda la familia: **¡estamos orgullosísimos de tu sobriedad!** Estamos muy, pero muy conscientes del esfuerzo que estás haciendo, y sí lo vemos. ¿Por qué tú no puedes ver que tú no estás respetando los acuerdos que tomamos cuando viniste a México? No te has querido comprometer lo suficiente a continuar con tu tratamiento.

Tu Ma

El formar parte de un grupo y respetar los lineamientos y todas las actividades que se hacen en conjunto, fomentan la recuperación y el compromiso, mismos que Alex no estaba respetando totalmente por mantener su relación con Helen.

"Otra de las cosas que nos hicieron aceptar que Alex se fuera a San Diego, fue el roce tan fuerte que tuvo con el dueño y su grupo al final de su estancia ahí. Fue una situación que se salió de control y podría haber provocado una recaída en Alejandro. Cuando hablamos con él por teléfono, escuchamos los insultos de esta persona hacia él y hacia nosotros, descalificando continuamente todo lo que tratábamos de decir para calmar a nuestro hijo y contener la situación. Incluso, le aventó todas sus cosas por la ventana y lo corrió de la casa. Por supuesto, al día siguiente, el dueño se arrepintió y le dijo que Alex era bienvenido nuevamente. Una vez más las circunstancias nos hicieron actuar impulsivamente y lo dejamos ir a San Diego para que continuara con su recuperación. Era como conducir con los ojos vendados, pues si yo hubiera sabido que Alex había recaído antes de año nuevo, definitivamente, lo hubiéramos llevado a una casa de medio camino en vez de dejarlo en este momento vivir solo". Clarita

CAPÍTULO V.-

EL "MÁGICO" MUNDO DE LAS CLÍNICAS

"Cuando no nos sentimos amados y tenemos un profundo vacío
interior, buscar a alguien para que nos de amor,
nunca será realmente la solución"

Gerald G. Jampolsky, M.D.

"Un cliché que se maneja en el medio de los centros de tratamiento para las adicciones, es que la recuperación no es para quien la necesita, sino para quien la quiere. Bajo esta premisa en las clínicas de rehabilitación cuando el adicto quiere abandonar el programa comúnmente se le dice: si no te quieres quedar, vete. Para mí esto es falso; ¿quién puede tomar una decisión juiciosa y libre cuando está en adicción activa? El cerebro sólo está concentrado en conseguir la siguiente dosis, no piensa claramente, se encuentra inmerso en el "craving"; resulta difícil que el adicto pueda decir sí, sí necesito y quiero recuperarme. Existen varias maneras en las que una persona llega a una clínica de rehabilitación: por su propio pie, porque verdaderamente su vida ya es tan difícil y su salud tan deteriorada que ya quiere dejar de usar, porque se encuentra en una situación de desesperanza total donde se da cuenta que solo no va a poder, presionado por su familia o porque ya está metido en problemas con la justicia, -entonces las opciones son la cárcel o la rehabilitación-.

Todos los adictos quieren ayuda. Quizá no puedan admitirlo, o quizá piden algún tipo de ayuda que no es la correcta, Por ejemplo, "si me quieres ayudar, dame dinero para comprar más droga, eso es lo que necesito"; pero al final, todos quieren ayuda. Mi hijo Alejandro quería recuperarse, no sabía cómo hacerlo y durante su consumo no tenía las herramientas para pedir ayuda, si le dabas la opción de salirse de la clínica e irse a consumir, prefería eso, a estar dentro de una clínica."
Clarita

"Cuando hago un recuento de todos los caminos que fuimos escogiendo para que Alex siguiera un tratamiento, no puedo dejar de pensar en la lucrativa industria de la rehabilitación de adictos, como producto de mercado y no puedo dejar de ignorar de qué manera las sociedades "crean" millones de adictos para después "componerlos". No quiere decir que no viéramos mejorías en Alex, pero éste es un punto que siempre me rondó en la cabeza." Gerardo

Alex entra y sale de distintas clínicas de rehabilitación, sin hallar en ninguna, un lugar donde sembrar las raíces de una duradera y franca recuperación. Es él quien de viva voz nos brinda esta valiente declaración de los hechos; la culpa, la desesperación de un joven quien a pesar de estar rodeado de amor y privilegios, no consigue conectar con la parte luminosa de su ser, y así dar los pasos necesarios para sanar su mente, su cuerpo y su alma.

UN BREVE SUEÑO HECHO REALIDAD

Al salir de la casa de medio camino, mi papá me propuso que me fuera a San Diego, me quedara en un hotel y que empezara a buscar departamentos. Me dijo que él y mi mamá llegarían en una semana y que querían ver mis cinco mejores propuestas. Esa semana fue muy emocionante en mi vida, recorrí diferentes partes de la ciudad acompañado por Helen en la búsqueda de lo que sería el lugar donde sabíamos que íbamos a acabar viviendo juntos tarde o temprano. Mi lugar favorito y donde más me gustaron departamentos fue en la zona del Centro de San Diego.

Cuando llegó mi mamá pasamos dos días viendo los departamentos que me habían gustado. Al finalizar la semana, llegó mi papá y me dijo que le enseñáramos cuáles eran los dos departamentos que más nos habían gustado. Había una diferencia de precio notable entre uno y el otro; por supuesto a mí me gustaba mucho más el más caro. Después de ver los dos departamentos mi papá se animó a rentarme el que más me había gustado. Era uno de los edificios más nuevos y lujosos del Centro de San Diego o por lo menos, yo lo veía así. Helen y yo estábamos felices con esta decisión de mi papá. Al día siguiente tomamos medidas de mi nuevo departamento y nos fuimos en búsqueda de muebles, recuerdo la emoción que estaba sintiendo en esos momentos. Nada malo pasaba por mi cabeza, todo era una sensación de felicidad. Encontramos los muebles que más me gustaron y mi papá me compró todo lo que necesitaba. Estuvimos dos días decorándolo con todo tipo de accesorios. No parecía en lo absoluto que acababa de salir de una clínica de rehabilitación, tan solo tres meses atrás.

"En su fantasía, Alex veía extasiado su nuevo hogar, el tener una casita amueblada era como regresar al nido, como recrear en la lejanía la seguridad de su hogar, todos los teneres eran símbolo de que estaba viviendo como una persona normal. En sus cartas me escribía: -Ma, limpio todo el día, tengo el departamento albeando-, él quería quedar bien conmigo". Clarita

Mis papás estaban festejando conmigo mi sobriedad y me hicieron ver a través de toda esta experiencia, que estaban orgullosos y que nuevamente depositarían cierta confianza en mí. El departamento quedó listo, realmente bonito, era otro sueño hecho realidad. Mis papás siempre tuvieron la capacidad de hacer todos mis sueños una realidad. Ellos me desearon toda la suerte del mundo; de nuevo me dieron una tarjeta de débito donde me depositarían una cantidad al mes para vivir, me dejaron con absolutamente todo lo necesario para continuar con mi vida en recuperación y regresaron a México.

"Al llegar a San Diego, Alex se quedó en un principio en la casa de los papás de Helen mientras que Gerardo y yo llegábamos para buscarle un departamento para que comenzara a vivir sólo por primera vez. Recomendación de los terapeutas en donde Alex aprendería a ser responsable de su propia recuperación y de su autocuidado.

A Alex todo le parecía maravilloso cuando estaba bien, todo le parecía bello y satisfactorio y quizás el tener todas estas "cosas lindas" era como volver a sentirse sano una vez más. El departamento era un huevito, pero para él esto era un gran logro y obviamente una nueva aventura. Nosotros lo apoyábamos aun teniendo la sana preocupación de que su autoestima dependía demasiado de todas las cosas externas. Sentíamos que no quería cambiar su estilo de vida, en su forma de vestir y de actuar, en estos aspectos no era humilde y no notábamos que quisiera hacer un cambio. Queríamos escuchar que él nos dijera, puedo vivir mi vida en donde sea y no verlo preocupado por cosas superfluas. No pudimos ver que en realidad para Alex el espacio en donde se iba a quedar era muy importante porque lo regresaba a un estado de seguridad y a un sentimiento de "normalidad", además de saber que había recuperado nuestra confianza. El dejarnos tranquilos era para él muy importante, no nos quería ver sufrir. Hoy me doy cuenta cómo el miedo y el enojo me impedía ver todo esto" Clarita

Un poco de tiempo después, Helen por fin salió de su casa de medio camino y rápidamente se fue a vivir conmigo. Vivíamos una vida realmente agradable, despertábamos y yo le hacía a Helen de desayunar –siempre me gustó la cocina- pasábamos el día caminando por las calles de San Diego, íbamos a comer a restaurantes, jugábamos tenis, hacíamos ejercicio juntos, asistíamos a varias juntas, cada quien estaba enfocado en su programa y ni uno ni el otro nos metíamos en nuestras recuperaciones. Estábamos haciendo todo lo necesario para que nuestra relación funcionara y así continuó durante los siguientes meses.

Llegó mi tiempo de cumplir "seis meses" de sobriedad y recibir una medalla de reconocimiento. Fuimos a una junta en el McDonald Center de La Jolla, California, un lugar al que asistíamos todos los miércoles. Tengo que recordarles que yo ya había usado el 30 de diciembre por lo que era una mentira que tuviera seis meses limpio y sobrio, pero desafortunadamente no le podía decir a nadie; había, según yo, demasiado en juego. Llegó el momento de las medallas de seis meses y yo me levanté muy feliz a recibirla. Me subí al podio y comenté lo orgulloso que estaba de mi sobriedad, de los momentos difíciles, de cómo a través de llevar un programa había logrado esta meta y de todas las ilusiones que tenía para mi futuro. A todos les mentí, sobre todo a mí mismo.

"Una parte importante de lo que te hace continuar en tu adicción activa es mentir sobre los comportamientos y conductas de esta misma y por la misma razón, la recuperación se identifica con la honestidad y la trasparencia en nuestras conductas". (11)

Alex se mentía a sí mismo. Este engaño ponía en riesgo su sobriedad; al final de cuentas, el único afectado por esta falta de honestidad, fue él mismo.

"A pesar de que Alex seguía en contacto con gente e iba a las juntas conmigo, nunca construyó una comunidad en San Diego en la que pudiera confiar. Yo incluso, fui a la escuela, pero él, ni iba a la escuela, ni estudiaba, así que viendo las cosas a la distancia, creo que contaba con mucho tiempo libre. Pero yo aún lo amaba, y confiaba en él, así que no pensé mucho en esto cuando las cosas empezaron a no marchar bien. Hubo días en los que me decía que estaba en un lugar, y cuando yo llegaba al departamento lo veía saliendo en su coche, sorprendiéndolo en una mentira." Helen

PELIGROSA VISITA A MÉXICO

Se acercaba el 19 de abril día en el que mi hermano se casaría, y yo iba a regresar a México para asistir a la boda. Sería la primera vez en seis meses que volvería a mi casa en la Ciudad de México. La pasé muy bien en mi estancia, me sentía cómodo con mi sobriedad y por lo tanto le dije a mi familia que mientras estuviera en México no iba a asistir a juntas, puesto que mi recuperación según yo, estaba en San Diego.

Me habían advertido que tuviera mucho cuidado, que la recuperación nos debe de seguir a cualquier lugar que vayamos, (por esa razón hay juntas de AA y NA alrededor del mundo siempre presentes para dar la contención que se necesita) pero yo seguía sintiéndome diferente, yo pensaba que las mismas reglas que aplicaban para todos los adictos dentro de un programa de recuperación no aplicaban para mí.

Helen no llegaría sino hasta unos días más tarde, sería mi pareja en la boda religiosa de mi hermano. Al pasar los primeros días en México decidí ir a la Embajada norteamericana a sacar mi nueva visa que no vencía hasta noviembre de ese año, pero pensé que ya que estaba en México y tenía el tiempo disponible, era buen momento para sacarla por otros diez años y así quitarme un peso de encima.

Llegué a la embajada y al momento de mi entrevista, le comenté al cónsul que llevaba varios meses en Estados Unidos, que tenía una novia, que tenía un departamento en San Diego, que había regresado a México exclusivamente para la boda de mi hermano y que pronto regresaría; no me di cuenta que todo lo que le dije eran las armas necesarias para que cancelara mi visa y me negara darme una nueva. Sentí como un cubetazo de agua helada cuando me la negó, sentí que me estaba quitando todo lo que había construido, mi recuperación, mi departamento y sobre todo a Helen. Salí de la embajada y les hablé a mis papás dándoles esta terrible noticia, todos estábamos realmente preocupados pues entendíamos la severidad del asunto. Para mí, estar lejos de mi recuperación y de Helen podía ser razón suficiente para volver a caer en el abismo de mi adicción.

Y así fue, unos días después, cuando vi que ni los contactos de mi papá, ni nada, me conseguiría fácilmente mi visa, caí en una fuerte depresión y volví a consumir. Helen todavía ni siquiera llegaba a México, la boda de mi hermano todavía no pasaba y yo ya estaba consumiendo, pero por supuesto en secreto y sin comentarle nada a nadie.

Helen llegó a México y también llegó el día de la boda de mi hermano; cuando vi a Helen con su vestido me enamoré aún más de ella, se veía realmente espectacular. Pasamos un rato increíble en la boda, aunque puedo aceptar que envidiaba a mis familiares y amigos que veía tomando y pasando un rato un poco más divertido que el que Helen y yo estábamos pasando.

Los siguientes días están un poco borrosos, recuerdo que Helen y yo paseamos por la ciudad de México, donde yo le enseñaba diferentes lugares bonitos de nuestra ciudad, pero también estaba consumiendo, me escondía en el baño para poder consumir, y recuerdo que nuestras noches no eran tan maravillosas como los dos esperábamos puesto que yo las pasaba drogado.

Llegó el tiempo de regresar a San Diego con Helen, pero yo seguía sin una visa, ella se fue muy triste sola de regreso y eso sólo hizo que creciera más mi obsesión por drogarme. Y así fue como continué drogándome durante varios meses más. Mis papás se enteraron y por supuesto que lo único que queríamos era conseguir la manera de regresar a Estados Unidos para que yo pudiera continuar con mi recuperación, eso era lo que todos creíamos que pasaría.

Hice una solicitud para entrar a varias universidades de San Diego, para tratar de conseguir una visa de estudiante, ya que la visa de turista me la negaron en tres diferentes ocasiones durante mi estancia en México. Creo que fue alrededor de dos meses después de que llegué a la boda de mi hermano que me dieron mi visa de estudiante y con esto la oportunidad de regresar a San Diego.

Llegué de nueva cuenta a mi departamento y con Helen, ella estaba feliz de mi regreso y continuamos la vida que llevábamos, excepto que yo ya traía la adicción a todo lo que daba, no fue mucho el tiempo que pasó cuando ya estaba consumiendo también en San Diego, dejé de ir a mis juntas, me la pasaba en el departamento encerrado fumando. Fueron varias las veces que dejé sola a Helen durmiendo mientras yo me drogaba en el baño. La comencé a hacer a un lado, la hice pasar por muchos momentos de tristeza. Por lo que decidimos que me volvería a internar en una clínica de rehabilitación.

DE MCDONALD CENTER A "THE LANDING"

Me interné en el McDonald Center, donde llevaría de nueva cuenta, un proceso de internamiento con el fin de arrestar el ciclo de adicción que había iniciado en México. No llevaba ni 24 horas internado cuando me convencí de que no quería estar ahí. No me agradó nada la clínica, me hizo sentirme como en un hospital encerrado y no la estaba pasando nada bien.

"Fuimos una vez más a San Diego y visitamos varias clínicas, Alex decidió quedarse en el McDonald Center en San Diego, Helen y Alex ya lo conocían ya que iban a juntas ahí y había buenos terapeutas. Hicimos los trámites para su internamiento, lo dejamos ahí y esa misma noche nos regresamos a México. Unas horas después, cuando aterrizamos, me hablaron para decirme que ya se había salido. Entonces, Helen lo llevo a "The Landing", otra de las clínicas que habíamos visitado y ahí conoció a Kevin McCauley quien más tarde lo ayudaría en otro internamiento." Clarita

Mi familia me dio la oportunidad de irme a una clínica en Newport Beach, CA llamada "The Landing". Era una casa para puros hombres enfrente de la playa donde pasaría los siguientes 30 días de mi recuperación. Helen me dijo que ella me iba a esperar el tiempo necesario para que yo estuviera bien, cosa que me motivó a seguir adelante.

Comencé de nueva cuenta a sentirme bien, a asistir a juntas, ir al gimnasio y volver a convivir con gente dentro del programa. Pero también empecé a darme cuenta de que podía manipular a uno de los consejeros para que éste me diera dinero durante mi estancia, y así fue como empecé a elaborar un plan en el cuál yo saldría con suficiente dinero para poder drogarme al momento de mi salida.

*Durante mi estancia pretendí hacer todo el trabajo necesario para volver a salir al mundo. Pero **en mi pensamiento siempre estaba el crack, mi amigo de la fiesta, mi alma gemela, mi fiel amante, el que siempre me acompañaba a todas partes y nunca me decepcionaba.** Como lo extrañaba, estaba haciendo lo que me pedían mis terapeutas esperando salir de allí para volver a estar juntos. Al mismo tiempo, entre mi consejero y yo planeábamos conseguir dinero diciéndoles a mis papás que necesitaba yo sacarme unos estudios muy importantes del cerebro. Al final lo logramos, mis papás pagaron el estudio y el consejero se quedó con una parte del dinero y yo salí a los 30 días de tratamiento con $1,000 dólares en la bolsa.*

"Cuando Alex y yo platicábamos, siempre salían al tema sus experiencias en las clínicas, anexos, hospitales a los que lo metimos y que no le daban resultado. Con el tiempo, él se convirtió en un experto en estos temas y a su manera manejaba la información que le daban para manipular las situaciones. Nadie pudo con él y nunca le gustaron. Yo creo que las clínicas de alguna manera le habrán ayudado. Sí lo desintoxicaban, pero mentalmente seguía con su enfermedad". Gerardo

Helen pasó a recogerme a Newport Beach y estaba muy ilusionada de volver a vivir conmigo. Pero ese día que salí la convencí de que no estaba todavía listo para pasar la noche con ella, que me diera un día para volver a sentirme a gusto en mi departamento y que ya al día siguiente podría regresar conmigo; todo un plan para poderme quedar solo esa noche y drogarme usando el dinero que me dieron en la clínica. Y así fue como volví a consumir y tirar el costo del tratamiento a la basura.

Continué drogándome durante varios meses más, esta vez las cosas se estaban poniendo más complicadas, Helen empezó a notar un cambio en mí y ya no le gustaba pasar tanto tiempo conmigo, y yo con la tristeza de sentir que la estaba perdiendo, me drogaba con más frecuencia. Mis papás también empezaron a notar que las cosas no estaban bien, pero seguían mandándome dinero para que no me faltara nada, desafortunadamente yo hacía mal uso de él, sólo lo destinaba para comprar la droga necesaria para satisfacer mi adicción. Empecé a empeñar cosas cuando me faltaba dinero, como celulares, cinturones, relojes y cuando mis cosas se acabaron, empecé también a empeñar las cosas de Helen, es decir, le empecé a robar a mi pareja. Anillos que le habían regalado, collares, su cámara y muchas otras cosas más que ahora se encontraban en manos de una casa de empeño. Pero Helen era tan noble, que seguía tratando de ayudarme y seguía pasando por alto este comportamiento con la ilusión de que algún día, yo solo saldría adelante.

"Las cosas empezaron a desaparecer; Alex lucía demacrado y flaco, y fue cuando me dijo que había recaído. Recuerdo la enorme ansiedad que esto me provocó. No podía entender cómo es que había sucedido, cuando nuestra vida era perfecta, cuando lo amaba tanto; especialmente cuando a mí me quedaba claro, que si yo recaía perdería todo, incluso a él. Me dijo entonces que iba a permanecer sobrio y empezó a ir a juntas. Nunca sabré si realmente dejó de consumir en algún momento, pero poco tiempo después, llegué a casa y la televisión y el aire acondicionado, habían desaparecido. Después también faltó mi cámara, mi bolsa y mis joyas." Helen

FIN DE AÑO EN IXTAPA

Llegaron las vacaciones de diciembre y con esto la oportunidad de volver con mi familia. Regresé a Ixtapa y continué drogándome casi todos los días, me escapaba en las noches y durante el día inventaba que iba a ir a correr a la playa para así poder ir a "conectar" un poco de droga y luego fumármela en la casa. Pedía dinero a la administración del complejo residencial donde se ubica mi casa diciéndoles que mis papás lo habían autorizado.

"Nosotros pensábamos que seguía limpio después de sus treinta días de tratamiento, desde México le conseguimos en San Diego un out patient (programa externo) al cual Alex asistía puntualmente y engañaba a todos los terapeutas que realmente pensaban al igual que a nosotros que seguía bien." Clarita

Helen estaba invitada a pasar año nuevo con nosotros y creo que fue el 28 de diciembre que llegó a Ixtapa. Pude aguantar dos días sin usar mientras ella estaba conmigo, pero el 31 de diciembre ya la obsesión era demasiado fuerte y tuve que volver a salirme de mi casa para ir a consumir. Recuerdo que eran como las nueve de la mañana cuando le di un beso a Helen y le dije que me iba ir a correr, que regresaría más tarde para que desayunáramos juntos. Pero esta vez las cosas no salieron así, decidí fumar en el camino de regreso a casa y al momento de usar, me entró la paranoia y el miedo de regresar y que todos me vieran drogado, por lo que no lo hice sino hasta mucho más tarde. Dejé a mi familia y a Helen muertos del miedo durante todo el día, pensando lo peor.

Le hablaron a la policía para que me buscara, cancelaron la fiesta que tendrían de Año Nuevo, e inclusive llegó un momento en el que pensaron lo peor, que me había ya quitado la vida o que alguien más me la había quitado. Fue como hasta las nueve de la noche, 12 horas después de que desaparecí, que regresé a mi casa, simplemente porque ya no tenía más droga y no tenía a dónde ir. Cuando entré a la casa sentí rápidamente el ambiente de tensión que se estaba viviendo; Helen no paraba de llorar, traía la cara blanca de susto al igual que mis papás y mis hermanos. Y yo cínicamente llegué como si nada hubiera pasado. Les pedí perdón por haberles puesto ese gran susto y les prometí a todos que no volvería a pasar, que me dieran una oportunidad de demostrarles que ya había sido la última. También le pedí perdón a Helen y ella por su gran cariño aceptó la disculpa.

Llegó la hora de los abrazos de Año Nuevo y todos me hicieron el favor de aparentar que nada había pasado. Me dieron sus abrazos y palabras de aliento, me hicieron sentir una vez más que me querían y que confiaban en mi recuperación. Permanecimos unos días más en Ixtapa y yo seguí encontrando la manera de drogarme.

VIVIR PARA CONSUMIR Y CONSUMIR PARA VIVIR

No puedo aún entender qué es lo que me llevó a continuar usando, había una fuerte negación en mí, me sentía desilusionado y en mi interior el vacío se hacía cada vez más grande. Era como si estuviera excavando un hoyo que cada vez se hacía más y más profundo. Regresamos Helen y yo a San Diego y la pesadilla continuaba. Volví al ciclo de "vivir para consumir y consumir para vivir"; no podía parar y cada vez me metía en más y más problemas, problemas que yo no quería afrontar y me escondía entonces debajo de la cobija de mi adicción.

Alex se encontraba en este momento, en la espiral de la adicción. Ese punto que parece no tener retorno y que da la sensación al adicto de que no se puede concebir la existencia sin el uso de la sustancia. Es una bola de nieve que a lo único que lleva, es a desear sumirse para siempre en la adicción porque los problemas de la vida, parecen irresolubles.

En San Diego, continué empeñando mis cosas, continué haciendo mal uso de las tarjetas de crédito, inclusive comencé a robarles a Helen y a sus papás. Ellos, por el gran cariño que me tenían, tomaron la decisión de hablarle a mis papás y decirles lo que estaba pasando. Yo ya estaba completamente alejado de la realidad, no iba a juntas, ya no veía a mi padrino, a Helen la tenía completamente abandonada y a pesar de que veía su tristeza y su dolor yo no podía parar. Las drogas, de nueva cuenta, me tenían controlado.

Llegó el día en que Helen decidió empacar sus cosas e irse a vivir con sus papás, una vez más mi adicción hizo que perdiera a la mujer que yo tanto quería. Me encontraba solo en mi departamento y por supuesto continuaba mi uso, escalando cada vez más. Ahora ya había empeñado mi televisión, mi computadora y todo lo que tenía a mi alcance.

AL RESCATE UNA VEZ MÁS

Mis papás decidieron volar a San Diego a ayudarme. Cuando entraron a mi departamento pude ver sus caras de tristeza al ver que tantas cosas faltaban y que su hijo se encontraba en un estado deplorable. Pero su gran corazón les dio la fuerza para seguir ayudándome. Fuimos a la casa de empeño y recuperamos todas mis cosas y las de Helen. Le regresé a Helen sus pertenencias y también mis papás me dieron el dinero para pagarle todos los robos que le había hecho a ella y a sus papás. Una vez más mis papás me habían rescatado sin yo merecer absolutamente nada.

Un día platicando con mis papás en mi departamento, mi mamá descuidó su bolsa y le saqué su tarjeta de crédito, esa noche hice varios retiros de efectivo de la tarjeta para seguir consumiendo. Llegaron con tanta ilusión a ayudarme, querían pasar tiempo conmigo, pero yo los hacía constantemente a un lado y les pedía espacio, espacio necesario para continuar mi uso.

Ya no sabíamos qué hacer, si regresarme a México o continuar tratando. Les platiqué a mis papás de una casa de medio camino que abrió Kevin MacCauley, una eminencia en el tema de las adicciones, -a Kevin lo conocí dando una plática de la importancia del primer año de recuperación en el centro de Newport-. Una casa que se encontraba en Sandy, Utah. Mis papás hablaron con Kevin y él decidió aceptarme en su nueva casa. Yo sería el primer cliente que su casa tendría. Helen le juró a mis papás y luego a mí, que me esperaría, que me fuera a recuperar a Utah y que ella estaría dispuesta a regresar conmigo si yo estaba dispuesto a hacer lo que fuera necesario por recuperarme.

"LEMONT MICHEL", NUEVO INTENTO EN UTAH

Y así fue como tomé mi coche acompañado de Helen y nos dirigimos a Utah. En el camino hicimos una parada en Las Vegas donde mis papás se encontraban descansando de haber desmontado todo mi departamento en San Diego, con mucha tristeza para dejarlo todo guardado en una bodega esperando mi regreso. Todavía en Las Vegas, mis papás me trataron como si nada hubiera pasado, me invitaron los boletos para ir a un show en el hotel Wynn, cosa que yo realmente no merecía, pero como siempre, buscaban la manera de motivarme y hacerme sentir bien.

"Quizás en todo este proceso la parte negativa de la dinámica familiar, era que nos costaba trabajo delinear nuestros límites y estos se hacían confusos, le seguíamos enviando dinero a Alex y rescatándolo de muchas circunstancias, lo que le permitía a Alex salirse con la suya. Gerardo y yo, con tal de subirle la autoestima y mostrarle nuestro apoyo, cedíamos. Todo lo que se hizo fue con un profundo amor y en el proceso quizás se cometieron errores. Aunque probablemente el desenlace podría haber sido el mismo, sin embargo, continuamente buscamos estrategias para ayudarlo." Clarita

Yo no me sentía merecedor de nada en estos momentos, sentía mucha vergüenza ante todo lo sucedido, y algo dentro de mí, me decía que Helen ya estaba muy distante y que a lo mejor ya nunca la recuperaría; pero quería dejarla con un último bonito recuerdo de nuestra relación para que no se olvidara de mí mientras yo me encontraba recuperándome en Utah.

Llegué a LeMont Michel y estaba realmente asombrado con lo maravilloso del lugar. Era una casa muy grande realmente espectacular, con todo decorado a la perfección, me sentí como en mi propia casa y eso calmó un poco la desesperación que sentía de volver a consumir.

Empezó a transcurrir el tiempo y cada día me empecé a sentir mejor. Mi rutina diaria consistía en pasar tres o cuatro horas en el gimnasio, atender a mi terapia individual y dos veces por semana a mi terapia de grupo. Ahora mi nueva adicción era el gimnasio, pasaba mucho tiempo trabajando en mi cuerpo y llegué a tener el cuerpo que siempre había querido. Jugaba golf, me iba de compras, convivía con gente dentro del programa y todo cada vez se iba poniendo mejor.

Alex se sentía tranquilo con el examen anti doping que se le impuso en LeMont Michel. Con la libertad que esta casa les daba en sus actividades diarias y el saber que cada día tendría que probar que estaba limpio, resultó en su momento un límite eficaz, y una regla que lo contenía y que lo mantuvo alejado del consumo mientras estuvo ahí. Clarita

Carta de Kevin, Marzo 10,2009

Hola Clarita,

Me dio mucho gusto escuchar de ustedes. Alex está muy bien, está haciendo trabajo voluntario en el Banco de alimentos, va a sus reuniones de AA con regularidad, al gimnasio y ve a sus terapeutas. Estoy animándolo a salir de la casa aprox. a las 9:30... Tratamos de que todos los residentes empiecen su día temprano y que tengan varias actividades programadas. Alex me ha comentado que le gustaría tomar clases de italiano lo cual me parece una gran idea. Tuvo un pequeño incidente con una mujer que salió de su casa de medio camino, ésta ya no quería estar ahí y se quería salir a consumir. Después de todo, Alex es muy popular con las damas. Él le dio un aventón y nos platicó lo sucedido. Él no inició ningún otro tipo de relación con esta mujer y ha salido limpio en todos los test anti doping. Más tarde nos reunimos todos, -el personal y los residentes- para discutir el riesgo de vincularse con mujeres como ésta. Alex estuvo muy receptivo escuchando nuestras inquietudes y aceptó muy amablemente que llevarla no fue su mejor decisión. Nos gustó mucho que él trajera el incidente a la conversación. Creo que sabía perfectamente por qué este comportamiento era arriesgado y nos permitió guiarlo y orientarlo. Fue una buena experiencia de aprendizaje para nosotros... y fue muy útil para los otros residentes ver cómo rápidamente nos ocupamos de estos errores de juicio.

En ocasiones, hay cierta fricción entre Alex y nuestro gerente residente, pero parecen estar trabajando en sus diferencias. Parte del diseño de la casa es crear estos pequeños conflictos interpersonales para ayudar a nuestros residentes a practicar cómo abordarlos de una manera sana y constructiva. Alex está manejando esto muy bien y parece que él y el gerente han llegado a una especie de equilibrio uno con el otro. Es importante para nuestro personal, recordar que Alex lleva sólo unas cuantas semanas en su sobriedad y necesita un poco más de paciencia. Aun así, veo que sus síntomas de irritabilidad y frustración han mejorado muchísimo. Estamos tratando de no repetir los enfrentamientos que tuvo en su experiencia pasada en la casa de medio camino en Malibú, y al mismo tiempo sujetarlo a las reglas de la casa. Realmente Alex es un joven encantador y nos gusta ver como él aprende a enfrentarse a este nuevo entorno. Estamos armando un informe con su terapeuta y su médico. Se los enviaremos en cuanto todo quede listo. ¡Todo se ve bien hasta ahora!

No duden en comunicarse conmigo ya sea por mail o por teléfono si tienen cualquier duda. ¿Cada cuándo les gustaría que les enviemos informes sobre el progreso de Alex? A nosotros nos gustaría que fuera cada dos semanas para mantenerlos actualizados. ¿Les parece bien?

Saludos

Kevin

Desafortunadamente extrañaba mucho a Helen, me hacía falta su cariño y eso ponía un poco de estrés dentro de mí. Por una parte quería seguir en Utah recuperándome y la otra parte de mí quería regresar a San Diego y volver a conquistar a Helen. Yo no sabía que ella ya estaba saliendo con otro. Me fue infiel y yo no estaba enterado. Como a los dos meses de estar en Utah, me llegó un cheque del edificio donde vivía en San Diego regresándome el depósito que mi papá había dejado por mi departamento. Usé ese dinero para invitar a Helen a esquiar conmigo. Me dieron la oportunidad de pasar varios días con ella, mientras en algún momento del día regresara a hacer mi análisis de orina para certificar día con día mi sobriedad. Esa era una de las reglas de oro de la casa, tenías que hacerte un análisis diario. Algo que a mí me gustaba, porque me ayudaba a estar tranquilo y no pensar en drogarme.

Pasamos un buen fin de semana juntos, aunque ya se sentía la distancia que había entre nosotros. La magia de antes, había desaparecido. Vuelvo a decir que yo no sabía que Helen ya estaba saliendo con otro en San Diego, pero no tuvo la capacidad de ser honesta conmigo y decírmelo. Pretendió que todo seguía igual y que seguía esperándome en San Diego; eso hacía que mis ganas por dejar mi lugar de recuperación aumentara.

Estaba tan distraído con Helen y nuestra relación que perdí las llaves de mi coche esquiando en la montaña. Tuvieron que pasar por nosotros para poder llevar a Helen al aeropuerto. Mi coche se quedó estacionado en ese lugar varios días, hasta que se mandó hacer una llave para poder abrirlo y bajarlo. Regresé a LeMont Michel y una noche, días después de que Helen se había ido, me habló por teléfono y me dijo algo que me hizo sentir más triste que nunca. Estaba saliendo con otro y que estaba a punto de empezar una relación con él, que sólo me hablaba para decirme esto y me colgó el teléfono.

Me dejó frío, yo que pensaba que me iba a esperar, yo que la acababa de invitar a esquiar, que le di la oportunidad de decir que no, pero ella aceptó el viaje, haciéndome creer que todavía éramos una pareja. En ese momento, me hizo darme cuenta que yo ya no era el hombre con el que quería estar. Esto provocó que todo lo que estaba haciendo se me olvidara, mi orgullo no me permitía quedarme en Utah mientras otro hombre se acostaba con la persona que yo quería tanto.

"Alex fue enviado a otro centro de rehabilitación en Utah. En este punto, yo me sentía en un estado de borrachera seca. Tenía las mismas tendencias que cuando bebía, mintiendo a la gente que me quería, no siendo honesta conmigo, dejando de ir a juntas, y con una ansiedad horrible. Pero sabía que tenía que mantenerme sobria, sabía que la vida era buena estando sobria, pero no podía sacarme a mí misma de esa locura que estaba viviendo con Alex. Odiaba la idea de dejarlo, aunque fuera por un tiempo breve. Después de que finalmente me mudé, lo llevamos a Utah. En una ocasión, lo fui a visitar y fue doloroso para mí. Lo amaba mucho, pero estaba muy enojada con él, me sentía muy herida y poco a poco llegué a un punto sin regreso". Helen

En mayo fui a visitar a Alex, realmente me sorprendió lo bien que se veía. Había ganado peso, estaba fuerte, feliz y trabajando muy bien su programa. Un día me invito a caminar por una montaña y de repente me sacó unas hojas de papel, nos sentamos en una piedra y empezó a leerme unas palabras que había escrito para reparar nuestra relación. Cuando terminó me dijo: "mami, en AA dicen que cuando tú reparas una relación es que estás listo para nunca más recaer. Yo quería hacer esto hoy para que tú ya estés tranquila de que nunca más voy a usar". Durante mi estancia en Utah, tuve varias reuniones con Kevin donde hablamos mucho sobre nuestra preocupación en que Alex quería dejar LeMont Michel para ir a reconquistar a Helen. Sabíamos que no estaba listo". Clarita

AL RESCATE DE HELEN

Le pedí permiso a mis papás de regresar a San Diego. Durante mi tiempo en Utah, empecé a platicar mucho por Messenger con Daniela, una amiga con la que unos años atrás convivía mucho puesto que salía con uno de mis primos. Yo le platicaba de mi historia con Helen y ella también me platicaba por los problemas que estaba pasando. Hicimos una muy buena conexión que más tarde se formalizaría en una de las mejores relaciones que he tenido; otra más que se perdió a causa de mi adicción.

Pero regresando al tema de Helen, ni mis papás, ni el personal de LeMont Michel estaban muy contentos con mi decisión, pues no entendían cuál era mi necesidad de correr a rescatar a alguien que no necesitaba que la rescataran, debería de haber entendido en ese momento que ya la había perdido, pero vuelvo a decir mi ego no lo permitió yo estaba seguro que si regresaba a San Diego, ella se daría cuenta de cuánto la quería y regresaría a mis brazos.

En este momento la prioridad para Alex era recuperar a Helen, reconquistarla e impedir que ella se fuera con otro. Su propia recuperación pasó a segundo término una vez más y la urgencia

por correr tras Helen, pesó más que la incipiente sobriedad que había logrado en Utah.

Mi papá decidió invitarme a pasar unos días con él, para que le planteara cuál era mi plan para San Diego. Nos quedamos de ver en Arizona, donde pasé de los mejores días de mi vida con él. Platicamos de muchas cosas, jugamos golf, los dos estábamos felices con esta convivencia. Después de estos días, mi papá aprobó mi ida a San Diego. Los volví a convencer, que yo ya estaba bien, que ya no necesitaba estar en Utah, que mi vida estaba en San Diego y que tenía que regresar a la brevedad posible para recuperar a Helen. Mi papá me dijo que regresara a Utah, empacara mis cosas y luego manejara hasta Las Vegas donde él me recibiría, pasaríamos unos días juntos y luego manejaríamos de regreso a San Diego donde mi mamá ya había encontrado una casa de medio camino a donde llegaría. Y así fue como una vez más me salí con la mía.

Empaqué mis cosas en Utah y tomé mi coche rumbo a Las Vegas. Al llegar a Las Vegas mi papá me recibió y volvimos a pasar unos días increíbles. Fuimos a jugar golf, apostamos en los casinos, fuimos al spa a consentirnos un poco e inclusive el día de mi cumpleaños bajamos al estacionamiento del hotel y vi llegar un Lamborghini Gallardo color naranja –mi coche favorito desde que yo era chiquito-, se lo enseñé a mi papá y vaya sorpresa que me llevé cuando me dijo, "súbete, es tu regalo de cumpleaños adelantado". Me había rentado ese coche para pasar todo el día manejándolo por Las Vegas. Otra vez mi papá había tenido la capacidad de hacer un sueño realidad.

*Son tantas las cosas que mis papás me han dado, que a veces no encuentro la manera adecuada de agradecérselos. Como ya lo he mencionado atrás, la vergüenza que traigo por dentro hace que se nuble mi capacidad de agradecimiento. **Es difícil querer todo en la vida, pero sentir muy dentro que no mereces nada.** Pero pasamos un día realmente increíble, fuimos a la presa Hoover, manejamos con exceso de velocidad; parecíamos dos niños chiquitos con juguete nuevo.*

Desafortunadamente para Alex, cree salirse con la suya, sin medir las consecuencias y los riesgos que le supondrían dejar trunco su proceso de rehabilitación. Al anteponer los mandatos de su ego herido, da el primer paso a una segura recaída. Estas

actitudes de auto engaño son muy comunes en las personas que sufren de una adicción.

Tres días después, decidimos que ya era momento de manejar a San Diego y a mi nueva casa... Llegamos a "Casa Pacífica" el lugar que mi mamá había encontrado para mí; nos recibió con mucho cariño la dueña de este lugar, nos enseñó las habitaciones, había dobles y una individual con un costo un poco más alto; una vez más con el afán de apoyarme, mi papá accedió a que yo me quedara en esta habitación para que estuviera más cómodo. Al día siguiente lo llevé al aeropuerto y regresó a México.

Ese mismo día, fui a visitar a Helen, ella se encontraba pasando el día en la oficina del hombre con el que estaba saliendo, pero ni con esto pude abrir los ojos y ver que Helen ya no era mía. Platicamos durante una hora, me dijo que me veía muy bien, que estaba muy contenta con mi sobriedad, que estaba confundida con lo nuestro, que quería regresar conmigo, pero que al mismo tiempo sentía mucho miedo de volver a vivir el momento tan tormentoso por el que habíamos pasado.

Yo traté inútilmente de convencerla que ya no volvería a pasar que me diera una oportunidad más. Y ella muy astutamente me dijo que sí quería regresar conmigo, pero que le diera un poco de tiempo para poder dejar a su pareja del momento. Durante los siguientes meses, yo me dediqué a ir al gimnasio, asistir a juntas, conseguirme un nuevo padrino, trabajar mis pasos y tratar de conquistar a Helen una vez más.

Fueron meses muy padres por un lado y realmente dolorosos por otro. Helen me hizo sufrir mucho, estaba simplemente jugando conmigo, ya no tenía ni la más mínima intención de regresar conmigo, pero pretendía que lo haría, y yo obsesionado con ella caía en su juego de manipulación. Pasaba las noches llorando pidiéndole a Dios que me la regresara, pero cada vez se hacía más evidente que esto nunca sucedería. Tuvimos creo que dos encuentros un poco íntimos donde yo pensaba la recuperaría, pero vuelvo a decir que Helen sólo estaba jugando conmigo.

"Muchos años después, me arrepentí de haberle dado falsas ilusiones a Alex en esos momentos y no haber sido honesta. Pensé que el dejarlo lo ayudaría a centrarse y a entender la realidad de nuestra

enfermedad. Mirando hacia atrás, ahora puedo decir que los dos éramos muy jóvenes e inmaduros. Alex, era muy especial. Lo amaré hasta el día en que me muera, él me dio de los días más felices de mi vida, me enseñó a salvarme y su espíritu siempre vivirá conmigo."
Helen

DANIELA, UNA NUEVA ILUSIÓN

Al mismo tiempo, seguían mis pláticas con Daniela vía internet, ella era la persona que me motivaba durante estos tiempos difíciles y cada día le empecé a tomar más y más cariño. A los dos meses de mi estancia en "Casa Pacífica", mis papás decidieron pasar el mes de julio conmigo en San Diego, me pidieron que les buscara una casa para rentarla durante un mes. Busqué casas por todos lados y les conseguí una bonita.

Daniela también me dijo que en julio me visitaría unos días, la intención era llevar a su hija a Disneylandia, pero aprovecharía esto para verme. Hacía dos años que no nos veíamos, pero nuestra relación se estaba volviendo cada vez más cariñosa y los dos anhelábamos estar juntos y ver si la misma química que teníamos por internet la teníamos en persona.

Llegó el mes de julio y con esto mi familia. Les gustó mucho la casa que les encontré y yo decidí mudarme con ellos, una vez más me salí de la casa de medio camino y me fui a vivir con mis papás pues teníamos la intención durante su estancia de volver a buscar un nuevo departamento para mí. Pasamos un excelente tiempo pues toda la familia estaba reunida una vez más.

Celebramos mi cumpleaños, y luego comenzamos de nueva cuenta a buscar departamentos. Después de un día de búsqueda, llegamos a un bonito edificio en La Jolla, el departamento era inclusive más bonito que el que habíamos rentado la vez anterior y yo estaba muy entusiasmado cuando de nueva cuenta, mi papá accedió a rentarlo.

A pesar de toda la emoción que estaba viviendo, la gran compañía de mi familia y los buenos momentos, también estaba pasando mucha tristeza puesto que Helen seguía jugando con mis emociones y yo absurdamente seguía cayendo en sus juegos. Llegó el día de volver a decorar mi departamento, sacamos todos los muebles de la bodega en donde los habíamos dejado y pasamos todo un día decorándolo. Quedó realmente espectacular, el cariño con el que mis papás y mi hermano Mauricio pasaron ese día conmigo, siempre lo voy a recordar. A pesar de que yo no participé mucho en esto, puesto que estaba distraído con mis asuntos con Helen, no dejé de darme cuenta del amor que le puso mi familia a esta tarea.

Alex inicia una vez más una vida independiente sin haber concluido su estancia en Utah y después de haber abandonado una casa de medio camino en San Diego. A pesar de no haber cerrado el círculo con Helen, Daniela está a punto de llegar a su vida emocional.

En esos días también llegó Daniela a San Diego, fui a recogerla a ella, a su bebé y a su hermana; las llevé a su hotel donde se hospedarían y recuerdo que estuvimos juntos platicando como hasta las 3 de la mañana, hubo una conexión instantánea entre Daniela y yo. Éramos dos personas muy necesitadas de amor que rápidamente nos unimos para no sentir el dolor que los dos llevábamos dentro; ella por estar pasando por su divorcio con una hija de por medio, y yo por haber perdido a Helen. También me enamoré de manera instantánea de la hija de Daniela, una niña preciosa de un año y medio. Era la cosa más hermosa que yo había visto y tenía una luz realmente especial.

*Quedamos en que pasaría por ellas al día siguiente para juntos ir a Disneylandia. Pasamos un día maravilloso, me encantaba ver las caras de emoción de la bebé al subirse a los juegos de este lugar; jugué con ella como si fuera mi hija, me sentía realmente cómodo con Daniela, de nueva cuenta se me habían olvidado mis problemas. **Una vez más una mujer había llegado a rescatarme de la soledad que llevo dentro.** Ese mismo día nos dimos nuestro primer beso, fue algo emocionante y especial que nunca olvidaré.*

A pesar del incondicional apoyo que recibe de sus padres, de la constante y amorosa presencia de su familia en todo momento, Alex necesita de una mujer para no sentirse solo. Ya sea alguien o algo (la sustancia), que llene el vacío en su interior.

"Nuestra historia empezó con simples pláticas a través de un chat.

Varios meses en donde me encantaba conectarme y encontrármelo, platicábamos por horas durante las noches y hasta la madrugada. Nos consolábamos, nos reímos, pero sobretodo nos entendíamos. No existían juicios entre nosotros. Así fue como Alex viviendo en esos momentos muy lejos de mí, dentro de un Centro de Rehabilitación en San Diego, se metió en mi vida y se volvió una parte muy importante de mí día a día. El cariño comenzó a nacer; conforme pasaron los meses y nuestra relación se volvía más estrecha, decidimos vernos en persona. La idea me llenaba de emoción y esperanza; sin embargo, la duda claramente existía, ¿realmente estaba lista emocionalmente para empezar una relación con alguien más? Y aún más, ¿si esa persona llevaba una larga temporada luchando contra una adicción? A decir verdad, la respuesta era ¡NO! Sin embargo, la alegría que me infundía, su comprensión, su visión de lo bonito y su apoyo me hicieron darme cuenta que aun con los miedos, no podía dejar de darme una oportunidad con alguien que inspiraba tanto amor y tanta paz. Mi llegada a San Diego excedió todas las expectativas, no sólo me atrajo físicamente sino que sus sorpresas, sus atenciones y su disposición de ser en todo momento tal cual era, despertó en mí una cierta autoestima que llevaba muerta desde hacía mucho tiempo". Daniela

Continuamos saliendo durante varios días, fuimos a cenar juntos, fuimos de compras, realmente pasamos un rato muy agradable. Llegó el momento en que la hermana de Daniela regresaría a México. Daniela decidió quedarse más tiempo en casa de una tía que vive en Chula Vista. Mientras ella convivía con su tía, yo tuve la oportunidad de pasar unos días más en compañía de mi familia.

Días después, llegó el tiempo de que mis papás se regresaran a México y que yo me quedara solo en mi nuevo departamento. Pasaron los días y también se acercaba la hora en que Daniela tuviera que irse también. Pero decidimos mejor que se quedara unos días más conmigo. Ella aceptó. Me acuerdo que ese mismo día fuimos a una tienda con artículos para bebé y le compramos una cuna a su hija para que estuviera cómoda en mi departamento, le compramos varios juguetes y así fue como empezamos a actuar como si fuéramos una pareja que llevara ya mucho tiempo junta.

Pasé de los mejores días de mi estancia en San Diego en compañía de Daniela y también decidí preguntarle si quería ser mi novia. Ella

accedió. Pero como todo principio tiene un fin llegó la hora en que Daniela y la bebé tuvieron que regresar a México. Fue un momento muy triste pues ni uno ni el otro sabíamos cuándo nos volveríamos a ver. Pero confiábamos en que nuestra relación continuaría vía internet y vía telefónica.

Me volví a sentir solo en el momento que se fueron, y me costó mucho trabajo no consumir durante esos primeros días después de su partida, pero lo logré, seguía asistiendo a mis juntas, haciendo ejercicio y platicando con mi padrino.

SOLO OTRA VEZ, EL INICIO DE UNA PESADILLA

Platicando con un amigo por internet, éste me dijo que una amiga suya de México, estaba viviendo en San Diego y que me la presentaría para que no me sintiera solo. Yo accedí, y así fue como conocí a Lucía. Quedamos de vernos en un restaurante en el centro de San Diego. Hicimos una fuerte química en el instante que nos vimos. A pesar de que yo tenía novia, la soledad por la que estaba pasando no me permitió ver a Lucía como una simple amiga y así, días después comenzamos a tener una relación más íntima, inclusive a los pocos días de conocernos Lucía ya estaba viviendo conmigo.

A ella sí le gustaba mucho la fiesta y me sacó a varios bares y fiestas en San Diego y en Los Ángeles. Esto por supuesto hizo que no cumpliera con mis responsabilidades de novio con Daniela y la comencé a hacer un lado. Por lo que tomamos la decisión de romper con nuestra relación.

La soledad era una carga espantosa que Alex no podía soportar; una tras otra, las mujeres desfilaban por su vida.

"Nos regresamos a México pensando que esta vez Alex estaría bien, llevaba más de siete meses limpio, se veía sano y feliz; aparte de la casa de medio camino en Utah se había quedado en otra casa de medio camino en San Diego donde había encontrado una vez más el apoyo de una comunidad, tenía un padrino con el cual trabajaba sus doce pasos, terapeutas etc. Tenía la ilusión de su nuevo departamento y también lo habían aceptado en el Instituto Culinario de San Diego para estudiar para Chef y sin embargo, no supo nunca cómo aprovechar estas herramientas. Las relaciones conflictivas eran lo único que llenaba su vacío existencial pero sólo por un tiempo; cuando la magia se terminaba, Alex recaía". Clarita

Era difícil convivir con Lucía en las noches, pues como lo mencioné, a ella sí le gustaba salir a fiestas, y a bares para tomar. Yo veía cómo tomaba y la verdad se me empezó a antojar poder hacer lo mismo. Pero me cuidé mucho, logré permanecer fuerte, aunque la idea de consumir cada vez abarcaba más y más de mis pensamientos.

Un día Lucía me comentó que su departamento ya estaba listo y que se iba a ir a vivir sola, me dejó después de tres semanas de haber convivido todos los días, de aparentar que quería una relación conmigo, de pasar muchos buenos momentos juntos y de nueva cuenta me quedé solo. Y en esa soledad y sentimiento de abandono, fue como decidí volver a consumir. Y de nueva cuenta, comenzó la pesadilla.

Primero, acabé con todo el dinero que mis papás me habían dejado, después comencé a sacar dinero de mi tarjeta y cuando mis papás se dieron cuenta de esto, cancelaron la tarjeta. Empecé a empeñar de nueva cuenta todos los artículos de valor que tenía en mi departamento. Me sentía lleno de vergüenza y de miedo, no sabía cómo parar, pero tampoco tuve la fuerza de pedir ayuda. Me empecé a alejar del programa y de mi padrino. Volví a cometer los mismos errores que ya tantas veces había cometido. Y poco a poco me fui cayendo más y más profundo en el abismo.

Le robaba a los dealers, pedía dinero prestado a mis vecinos del edificio a altas horas de la noche, comencé a hacer mal uso de las tarjetas de crédito de mis papás (sabía sus números y no siempre me pedían el plástico), y de todo lo que hubiera a mi alcance. Lo único que importaba era que tuviera lo suficiente para poder consumir. Y como siempre lograba obtener lo que quería, pasando por encima de todos. Inclusive le pedí a un muy buen amigo su número de tarjeta de débito diciéndole que me encontraba en problemas, me acabé todo el contenido de su cuenta. Hice lo mismo con la tarjeta de mi hermano Eduardo.

Una noche me puse un buen susto, empecé a sentir un fuerte dolor en el corazón, sentía el brazo izquierdo adormecido, la respiración se había vuelto difícil y presentía que estaba a punto de tener un ataque cardíaco. Me acuerdo que pasé como dos horas junto al teléfono por

si tenía que marcar 911 en caso de una emergencia, pero estos dolores fueron pasando poco a poco y cuando menos me di cuenta ya estaba usando de nueva cuenta, sin tener nada de respeto por mí mismo. En esa desesperación sentí las ganas de quitarme la vida, me acuerdo que lo quería hacer como se ve en las películas, cortarme las venas de las muñecas y luego meterme a una tina caliente para desangrarme hasta que me quedara dormido y posteriormente muriera. Esa noche puse la tina caliente, decidí que iba a fumar todo lo que tenía y que al acabármelo me quitaría la vida. El problema fue que mi adicción era más fuerte que el deseo de morir y por lo tanto, cada vez que se me acababa el crack, en vez de cumplir con mi misión, sentía la necesidad de seguir consumiendo y así salí a las calles con diferentes planes para conseguir un poco más de crack.

Así pasé tres días seguidos, preparando la tina, fumando y esperando el momento en el que me cortaría las venas. Ya no tenía comunicación con Daniela, ni con Lucía; Helen por supuesto ya tampoco era importante, lo único que importaba ahora era fumar hasta que encontrara el valor para quitarme la vida.

Fue a la cuarta noche que agarré el valor para hacerlo, tomé un cuchillo para pizza y empecé a cortarme las muñecas, la sangre comenzó a salir y pronto me di cuenta de que con lo poco que me había cortado no iba a lograr nada, también me entraron las ganas por consumir, por lo que paré esta estúpida idea; me puse unas curitas en las cortadas y salí una vez más a consumir.

*Al día siguiente hablé con mis papás y les dije en un acto de desesperación me había cortado las venas, que estaba realmente mal y que ya no sabía qué hacer. Creo que fue dos días después cuando escuché que alguien tocaba la puerta de mi departamento, cuando pregunté quién era, mis papás respondieron. Entraron a mi departamento y entre lágrimas los abracé, estaba por dentro feliz de que hubieran llegado a ayudarme, realmente los necesitaba, estaba desesperado, estaba muerto de miedo y **sobre todo, ya no tenía dinero para seguir consumiendo.***

"Cuando llegamos al departamento, realmente nos asustamos. A un mes de haber dejado a Alejandro que estaba sano, limpio y fuerte, - llevaba ya siete meses de hacer ejercicio-, lo encontramos flaco y desnutrido. Alex que con tanto gusto puso este departamento y siempre lo tenía impecable, ahora estaba hecho un desastre; todo tirado, las bolsas del supermercado en la entrada sin guardar y toda la comida podrida. En lo que Gerardo y yo recogíamos, él durmió un rato y luego lo llevamos a comer. Al terminar pagamos la cuenta y de camino al estacionamiento Alex dijo que tenía que regresar al baño, regresó para pedir la cuenta de su papá, se aprendió los nuevos números de la tarjeta y sin nuestro conocimiento, hizo cargos durante toda la noche con la misma. Comenzaron unos días de terror en donde se salía del departamento mientras nosotros lo correteábamos por las calles para evitar que volviera a consumir, al grado que yo dormía en el hotel mientras Gerardo se quedaba en el departamento en el sillón de la sala para tratar de evitar que saliera en las noches. Con el tiempo aprendí que ir detrás de un adicto no sirve para nada, que lo único que puedes hacer es pedir que regrese con bien". Clarita

Pasamos varios días juntos en los que tratábamos de encontrar cuál sería la mejor manera de ayudarme, yo en estos días me les seguía escapando y seguía consumiendo. Ya me imagino el miedo que les hice pasar, cómo les quite el sueño durante tantas noches. Es apenas el día de hoy, que con un poco de sobriedad y con la nube de mi adicción un poco más clara, que puedo empezar a tomar conciencia del daño que he causado.

Mis papás le hablaron una vez más a Kevin McCauley y él fue lo suficientemente noble como para tomar un avión y volar de Utah para poder ayudarnos a encontrar una solución a esta nueva pesadilla. Mientras él llegaba, mis papás me acompañaron nuevamente a la casa de empeño a recuperar todas mis cosas, ya me imagino la tristeza que ellos sentían al hacer esto por segunda vez.

"Los sentimientos que me provocaba la adicción de Alex, los podría resumir en terror, tristeza, enojo, desesperación, amargura, miedo y sobre todo una indescriptible impotencia que te desgarra el corazón. Rescatar a Alex cuando estaba en su proceso de consumo fue lo más difícil, no creo que exista un dolor tan intenso como el ver a tu hijo que se está consumiendo por un activador externo, que si bien él decidió probarlo, lo tenía totalmente cautivo". Gerardo

Kevin llegó y yo estaba apenas dejando de consumir, nos sentamos todos en la sala de mi departamento a platicar y yo lo único que podía pensar era en seguir consumiendo. Me aterraba la idea de tener que

volverme a ir a Utah, volver a perder mi departamento que ya estaba pagado seis meses por adelantado. Me entró la desesperación por consumir y le dije a mis papás y a Kevin que no me iba a ir hasta que no me dieran dinero para consumir una vez más.

Después de platicarlo durante varios minutos, mis papás, apoyados por la opinión de Kevin decidieron acceder y darme dinero, las llaves de mi coche e irse a cenar con Kevin en lo que yo volvía a consumir. Y así fue como manipulé a mis papás por primera vez para que me dieran dinero para mi consumo, recuerdo perfectamente cómo mi papá aventó el dinero al piso con una cara de enorme frustración y enojo. Es increíble que en vez de pensar el sufrimiento que estaba viviendo en esos momentos, yo todavía me ofendí que haya aventado el dinero y que no me lo hubiera dado de buena gana. Qué triste es ver cómo la adicción acaba con los valores y la moral de uno.

*Horas después ya habiendo terminado de consumir, por fin accedí a irme a Utah, les di un abrazo a mis papás y de nueva cuenta los dejé solos en San Diego empacado por última vez mi departamento. Es apenas hasta hoy, que me puedo dar cuenta del dolor que les causé. **Al escribir esto, me caen las lágrimas de tristeza al recordar momentos tan amargos en mi vida y en la de ellos.** Espero llegue el momento en el que a través de mis acciones y mi forma de vida, me pueda reivindicar con mis papás y reparar todo el daño causado. Por el momento, hacer conciencia de ello ya es para mí un gran paso.*

Lejos del consumo, Alex podía ver claramente el daño que había causado con su proceder. Los valores que le habían inculcado de niño, parecían regresar a él cuando no estaba intoxicado.

Kevin me llevó directo a un hospital de desintoxicación para pasar unos días ahí antes de poder ingresar de nueva cuenta a LeMont Michel, puesto que era necesario que todos los clientes de esta casa de medio camino estuvieran limpios antes de entrar. Pasé dos días en desintoxicación cuando prematuramente me dieron de alta. Llegué a LeMont Michel y me volvieron a dar el cuarto donde había estado por primera vez. Pasaron 24 horas y las ganas de consumir se volvieron a apoderar de mí de una manera extremadamente intensa. Por lo que tomé mi coche y diciendo que iba al gimnasio, salí de la casa. Me fui directo a empeñar mi computadora que tan sólo días antes mi papá había recuperado en San Diego. Otra vez, completamente controlado por mi adicción, empecé de nueva cuenta el ciclo tan aterrorizante de consumir.

Encontré rápidamente a las personas que vendían droga en el centro de Utah. Y los próximos cuatro días fueron de pesadilla. Espero poder recordarlos de la mejor manera posible para darles una idea de lo que viví e hice vivir a mi familia durante ese tiempo.

Dentro de mi coche se encontraban absolutamente todas mis pertenencias, pues todavía no había desempacado nada de lo que traía de San Diego, es decir que en cuatro días me dediqué a empeñar, mi computadora, mis palos de golf y a perder absolutamente toda mi ropa. Empecé a encontrar la manera de usar el número de tarjeta de mis papás que me sabía de memoria para hacer transacciones con los taxistas, (ellos pasaban el número de tarjeta ilegalmente y me daban dinero a cambio de una buena remuneración para ellos.) Les pedía 100 dólares y a cambio cobraban 200 en la tarjeta de mis papás, y así fue como conseguía mi dinero. No hablé con mi familia durante cuatro días, no sabían dónde estaba, Kevin no me encontraba por ningún lado, contactaron a la policía y movieron cielo, mar y tierra para poder encontrarme, mientras que yo pasaba el día y la noche consumiendo, robando dinero y volviendo a consumir. Hasta que al cuarto día, llegué a un motel donde vivía un dealer. Le vendí todo lo que quedaba de mi ropa, me dejó quedarme en su cuarto para fumar, y cuando todo se me acabó, me ofreció comprarme mi coche a cambio de crack. Yo estaba tan desesperado que accedí a vendérselo, a cambio de $2,500 dólares en efectivo y 400 dólares de crack. Fui por los papeles al coche y en la parte de atrás los firmé a nombre del dealer. Cuando le entregué los papeles, éste saco una pistola para intimidarme un poco y decirme que me iba a dar 400 dólares de crack y eso sería todo. Estaba yo tan desesperado que accedí. Y así fue como perdí absolutamente TODO lo que tenía.

El dealer quería hablar con mis papás para comprobar que no iban a mandar a la policía tras el coche, que realmente se lo hubiera yo vendido y que nadie vendría a buscarlo y meterlo en problemas. Me prestó su celular y así fue como después de cuatro noches de infierno, le marqué por primera vez a mi familia. Recuerdo perfectamente la voz de terror que tenían mi mamá y mi papá, recuerdo la tristeza que sentí en el momento de escucharlos, el dolor que yo también sentía por dentro era indescriptible, pero estaba un poco anestesiado por el uso de drogas. Les pasé al dealer y recuerdo que mi papá le dijo que no se preocupara, que el coche era suyo pero que por favor cuidara a su hijo.

"Sonó el teléfono a las cinco de la mañana, tan sólo de escuchar el timbre nos sobresaltó a todos. La voz de Alejandro totalmente fuera de sí nos pedía que habláramos con una persona que lo estaba amenazado con un cuchillo, diciéndole que lo iba a matar si no le daba su coche a cambio de lo que ya se había fumado. Al mismo tiempo, le marcamos a Kevin por el otro teléfono pensando que en ese momento Alex nos daría su ubicación para que Kevin pudiera ir a su rescate. Sin embargo, lo único que Alex pretendía era que el dealer le diera más crack para poder seguir usando. Nos dejó nuevamente con una preocupación espantosa,". Clarita

Es increíble el amor que me tienen mis papás, que lo único que querían después de lo que les hice vivir era que yo estuviera bien, que nada me pasara. Unas horas después de esa primera llamada, y que ya que me había acabado los 400 dólares que me dieron a cambio de mi coche, les volví a llamar por teléfono para decirles en dónde me encontraba y así pudieran mandar a Kevin para llevarme a un hospital a desintoxicarme. Mis papás me estaban dando una oportunidad más.

Kevin llegó unas horas después y me llevó al hospital. No habían pasado ni 24 horas cuando pedí mi alta voluntaria del hospital para salirme a consumir de nueva cuenta. Recuerdo que caminé unas cuatro horas en el frio de Utah, descalzo, con dirección al hotel donde se encontraba el dealer. Llegué y cuando me vio me preguntó qué estaba haciendo ahí, le dije que sentía que había sido muy injusto con lo que me había dado por mi coche y que quería que me diera más crack. Accedió a darme un poco más, pero también sin decirme, tomó la decisión de marcarles a mis papás para avisarles que me encontraba con él nuevamente. Mis papás le pidieron que cuando acabara de usar me llevara de regreso al hospital de donde venía.

Estaba en un estado realmente deplorable, llevaba mucho tiempo consumiendo, estaba completamente vacií por dentro, hablé del hospital con mis papás y les pedí que por favor me regresaran a México, que ya no quería ir a la casa de medio camino, que ya no

quería estar lejos de ellos, que quería volver a mi casa y estar con mi familia, todo lo demás se había convertido en una pesadilla. Mi papá me dijo que estaba bien, que me aceptarían en mi casa, que estaban muy ilusionados de tenerme de regreso y que él volaría a Utah a recogerme. Que por favor lo esperara en el hospital, que no me volviera ir a ningún lado, me dijo que llegaría el día siguiente.

CARTA DE KEVIN McCauley, Octubre 2009

Querida Clarita:

Creo que estamos llegando al final de la huida de Alex... me da gusto escuchar que sigue aquí en Utah. Cuando aparezca creo que querrá regresar a México. Haré lo posible para ayudarlos a facilitar su regreso. Quiero que tengan en cuenta que probablemente al minuto que regrese a su casa tendrá una recaída de increíbles proporciones y se convertirá en alguien muy difícil de controlar. Mi sugerencia es ya tener preparado un internamiento para que bajando del avión él vaya directamente ahí. También él mencionó en su momento, que le gustaría volver a Promises, algo que también podría yo empezar a preparar y llevarlo al aeropuerto para que llegando a California, las personas de Promises ahí lo esperen. Aunque a mí me preocupa mucho regresarlo a California. La otra posibilidad que también Alex dijo que podría aceptar es internarse aquí en Utah. Cuando aparezca y todavía acepte esta alternativa, ¿estarían ustedes dispuestos a internarlo aquí? También yo me ofrezco a empezar el proceso para su internamiento. Yo todavía sueño que con 30 a 60 días de tratamiento volvamos a tener con nosotros al Alex que todos conocemos y sería un placer volver a tener de regreso en nuestra casa de medio camino, al joven encantador con el cual convivimos hace unos meses y que todos sabemos que es. Pero sí tengo que señalar algo... ¡Alex es uno de los casos más serios y uno de los pacientes más gravemente enfermos con los que he tratado!

Por favor no dejen de llamarme en cualquier momento.

Kevin

CAPITULO VI.-

REGRESO A MÉXICO CON LA FAMILIA

"Todas las batallas en la vida sirven para enseñarnos algo, inclusive aquellas que perdemos".

Paulo Coelho

Al día siguiente, no pude aguantar hasta las dos o tres de la tarde que llegarían por mí. Volví a pedir mi alta voluntaria unas horas antes para ir otra vez a consumir. Me fui a usar vendiendo la última de mis pertenencias, -una raqueta de tenis- y de ahí al hotel donde sabía que llegaría mi papá. Él venía muy ilusionado y con mucho amor a recogerme, en cuanto nos encontramos, vi su cara de desilusión por no haberlo esperado en el hospital y por haber consumido de nuevo. Pero nos abrazamos y me dijo que ya todo estaría bien. Me volvió a acompañar a la casa de empeño a recuperar mis palos de golf y mi raqueta, mi computadora ya no se pudo recuperar, una pérdida más por causa de mi adicción. Por supuesto, el coche y toda mi ropa también ya se habían perdido para siempre. Regresamos a México.

Al llegar a México, mis papás me habían arreglado un cuarto donde tendría todo lo necesario, me acuerdo que lo habían decorado muy bonito, me tenían dulces, galletas, todo lo que necesitaba para sentirme cómodo. Me sentí muy amado por ellos, me dieron una dulce bienvenida a pesar de los momentos tan difíciles que a lo largo de mi adicción les he hecho vivir.

Todo pintaba bien, me sentía contento de estar de regreso con mi familia, también estaba contento de que podría volver a ver a Daniela y así comenzamos de nueva cuenta la relación que dejamos en San Diego. Por obvias razones, mis salidas de la casa estaban muy controladas los primeros días. Por lo que Daniela pasaba mucho a mi casa a verme y estar conmigo, estoy muy agradecido con ella. Pasábamos tardes muy agradables.

Desafortunadamente yo no estaba haciendo nada por seguir un programa y ayudar mi recuperación. Creo que no había pasado ni una semana cuando mis tíos pasaron a visitarme; sin que nadie se diera cuenta, abrí la bolsa de mi tía y le saqué 500 pesos, después de esto les pedí a mis papás permiso para salir a correr. Tenemos un gimnasio en la casa, con caminadora, tenemos un hermoso jardín donde fácilmente podría haber corrido lo necesario, pero yo lo que quería era salir a consumir. Y así fue como fui en búsqueda de una dosis y de nueva cuenta empezar un ciclo de consumo. Esta vez, a pesar de todo el amor que me estaba demostrando mi familia, a pesar de todas las ilusiones que teníamos para que saliera adelante, volví a fallar, no pude mantener mi recuperación y el impulso por volver a consumir. Así pasaron los días, engañaba a mi familia, engañaba a Daniela y a todos mientras usaba, empezaron de nueva cuenta los robos de dinero y otra vez la pesadilla.

Un día mientras nadie se daba cuenta, le saqué la tarjeta de crédito a mi mamá de su bolsa y me fui directo al banco a sacar dinero. Saqué aproximadamente 15,000 pesos, con los que desaparecí cuatro días. Me fui a vivir a un motel donde consumía todos los días, no me alimentaba nada, tomaba pocos líquidos, otra vez estaba consumiendo sin parar y la tristeza que sentía de haber robado tanto dinero, más el consumo, no me permitieron hablarle a mis papás para pedirles su ayuda.

A pesar de que Alex se sintió bienvenido por su familia y por Daniela a su llegada a México, la obsesión por consumir se encontraba esperando el momento de volverse a apoderar de su mente. Un espantoso ciclo de consumo que había dado inicio en San Diego y Utah, continuó su devastadora carrera.

Mientras yo estaba consumiendo, ellos estaban vueltos locos, buscando la manera de encontrarme, llevaron mi foto a la delegación por si la policía me encontraba y también muy inteligentemente llevaron mi foto a todos los moteles cercanos a mi casa, hasta que dieron con el lugar indicado... Estaba yo consumiendo cuando

114

tocaron la puerta de mi cuarto, escuché la voz de mi papá con la de otras personas, me asusté muchísimo, llevaba consumiendo toda la noche. Me temblaban las manos y estaban todas quemadas de tanto prender mi pipa, seguí escuchando los golpes pero decidí, una vez más prenderla para escaparme de todos. ...Por unos segundos, así fue, todo desapareció y yo también... Abrí la puerta, ya nada me importaba, pues ya me encontraba en el lugar donde nada podía hacerme daño. Me agarraron y me regresaron a mi casa, donde ya tenían planeado que horas después, pasarían por mí para llevarme a una clínica en Querétaro.

Permanecí en la clínica tres o cuatro días, no me acuerdo cuánto tiempo pasó después de mi llegada a la clínica que me escapé y empecé a buscar un taxi que me llevara de regreso a México, no sin antes parar a comprar más crack pidiéndole dinero prestado al taxista. Llegué a mi casa habiendo consumido una vez más. Mis papás me regresaron una vez más a esta clínica de donde nuevamente me volví a escapar.

Pero era inútil, seguí consumiendo y después de la recomendación de la clínica, mis papás contrataron un servicio especializado que me llevara a un hospital psiquiátrico. Llegaron en una camioneta donde tres personas me llevarían hasta la clínica. En el camino, se pararon para cargar gasolina y yo aproveché este momento para salir corriendo, me empezaron a perseguir por la calle hasta que me tropecé con un hoyo y caí, ellos me cargaron y me subieron a la camioneta donde procedieron a amarrarme, sentí horrible cuando me vi amarrado de todo el cuerpo en una camioneta con tres desconocidos, pero ese era su trabajo, llevarme a la clínica a toda costa.

"El hecho de que el paciente se mantenga dentro de un tratamiento depende de factores asociados tanto con el individuo, como con el programa. Ya que algunos problemas individuales, *tales como el uso severo de la cocaína o crack*, aumentan la probabilidad de que un paciente termine prematuramente el programa, es posible que se requieran tratamientos intensivos con una variedad de componentes para retener a los pacientes que tienen estos problemas dentro del programa. El terapeuta debe asegurarse que exista una transición a cuidados continuos o "terapia de convalecencia", después de que el paciente termine el tratamiento formal."(12)

"Después de todos los encuentros en la clínica de Querétaro y con el deterioro de Alex por su consumo, ellos mismos nos recomendaron ingresarlo a un hospital psiquiátrico donde había un departamento en adicciones. A los 21 días del tratamiento, tenemos una junta con sus psiquiatras y para mi sorpresa me comentan que Alejandro ya está listo para salir. Yo había hecho un trato con mi hijo en el que le prometí que si después de estar limpio seguía pensando que no estaba listo para dejar de consumir, podía hacer lo que quisiera, (yo estaba segura que estando limpio ya no querría usar). Desafortunadamente me equivoqué, al salir del psiquiátrico me dio la mano recordando el acuerdo y me dijo: -Ma, quiero seguir usando-, me quedé helada, pero lo único que pude decirle fue -es tu decisión-, me subí al coche con Gerardo y nos regresamos a la casa. No habíamos acabado de llegar cuando Alex ya venía de regreso en un taxi, diciendo que lo había pensado mejor y que prefería estar con nosotros, ya traía droga escondida en su maleta.

Todo el tiempo estuve probando formas distintas para apoyar a Alex. Siempre con un sentimiento enorme de impotencia. Que nada funcionara era muy frustrante y quizás ya en estos momentos comenzamos a entender que rescatar o no rescatar, que dar o no dar, apoyar o no apoyar, no iba a cambiar las decisiones que estaba tomando Alejandro. Fue probablemente en este momento que Gerardo y yo comenzamos el proceso de ir soltando poco a poco a la adicción, aunque nunca a Alejandro. Aquí es donde entra la fina distinción de cómo ayudar a tu hijo sin apoyar al adicto. Entre más informado estás, menos encuentras la manera de ayudar. Durante su proceso de adicción activa vivíamos una verdadera pesadilla, pasábamos noches enteras deambulando por toda la casa esperando su llegada sin saber si estaba vivo o muerto. Siempre fuimos usando todos los recursos a nuestro alcance para sacarlo de ese momento. Perdía de una manera impresionante la noción del tiempo, se iba tres días sin que supiéramos nada de él y al cuarto día regresaba a las 5 de la mañana en una angustia total, pidiendo que lo dejáramos entrar. Me entraba el sentimiento de ya no querer involucrarme en la adicción, porque al mismo tiempo que él se destruía, yo me destruía de igual manera tratando de ayudarlo en su proceso. Sin embargo, lo que nunca perdí fue la persistencia." Clarita

"Como cualquier mamá, la mía se puso a investigar todo. No se lo dejo al azar, ni a los tabús que existen en torno a los adictos, sino que se puso a estudiar muchísimo. Tomó cursos, diplomados; realmente estaba muy informada y entonces es cuando puedes ver la contradicción de una persona informada, pero que la parte humana le ciega. La información y todos los conocimientos que adquirió, no los podía implementar con Alex por que le ganaba ese sentimiento, ella siempre estuvo muy consciente de eso. Por ejemplo, esas veces que sabíamos que quizás a Alex le hacía bien ir a una clínica o a una casa de medio camino para empezar a hacer una vida normal con responsabilidades, etc., y por más que lo llevaban a diferentes clínicas, mis papás terminaban tirando la toalla, pues Alex se salía de todas." Mauricio

La mayoría de edad es un factor que en estos casos es decisivo pues muchas veces impide la recuperación de los pacientes. Alejandro ya tenía 23 años cuando comenzó su recorrido por las clínicas y era casi imposible mantenerlo dentro de un tratamiento sin su consentimiento.

Unos días después de estar en la casa consumiendo, -y sabiendo que mis papás estaban desesperados y sin saber qué hacer-, los convencí para que me dieran $5,000 con la idea de yo podría salir adelante con este dinero, que me iba yo a quedar encerrado en un hotel hasta que estuviera limpio y así poder regresar a la casa. Fui al barrio de Tepito donde compré $4,000 pesos de crack, -pues mi idea desde un inicio era salir a consumir- y luego me fui a un hotel sucio y barato donde procedí a fumar las próximas 24 horas. Cuando se acabó el dinero les hablé a mis papás y les pedí que me recibieran una vez más en mi casa, ellos de nueva cuenta y por el gran amor que me tienen, aceptaron.

"Se escapaba por ejemplo un lunes, comenzaba a fumar y para el jueves ya muy mal, después de cuatro días de consumo extremo, llegaba a la casa otra vez sin dinero, golpeado y con hambre". Mauricio

Como Kevin McCauley lo predijo, al llegar a México, la progresión en la enfermedad de Alex estaba siendo terrible y muy difícil de controlar.

"Alex vuelve a desaparecer y me quedo sin saber de él durante cuatro días hasta que una tarde me habló su amiga Andrea. Alex le había hablado por teléfono y le había dicho que se estaba muriendo, en un hotel en una calle en Observatorio y quería que lo fuera a ayudar, ella sin saber cómo manejar la situación nos llamó. Lo encontramos en un estado deplorable, llamamos a su psiquiatra que nos recomendó meterlo a un hospital para que se desintoxicara, así fue como lo llevamos al ABC donde pasó los siguientes cuatro días, Y al salir, volvió a consumir. Con el pretexto de ir al gimnasio, se salió y se fue a un lugar nuevo en una zona federal llamado "la papa", a conseguir crack. Los que le vendían droga, tenían acuerdos con la policía, de que si los dejaban vender, de vez en cuando le daban a ciertos consumidores y así fue como Alex acabó detenido en una delegación. Desde ahí Alex, le comenzó a hablar a todos sus contactos para que alguien lo ayudara a salir, pues Gerardo y yo habíamos decidido no ir por él. Más tarde, hablamos con un abogado que nos recomendó sacarlo ya que la cárcel en México no era nada recomendable, pues dentro de una cárcel es fácil seguir encontrando drogas. Gerardo fue por él antes de que lo consignaran. Regresa a la casa y llamamos a un comandante de policía que habíamos conocido durante todo este proceso. Él se sentó a hablar fuertemente con Alejandro de las consecuencias de ir a la cárcel, no sólo para él, sino para toda la familia, sus palabras fueron duras y contundentes." Clarita

Después de esta plática, mi papá decide llevarme a un viaje para así poder alejarme de mi zona de consumo. Un viaje en coche para distraer mi mente y pasar un rato agradable en su compañía. Fuimos a San Miguel de Allende donde pasamos dos días, después fuimos a Guanajuato donde permanecimos dos días más pero yo extrañaba mucho a Daniela, le pedí a mi papá que por favor nos regresáramos, él accedió y así fue como regresamos después de cinco días. Viendo hacia atrás, debería de haber disfrutado más de la oportunidad y debería de haber convivido más tiempo con mi papá, pero al igual que se manifiesta mi obsesión por las drogas, de igual manera se estaba manifestando mi obsesión por ver a Daniela.

"En esta etapa comenzamos a probar una nueva herramienta con Alex: los viajes. De los momentos más bonitos junto a Alex, fueron precisamente estos viajes que servían para que se saliera del entorno de las drogas; con estas invitaciones salía de un estado oscuro, se le iluminaba la cara y al mismo tiempo lo veía como una salida al final del túnel. Fueron increíbles experiencias que compartimos juntos y siempre recordaré". Gerardo

DANIELA, UNA NUEVA RUTA A LA RECUPERACIÓN

Así fue como empezó un nuevo camino por la senda de la recuperación. Una recuperación a mi manera, sin programa, sin asistir a juntas o con un psicólogo, yo le quería probar al mundo que podía solo, que era cuestión de echarle muchas ganas y un poco de fuerza de voluntad.

De nuevo, fue el interés de estar con una mujer, -en este caso Daniela-, el agente disparador de un deseo sincero de Alex por recuperarse. Otra vez, como con Helen, su prioridad era hacer que alguien se quedara a su lado.

Todo pintaba bien, las cosas estaban funcionando, conseguí un trabajo en una empresa inmobiliaria de nombre Vidalta, tenía una bonita relación con Daniela y su hija, la relación con mis papás también estaba mejorando, iba al gimnasio con frecuencia, estaba haciendo todo lo que dentro de mi alcance para recuperarme. También me había inscrito a un diplomado de "diseño de espacios interiores" algo que siempre había querido estudiar.

"Conocí a Alex aproximadamente el 13 de abril del 2010 porque estaba buscando un departamento en la zona de Bosques para él o para Daniela, e inmediatamente nos caímos muy bien y empezamos a platicar de temas de la vida. Después de algunas visitas, ya habíamos generado algo de amistad y me preguntó si le podría dar trabajo en el equipo de ventas. Sabía que se estaba rehabilitando y en ese entonces estábamos pasando por la ola de crisis en bienes raíces del 2009, pero el carisma de Alex lo hacían un excelente candidato para las ventas y pensé que tanto Vidalta como Alex, podrían ganar mucho de su incorporación al equipo. El 15 de junio del 2010 atendió a su primer cliente. Yo sentía mucha empatía con Alex y entendía la situación por la que estaba pasando pues mi papá es un adicto rehabilitado y entiendo lo difícil que es batallar con la enfermedad. Al poco tiempo dejó de ir a la oficina por una recaída de la que le costó mucho recuperarse. Por el cariño que le tenía a Alex, algunas veces hablaba con su mamá para ver cómo iba". Rodrigo

En retrospectiva, tengo que aceptar que fuera de que todo parecía estar bien, mi relación con Daniela no era una relación fácil, ella

*estaba pasando por momentos difíciles en su vida, estaba lidiando con un divorcio muy conflictivo y yo sentía la necesidad de ayudarla, poniéndome en el papel del rescatador, donde sentía que era mi responsabilidad ayudarla. Descuidaba mis propias necesidades por atender las de ella, asumí responsabilidades que no me correspondían, todo con el afán de lograr que Daniela me quisiera más, en la constante búsqueda de aceptación y amor que siempre he vivido a lo largo de los años. Peleábamos constantemente, y los dos teníamos la capacidad de sacar nuestros lados oscuros. Dicen que el verdadero amor es el que saca lo mejor en el otro, nosotros en varias ocasiones hacíamos todo lo contrario, las peleas eran cada vez más fuertes, yo me volvía muy impaciente y explotaba de manera impulsiva y agresiva y todo esto me lo iba guardando y guardando, puesto que sentía que no tenía con quién platicarlo. Mis papás constantemente se acercaban a darme consejos, pero yo desafortunadamente no los seguía, sentía que yo podía con todo, que era mi responsabilidad quedar bien con todos, que era mi responsabilidad salir solo adelante sin la ayuda de nadie, **pedir ayuda es algo que nunca se me ha dado, esta falta de humildad me ha causado varios problemas. Y así me fui tragando las cosas, y cada vez mi caminar se volvía más y más pesado.***

*Empecé a dejar la rutina del gimnasio, empecé también a fallar al diplomado y poco a poco los problemas se iban haciendo más grandes, otra vez me estaba desconectando de mi yo interior y estaba viviendo una realidad que no me correspondía. **Los pensamientos de volver a consumir se hacían cada vez más evidentes, pero yo ignoraba por completo las señales.** Mis papás e inclusive Daniela me decían que buscara ayuda, que fuera a ver a un profesional que me ayudara a lidiar con mis problemas, pero por supuesto mi ego no lo permitía. **Seguía haciéndome el fuerte y seguía pretendiendo que afrontaba cara a cara mis problemas; estos desafortunadamente eran más de lo que yo podía manejar con tan pocos meses de sobriedad.***

"Alex era muy necio para seguir su tratamiento, lo iba abandonando, poco a poco. Trataba de hacer cambios en su estilo de vida, pero no podía sostenerlo. En algunos momentos lograba disciplinarse sobre todo cuando se trataba de mejorar su imagen, una pieza fundamental en su autoestima. " Clarita

Un día Daniela y yo tuvimos una fuerte pelea por teléfono, me acuerdo que perdí el control total de mis emociones y los dos nos dijimos cosas muy hirientes, bajé de mi recámara extremadamente hostil, le grité a mi mamá e inclusive rompí un espejo grande que tenía en mi cuarto. Mi mamá presintió que esto me llevaría a una recaída e hizo todo lo posible por no dejarme salir de mi casa, eso hizo que yo me enfureciera mucho más. Le dije cosas horribles, la traté como un hijo nunca debería de tratar a su mamá y lo peor de todo es que esto hizo que sólo me hiciera sentir más enojado y más culpable.

"En varias ocasiones lo llegué a juzgar con una vara muy alta, y en cada recaída me volvía más dura y cruel. No podía entender cómo alguien no podía luchar por su salud y por su felicidad al lado de quienes amaba. Para mí, Alex lo tenía todo. Y sí... Lo tenía todo, incluyendo una enfermedad que no lo dejaba ser totalmente feliz y encontrar la paz. Para mí esa fue la mayor impotencia, quería que entendiera el daño que nos hacía a todos, pero sobre todo a él. En cuanto a nuestra relación, no fue una guerra que perdí yo, fueron muchas batallas que perdimos los dos. Y al final tuve que entender que no quedaba en mí sacarlo adelante y que por mis propias circunstancias, lejos de ayudarlo, nos estábamos haciendo mucho daño." Daniela

Ese día tuve mi primera recaída después de cinco meses de sobriedad, llegué a mi casa en la noche ya habiendo usado, mis papás me recibieron en la puerta, estaban muy tristes y preocupados. Les pedí una disculpa, les prometí que sólo había sido una pequeña recaída y que no iba a pasar a mayores, que me dieran la oportunidad de seguir con mi vida normal. Ellos de nuevamente aceptaron mis peticiones y no le dijeron a nadie sobre esta recaída.

"En este deseo de ayudar a Alex para que no perdiera su autoestima ni los cinco meses que llevaba limpio, tanto Gerardo como yo, accedimos a darle esta oportunidad, aun sabiendo que la honestidad durante este proceso es lo único que lleva a la verdadera recuperación". Clarita

Unos días después mis papás me invitaron a pasar el fin de semana a Ixtapa. Nos la pasamos muy a gusto, jugué golf con mi papá, fuimos juntos al cine y logré arrestar esa pequeña recaída que había tenido, por lo que todos pensamos que ya había quedado atrás.

Días después le comenté a mi papá que quería invitar a Daniela a Las Vegas, para pasar unos momentos solos, lejos de nuestros problemas, cosa que yo podía ya hacer pues contaba con un sueldo fijo. Este sería un momento donde yo podría observar mi relación y realmente darme cuenta si era lo que quería en mi vida.

Llegamos a Las Vegas y nos la pasamos relativamente bien, pasamos momentos muy agradables, pero también nos pelamos de manera muy agresiva, inclusive una de las cuatro noches después de una gran pelea, tuve que dormir en un sofá. Esto debería de haber sido una clara señal de que las cosas no estaban funcionando, era increíble que inclusive lejos de nuestros problemas y en un viaje con la única intención de pasarla bien, no tuviéramos la capacidad de lograrlo. Me debería de haber dado cuenta que éramos dos personas con muchas carencias tratando de lograr algo que no estábamos preparados para lograr. Yo estaba muy enamorado de Daniela, y siento que es una relación que podríamos haber llevado muy lejos, pero desafortunadamente no estábamos listos ni uno ni el otro para darnos lo que necesitábamos. Le compré muchas cosas a ella y a su bebé, todo con el afán de demostrarle mi cariño, gastos descontrolados que hicieron que me peleara con mis padres y estuviera de nueva cuenta en deuda con ellos, cosa que me causaba mucha preocupación en mi vida.

Debería de haber puesto límites que nunca fui capaz de poner a causa de mis propias inseguridades. Llegamos a México y la vida continuó de manera normal, yo seguía yendo a trabajar, en ocasiones también iba al gimnasio, pero ahora lo más importante era mi relación con Daniela. Ella estaba como ya mencioné antes, pasando por su divorcio y eso complicaba nuestra relación, la traté de ayudar de todas las maneras posibles. Pero yo sentía que en ocasiones mi ayuda llegaba inclusive a molestarle, pero yo por mis inseguridades y por el miedo de perderla, seguía presionándola mucho e insistía en ayudarle. Debería de haberme dado cuenta que hay veces en la vida que cada quien tiene que enfrentar sus problemas y que yo simplemente debería de haber estado ahí en caso de que me necesitara.

A pesar de no estar consumiendo en ese momento, Alex no podía ver que quien necesitaba ayuda era él mismo; que mientras no se recuperara del todo, no podía entablar una relación sólida

con nadie. No pudo darse cuenta de que su obsesión sólo había cambiado de nombre, de Crack a Daniela.

CAMBIO DE RUTA

Mis papás tenían un viaje planeado para pasar unos días por la costa de California con unos amigos suyos, habían tardado en realizar este viaje puesto que no querían dejarme solo en la casa, pero en vista de que pude arrestar mi recaída y que todo se veía normal, decidieron hacerlo. Yo les dije que por mí no se preocuparan que todo iba a estar bien, que se fueran y que disfrutaran su viaje. La verdad era que como anteriormente pasó cuando se fueron de viaje a Italia, yo los necesitaba otra vez más que nunca. Mis problemas con Daniela me estaban llevando al borde de la recaída, pero otra vez la incapacidad de expresar mis emociones me dejó solo para enfrentar mis problemas.

Probablemente nuestra relación hubiese tenido más futuro si yo hubiera podido entender o imaginarme lo que él estaba sufriendo. La codependencia a una sustancia química es un asunto más complicado de lo que se puede ver o imaginar por fuera; y yo viví esa frustración en carne propia. Alex intentaba explicarme que su problema era algo de él, que no tenía nada que ver conmigo, y que aún peor, era algo mayor que él y contra lo que tenía que luchar cada segundo de su día. Hoy me queda claro que en ese momento lo que él más quería era sobrepasar su adicción, hacer una vida plena al lado de mi hija y de mí." Daniela

No pasaron ni 24 horas de la partida de mis papás y yo ya estaba consumiendo. Así empezó de nueva cuenta un ciclo de "consumir para vivir y vivir para consumir", dejé de hablar con Daniela, perdí mi relación con ella, perdí también mi trabajo, pronto ya me había acabado todo el dinero que tenía y así fue como de nueva cuenta empecé a robarles a mis papás todo lo que estuviera a mi alcance, comencé por robarme dos computadoras y empeñárselas a mis vendedores de drogas. Un día después de esto me hablaron de mi trabajo y me dijeron que ya estaba mi primer cheque listo de una comisión. Lo primero que hice fue ir a recuperar las computadoras y gastar el resto del dinero en droga. Y así fue como tuve dinero para consumir un rato más. Una vez que el dinero de la comisión se terminó, empecé a vender mi ropa, zapatos, cinturones, chamarras, camisetas, todo por una miserable cantidad de droga, que rápido se acababa, después comencé robándoles cosas de la casa a mis papás. Todo esto me dejaba sintiéndome peor que antes de consumir.

Mis hermanos no sabían qué hacer, sentían la necesidad de decirles a mis papás lo que estaba pasando pero al mismo tiempo no querían arruinarles su viaje. Me dieron un día para dejar de consumir y si veían que no podía, le hablarían a mis papás. Por supuesto que no pude y llamarles fue inevitable. Mis papás hablaron conmigo y me pidieron que dejara de consumir, que por favor ya no siguiera arruinando mi vida de esa manera. Les pidieron a mis hermanos que se llevaran todas las llaves de los coches y cerraran todas las puertas de la casa, excepto la principal y la de mi cuarto para que así, no tuviera acceso a sus pertenencias. Pero yo rápido encontraba la manera de abrir los cuartos para continuar robándoles.

"Yo veía los rastros del crack, eran unas bolitas envueltas en papel de muchos colores y dentro venía la piedrita transparente como un vidrio. Usaba una lata de coca cola y unas pipas para fumarla. Ale me decía: -ya no tengo dinero para ir por drogas-. Aunque la señora me regañaba, yo sí le daba su dinero para la droga porque no me aguantaba. Le gustaba recaer cuando sus papás no estaban y le encantaba estar solo un mes. En cuanto se iban, se iba a comprar su droga. Se podía estar ocho días sin dormir cuando estaba consumiendo y yo le compraba "Yoplaits" y coca colas porque no comía otra cosa. Había veces que me quedaba a dormir arriba con él porque me daba miedo que algo le pasara ya que él toda la noche se salía. Terminaba lo que traía y se volvía a salir, así que le escondía las llaves del carro por instrucciones de su mamá para que no manejara usando. No lo dejaban consumir en la casa y a veces él engañaba a los señores de que estaba limpio y cuando se daban cuenta, ya se había encerrado a consumir. Él era muy elegante y le encantaba verse bien y cuando consumía parecía otro, porque se ponía pants, sus tenis, una chamarra con gorra y se salía a usar." Juanita

Mi hermano Eduardo -ya casado- decidió quedarse unos días en la casa, para así tratar de ayudarme con mi adicción, pero de nada sirvió. No sabía qué hacer conmigo, veía cómo salía y entraba de la casa a todas horas y estaba desesperado por encontrar la manera de

ayudarme. Desafortunadamente cuando estoy en mi ciclo de uso no hay nada ni nadie que me pueda ayudar.

"Me fui a vivir con Alex a la casa, porque cada vez que mis papás se iban de viaje, recaía; no sé si lo hacía para llamar la atención o para qué, pero así era. En esta ocasión, fue muy dura la experiencia, porque me tuve que ir a meter a unas colonias horribles a rescatar su Ipad, relojes, con todo el riesgo que esto implicaba". Eduardo

Llegó el momento en el que la desesperación de todos llego al límite y mis papás tomaron la decisión de acortar su viaje y regresar a México. Fue primero mi mamá la que llegó a la casa. La idea era que con mi mamá presente pudiéramos encontrar la manera de que yo dejara de consumir y así alcanzáramos a mi papá en Vail, Colorado para pasar un mes juntos, o el tiempo necesario para volverme a dar una oportunidad más para dejar de consumir por mi cuenta.

La primera noche logré no consumir, era tanto el gusto de que mi mamá estuviera conmigo que hice un gran esfuerzo por quedarme en mi cuarto y no faltarle al respeto escapándome de la casa. Pero al día siguiente ya no pude impedirlo, las ganas por consumir eran demasiadas. Convencí a mi mamá que me acompañara al lugar donde compro mi sustancia para que recuperáramos todas las cosas que había empeñado. Mi mamá aceptó. Llegamos al lugar, y ella me dio el dinero para recuperar las cosas que yo le había robado; lo que no se dio cuenta fue que al mismo tiempo compré más crack para consumir llegando a la casa. Al llegar me volví a encerrar en mi cuarto y volví a consumir, después de esto ya no pude volver a parar. Pasaron los días, y no pude con mi adicción, por lo tanto la idea del viaje con mi papá fue cancelada.

A los pocos días, llegó mi papá de regreso del viaje, muy triste puesto que tenía la esperanza de que yo lograra dejar de consumir y lo alcanzara con mi mamá. Pero mi adicción ya estaba fuera de control. Tengo un vago recuerdo de los siguientes días pero lo que sí puedo recordar es que fueron días llenos de consumo, de robos, de mentiras, de manipulaciones y sobre todo, de mucha tristeza para mi familia.

Me buscaron una clínica en Idaho, a la cual yo acepté ir, compraron los boletos, hicimos la maleta y ya estábamos todos listos

*para irnos, pero algo pasó, no recuerdo muy bien ya que mi adicción fue mucho más fuerte y le dije a mis papás, pocas horas antes del viaje que yo no iba a ir a ningún lado, nuevamente se perdió el dinero de los boletos de avión, nuevamente no tuve ninguna consideración por mi familia. **Es increíble, pero las drogas adormecen por completo todos mis sentimientos, lo único que importa cuando estoy consumiendo es seguir haciéndolo, es como un instinto de supervivencia.***

La droga para Alex, se convierte en este momento de su vida, en algo tan indispensable como el oxígeno. No puede concebir la vida sin consumir; la problemática generada por su adicción, resulta ya imposible de afrontar, una vez más, la sustancia es el medio de escape.

Se me estaba dando medicina para tranquilizarme, esto combinado con mi consumo me tenía en un estado completamente ausente de la realidad. Mis papás consiguieron a una persona experta en el tema que es dueña de una clínica en Tijuana. Esta persona voló desde Tijuana para ir a mi casa a realizar una intervención, es decir, ayudar a mi familia con mi proceso de internamiento. El día que llegó a mi casa yo estaba ya verdaderamente enfermo, me estaba convulsionando en el piso, la mandíbula la traía completamente atorada, no podía dejar de revolcarme del dolor puesto que había mezclado todos los medicamentos que me daba el psiquiatra para bajar la ansiedad con el crack.

Cuando logré calmarme un poco, después de muchos medicamentos, el dueño me platicó un poco de su clínica, a la que yo, me imagino por pura desesperación, acepté ir. No sin antes convencer a mi familia que me dieran dinero para consumir una vez más. Y así fue como después de consumir por "última vez" mi papá nos llevó al aeropuerto, fue una triste despedida, una vez más me internaría en una clínica para tratar de curar mi enfermedad.

Todo lo que pasó en las siguientes horas lo tengo completamente borrado de la memoria, sólo tengo pequeños recuerdos de lo que sucedió. Al parecer empecé a tomar cerveza en el avión, lo que hizo una combinación muy fuerte con todos mis medicamentos. Me metí al baño del avión y prendí la pipa –que llevaba escondida en el calcetín-, para intentar fumar los residuos de crack que ésta tenía. El detector de humo se encendió y cuando salí del baño ya me estaba esperando una azafata. Aparentemente me iban a reportar a las autoridades puesto que fumar en el baño de un avión es un delito federal que implica varios años de cárcel. No sé de qué manera, el dueño de la clínica logró convencer al piloto de que no me reportara a las autoridades, diciéndole que yo iba en camino a una clínica de recuperación y que me diera la oportunidad. Y así fue que el piloto aceptó dejarlo pasar. Me salvé de que al bajar del avión me arrestaran y me consignaran.

Llegué a la clínica y me dieron medicamento para dormir. Al día siguiente caminando por el área de detox –desintoxicación- observé un espacio en la ventana por donde me podría escapar, y así lo hice. Me escape de la clínica y rápidamente tomé un taxi que me llevara a comprar más crack. Le pedí dinero prestado al taxista con la promesa de pagarle el doble cuando me llevara de regreso a la clínica. No sé lo que pasó en las siguientes horas, pero recuerdo estar caminando por las calles de Tijuana cuando pasó nuevamente un taxi –al primero ya me le había escapado- y me subió y muy amablemente, me dijo que él me llevaría a donde yo quisiera y me prestaría dinero para consumir. No sé cómo pasó, pero este taxista ya traía instrucciones de la gente de la clínica para que me agarraran. Estábamos cargando gasolina cuando de pronto una camioneta se paró a nuestro lado y se bajaron tres personas las cuales me agarraron y me subieron a la camioneta. Yo estaba totalmente drogado y no sabía qué es lo que estaba pasando, cómo me habían encontrado.

Pero lo habían hecho. Me llevaron directamente a mi primer Anexo, me aventaron a un cuarto de desintoxicación, donde me dieron una cobija y escuché las palabras "bienvenido a tu nuevo hogar". Desperté a la mañana siguiente sin saber dónde estaba, estaba asustado, rodeado de personas que no conocía. Fue una sensación de terror, y así fue como pasaron las siguientes cinco semanas, encerrado en un anexo, donde todos los días te ponían a hacer trabajos manuales, donde las juntas de AA duraban dos y hasta cuatro horas, era una verdadera pesadilla. Si te portabas mal o no hacías caso, muy agresivamente te castigaban y te ponían a lavar los platos de todos los internos en un cuarto realmente sucio. Cada semana me iban a visitar de la clínica, yo los veía lleno de ilusiones pensando que ya me iban a sacar, pero no era así, solo venían a preguntar cómo me encontraba y si necesitaba algo, aunque nunca me hacían llegar nada de lo que necesitaba.

A la tercera semana me dieron permiso de recibir una llamada de mi familia, yo pensaba que ya ellos serían los que me darían la noticia de que ya iban a dejarme salir, pero me llevé una sorpresa, mis papás no me dijeron absolutamente nada, me dejaron llorando y triste sin ninguna respuesta, sólo me comentaron que sentían mucho lo que estaba viviendo pero que era por mi propio bien, realmente no tenían respuestas pues lo que decían es que ya estaba yo en manos de la gente de la clínica y que ellos no tenían poder sobre mi situación.

Pero finalmente al cumplir 35 días llegaron por mí. Salí realmente emocionado, jurando nunca más volver a consumir, pues no quería volver a vivir una situación como la que acababa de vivir. Llegué a la clínica y pasaron siete días antes de que me empezaran a dar ganas de salir y regresar con mi familia. Un día bajé y le dije a uno de los consejeros que ya no quería estar más tiempo en la clínica que me quería regresar con mi familia. Ellos accedieron a hablarles a mis papás. Al hablar con ellos me dijeron que todavía no estaban listos para recibirme, que me quedara más tiempo, que ellos llegarían a la clínica dentro de 15 días y me sacarían. Después de pensarlo durante toda una noche decidí esperarlos, pero a la mañana siguiente me entró la desesperación y decidí pedirle al staff de la clínica que ya me dejaran ir. Mi idea era tomar mi pasaporte, comprar un boleto de avión y regresarme a México. Pero me llevé una sorpresa, mis papás autorizaron la salida, pero no autorizaron que me dieran mi pasaporte. Ni siquiera autorizaron que me entregaran mi maleta con mi ropa. Eso no era lo que yo tenía planeado y al salir me encontré solo en las calles de Tijuana, encontré el primer teléfono para llamar a mi familia por cobrar. Al hablar con ellos sentí que los lograría convencer para que me dejaran regresar a la casa. Mi papá me dijo que le marcara en veinte minutos que iba a hablar con el dueño de la clínica para ver qué hacer. Veinte minutos después le marqué y me dijo que la única opción que tenía era regresar a la clínica y esperarlos a que llegaran el siguiente fin de semana. Muy renuente acepté esto y regresé caminando a la clínica.

Al regresar, el dueño y el equipo terapéutico decidieron hacer una reunión con todos los internos. En esta reunión el dueño les explicó a todos lo que había pasado conmigo. Les dijo que había pedido mi salida pero que había regresado y les preguntó si me aceptaban de regreso, que lo ponía en sus manos. Todos aceptaron. Pero luego siguió agrediéndome verbalmente enfrente de todos los internos. Comentó que yo era una persona egoísta, que en lo único que pensaba era en mí, que les estaba quitando el oxígeno a mis papás. Cuando empecé a escuchar esto, me entró la desesperación y me levanté de la silla, diciendo que yo no me había metido a una clínica para que me insultaran. Esto el dueño no lo recibió bien y me amenazó con mandarme tres años a un anexo por sus propias pistolas. Después de varios minutos de continua agresividad, por fin se terminó esta junta. Yo me quedé muy asustado y con más ganas de salir que antes. Minutos después, vi la oportunidad de escaparme y la tomé, brinqué una barda y salí corriendo. Fueron como veinte minutos después cuando desafortunadamente me encontraron, el dueño me tomó del cuello y literalmente me metió a la fuerza a la parte trasera de un coche donde me dijo que nuevamente me iban a meter a un anexo, esta vez a uno más duro.

Y así fue como llegué al CREAD, el anexo donde ahora me encuentro. Hace cuatro días yo pensé que mi familia me iba a venir a visitar, me enteré que llegaron a verme pero no los dejaron entrar ya que no había cumplido con los quince días necesarios para poder recibir visita. Al enterarme de esto, entré en un fuerte estado de depresión y la idea de quitarme la vida entró por mi cabeza.

Los fallidos intentos de que en lucrativas clínicas de rehabilitación Alex encontrara la tan deseada sobriedad, tenían extenuados y desconcertados a sus padres. Era desesperante para ellos toparse con clínicas, que prometían ser expertas en recaídas y que sin embargo, no contaban con la preparación para recibir pacientes tan complicados como Alejandro.

Las circunstancias obligaban a tomar otras medidas, con la esperanza de que algo distinto sucediera y de que se lograra controlar la carrera auto destructiva de su hijo, Clarita y Gerardo con mucho dolor, deciden dejar a Alex en aquel Anexo de Tijuana. Las razones que tuvieron para hacerlo, le fueron explicadas a Alex en una carta. Aquí se presenta parte de ella.

Hola Alex:

Decidimos hacer este recuento de hechos con la única finalidad de ayudarte a recordar todo lo que ha sucedido en los últimos años. Esto lo hacemos simple y sencillamente para que logres tomar responsabilidad de lo que ha sido tu vida. La verdad nos gustaría pensar que mucho de todo esto, ha quedado olvidado por tu consumo pero sabemos que no es así.

Cronología de hechos:

Tres carreras fallidas. Administración, Administración turística y Arquitectura. Poco interés y dedicación porque ya se iniciaba tu adicción a las drogas. Tu coche: pérdida total al estar totalmente intoxicado y manejando a muy alta velocidad. Cuando viajamos al Báltico llevabas tachas, al igual que en el viaje a Argentina. Volteaste la camioneta en Ixtapa por la irresponsabilidad de manejar borracho y usando cocaína, resultado: pérdida total.

En Las Vegas usaste la tarjeta para sacar dinero para jugar y ver si lograbas ganar todo lo que se debía en ésta, más dinero robado, cheques robados, uso de la tarjeta de manera indiscriminada. Estancia en tu primera clínica 35 días y saliste a consumir. Trabajo en crédito inmobiliario totalmente irresponsable y sin interés: miles de mentiras. Mientras estábamos en Italia inicias tu viaje o camino en el mundo del crack. Estancia en Promises 60 días, casa de medio camino de Los Ángeles; mientras vivías ahí no querías participar en nada que no fueran tus viajes de fin de semana para visitar a Helen. Uso incorrecto de dinero y tarjetas de crédito, mentiras y engaños, "estoy caminando por Malibú", cuando estabas en San Diego con Helen. Abuso de confianza con tu amigo que te prestó su coche y lo usaste incorrectamente. Saliste de Malibú y de lo que llamabas tu recuperación para irte a San Diego con Helen. Se te puso el primer departamento en San Diego totalmente a tu gusto y con el afán de festejar tu sobriedad y procurarte una vida sana; y ¿qué sucede después de unos meses?, regresas a la boda de Eduardo y creemos que a partir de esta recaída empieza tu camino más marcado hacia esta destrucción que estamos viviendo hoy. Préstamos, tarjeta, robo de dinero, cuentas bancarias mal usadas sin ninguna consideración, todo por tu uso.

Regresaste a San Diego con la idea de volver a tratar de estudiar una vez más. Accedimos a que Helen y tú nos acompañaran a Las Vegas porque según esto ya todo estaba mejor y ya iban a empezar la escuela en septiembre. Unas semanas después, volviste a recaer, seguiste robándole a Helen, a sus papás, a nosotros. Una vez más, un uso inapropiado de la tarjeta, sobregiros en el banco, casas de empeño. Desbarataste tu coche que se tuvo que ir a una reparación mayor.

Después de usar más de tres meses, volvimos a ir a San Diego, ya que la mamá de Helen nos habló muy preocupada por tu estado y por su hija. Escogiste entrar a recuperarte al Mac Donald Center, pero dejaste muchas deudas en el edificio de Currents. Irresponsablemente te saliste del Mac Donald Center porque no te gustó el lugar y te fuiste a "Sober Living by de Sea". Te quedaste un mes, durante el cual planeaste cómo robarnos para volver a consumir el día que salieras. Saliste e inmediatamente consumiste con este dinero que conseguiste de nuestra tarjeta, diciéndonos que el dinero se había usado para análisis y quién sabe qué otras cosas más.

Regresaste a México y los diez días que estuvimos en Ixtapa, pediste dinero a la administración para seguir con tu consumo. Perdiste tus tenis y quién sabe qué más. Llegó Helen y te desapareciste en año nuevo, todo el día para consumir, causando en todos, una angustia y un miedo indescriptible pensando en todo lo que te podría haber pasado.

Nos convenciste una vez más para que te dejáramos regresar a San Diego a tu departamento, argumentando que tú no necesitabas otra clínica, que tú podías solo, siguiendo el programa, asistiendo a juntas, haciendo ejercicio. Helen te apoyó, dijo que era tu responsabilidad y accedimos con la condición de hacerte análisis tres veces por semana y que si estabas limpio, no te llevaríamos a ningún otro tratamiento. Nunca te hiciste los análisis, no volviste a estar limpio. Helen empacó sus cosas y regresó a casa de sus papás. Nosotros, una vez más, fuimos a rescatarte, a desempeñar tus cosas y a volver arreglar tu cuenta bancaria sobregirada. Con mucha tristeza empacamos tu departamento y te fuiste a Utah con Kevin.

En Utah estuviste bien algunos meses. Tomaste un curso para conocerte a ti mismo que tenía la finalidad de aprender a quererte, a perdonarte y enseñarte que tu recuperación sólo debía ser para ti. No lo supiste aprovechar y lo único que estaba en tu cabeza era volver a conquistar a Helen. La invitamos a esquiar en nieve contigo para que la reconquistaras, pero ella ya estaba saliendo con otra persona. Estabas tan distraído que perdiste las llaves del coche y fue toda una odisea poder conseguir otra llave para poder bajarlo de donde estaba. Otra vez nos convenciste, con mucha manipulación, que ya tenías que regresarte a San Diego. Regresaste a esa ciudad a "Casa Pacífica", cerca de Helen. En el verano fuimos a estar contigo y te pusimos una vez más con mucho cariño, un nuevo departamento. Iniciaste la relación con Daniela y al mismo tiempo saliste con Lucía volviendo a usar la tarjeta indiscriminada e irresponsablemente.

Una vez más, después de casi ocho meses de estar limpio volviste a consumir. Una vez más, por esta falta de seguir un programa que lograra llevarte a una vida sana, por usar dinero que no te correspondía y por meterte en relaciones para las cuales no estabas listo…. volviste a usar.

Usaste el "speed pass" para uso personal, engañando a todos especialmente a ti. Engañaste a Eduardo hablándole hasta España para que te diera dinero. Le hablaste a un muy buen amigo para lo mismo, rompiste el parabrisas del coche (te lo volvieron a dejar nuevo), usaste la tarjeta para pagar servicios de taxis que te daban $200 en efectivo, cuando tú les pagabas $400 con la tarjeta, y tu consumo fue realmente brutal. Perdiste todo, la renta, los muebles etc., etc. Regresaste con Kevin a Utah, logrando manipularnos diciendo que sólo te irías si podías consumir una vez más. Tuvimos que aceptar esto, darte recursos para comprar crack antes de subirte al coche. Ésta es una estrategia que hasta la fecha te ha funcionado, usando nuestra desesperación y nuestra tristeza de verte así. Deseando que de alguna forma logres aceptar la ayuda que tanta falta te hace.

En Utah con Kevin entraste a un "Detox" en el hospital durante tres días con altos costos, para que al día siguiente, te escaparas engañando a todos. Tomaste el coche y te fuiste a consumir. Regalaste toda tu ropa, zapatos, chamarras; una vez más, empeñaste tu computadora, teléfono, cámara, raqueta, palos de golf, - todo con el afán de comprar más piedra y consumir-. Una vez más, abusaste de nuestras tarjetas de crédito pidiendo por medio de ellas dinero en tiendas de llantas, restaurantes, taxis. Te desapareciste cuatro días viviendo en un hotel donde había otras personas que consumían y vendían drogas. Totalmente perdido de tu familia, sin importarte la preocupación, el dolor y el miedo que nos causaste a nosotros y a Kevin. Apareciste cuando querías engañarnos que te amenazaban con cuchillos y sólo Dios sabe qué más, pero lo único que querías era que tu vendedor supiera que no íbamos a hacer nada contra él si se quedaba con tu coche. Nos colgaste el teléfono, dejándonos apanicados con la historia, y cuatro horas después hablaste para darnos la dirección en donde podía ir Kevin por ti. Te llevó a otro "Detox" del que te saliste a las dos horas y caminaste no sé cuánto, para volver con tu dealer porque en tu cabeza sentías que no te había dado el suficiente crack por el precio de tu coche. Una vez que volviste a fumar, él te regresó al "Detox". Te quedaste cuatro días, otra vez con un alto costo de hospitalización y nos dices que ya no quieres vivir más así, que vayamos por ti, que quieres vivir con tu familia. Va tu papá y antes de que llegue, sin esperarlo, te sales del "Detox" y te vas a consumir vendiendo lo último que te queda.

Regresas a México y empieza otra historia: al segundo día de haber llegado, Paulette se descuida y le sacas dinero de su cartera para volver a consumir. Se inicia otro nuevo ciclo de robos constantes.

Dos veces en clínicas en Querétaro con los mismos resultados, escapándote de ellas sin importar que ya estuviesen pagadas. Entre una y otra clínica, robaste tarjetas de crédito y te metiste a hoteles de paso sin volver a importarte lo que estos días causaste a toda la familia sin saber de ti.

Durante todos estos años se han perdido infinidad de cosas, celulares, cámaras, relojes, equipos de sonido, tenis, zapatos, lentes, cinturones y chamarras.

Tu razonamiento es el mismo de siempre: "yo puedo solo, déjenme a mí solo" y cuando consumes, recurres siempre a nosotros para que te volvamos a rescatar una y otra vez. De esto terminaste pasando tres semanas en un hospital psiquiátrico y al salir esa misma noche, te fuiste a consumir, ¡claro!, después de consumir regresaste, como siempre a la casa. Empiezas una vez más una relación con Daniela, logras mantenerte 45 días limpio, tienes una dificultad con ella y nos robas $ 16,000. Dinero que estaba escondido en la casa, bajas del coche a tu cuidador, te robas el coche y una vez más, te vas a un hotel de paso a consumir y cuando se te termina el dinero y te sientes tan mal física y moralmente, nos llama una amiga a la que le hablaste para que una vez más vayamos a rescatarte. Estás tan mal que te llevamos a desintoxicar al Hospital ABC, estas ahí unos días y al salir te escapas y a las pocas horas, por primera vez te agarra la policía. Después de muchas horas y llamadas tuyas a tus conocidos y a nosotros, recibimos una llamada para que vayamos por ti porque si no, te consignarían. Fueron por ti y empezaste una vez más a salirte a todas horas a vender todo lo que encontrabas y a robarle a taxistas y vendedores de droga, etc. Nuevamente, te agarra la policía y tu papá negocia con ellos y de ahí se van a NARCONON, a las 48 horas, también te sales de ahí. Llegaste a la casa y te fuiste de viaje con tu papá a provincia. Una vez más "pudiste", trataste" de salir tú solo. Pudiste hacerlo durante un tiempo, muy posiblemente por tu interés en Daniela y en la bebé pero nuevamente recaíste por algún disgusto. Esto nos enseña a todos que tu recuperación nunca ha sido ni firme ni sólida, crees tener las herramientas para salir pero como verdaderamente nunca las has cultivado, no lo has logrado. Cuando se te presenta cualquier cosa que te desata cualquier tipo de malestar, vuelves a consumir para medicar tu dolor y el vacío tan grande que poco a poco se ha formado en ti.

La última historia es igual o peor de aterradora que las demás. Regresamos de nuestro viaje por que nos avisaron que habías recaído después de seis meses de estar limpio. Volvimos a pasar noches y días realmente destructivos, volviste a robar todo lo que encontraste disponible y tratamos de ayudarte nuevamente mandándote a una clínica en Idaho. Maletas hechas, boletos pagados y por seguir consumiendo, rompiste una vez más tus promesas. No nos fuimos, se canceló el viaje y se perdieron los boletos de avión.

De vuelta a consumir día y noche, taxistas cobrando todo el dinero que les robas, más venta de ropa que ya ni siquiera es tuya, pulseras y anillos de tu mamá, mancuernillas de tu papá, un encendedor de tu abuelo León que era de Mauricio, aparatos eléctricos, el celular y el reloj de tu mamá, botellas de alcohol y otra vez, la tarjeta de crédito.

Viene el dueño de la clínica de Tijuana para internarte y nuevamente el truco que nunca falla, pedir dinero para consumir y si no, no te ibas. Consumir en el avión, escaparte a los dos días, te

134

meten a tu primer anexo, regresas a la clínica, diciendo que ya estás convencido de que quieres salir de tu adicción, te vuelves a salir a la semana de estar ahí, regresas y esa misma noche te vuelves a salir con la aclaración de que si te encuentran, te meterán a otro anexo seis meses. Te encuentran, te meten al anexo, te lastimas cortándote la muñeca y el dueño decide darte otra oportunidad, te lleva a su clínica de la que te vuelvas a salir firmando tu alta voluntaria; no pasan ni 24 horas cuando ya estás hablando que estás en la cárcel acuchillado y maltratado. Un invento, porque te buscaron por todas las cárceles de Tijuana y nadie te encontró. Regresas a la clínica porque una vez más quieres que le paguen a tu taxista, nadie te dice que lo hagas pero tú decides regresar. Te regresan al Anexo y nuevamente hoy estas ahí.

Tus papás

El paso de Alex, por el mágico mundo de las clínicas, había terminado. Se encontraba en un lugar muy distinto de aquellos lugares. Apartado, sin lujos, solo y con mucho tiempo, se dio a la tarea de escribir durante largas horas.

Tal vez el aislamiento, la privación y la soledad, pudieran ayudar a Alex; sus padres sabían que después de intentarlo todo, no dejarían pasar esta oportunidad para su hijo.

CAPÍTULO VII.-

LOS LUGARES MÁS OSCUROS

"Locura es hacer la misma cosa una y otra vez,
esperando obtener diferentes resultados".

Albert Einstein

Con inmensa tristeza, pero también con la esperanza de que en el anexo de Tijuana, Alex encontrara al fin una solución, Gerardo y Clarita deciden dejarlo ahí a pesar de las condiciones extremas a las que era sometido, y de su insistencia en que lo dejaran salir.

"He aprendido poco a poco a enfocarme en mi vida. La verdad no ha sido fácil; me ha tomado años acabar de entender todo esto. Si alguna persona me hubiera dicho esto al principio de la adicción de Alex, me hubiera volteado y hubiera pensado ´¿qué padres dejan a su hijo sin ningún apoyo?´. Hoy sé que lo mejor es alejarte cuando el adicto está en su proceso de adicción activa y permanecer muy cerca cuando él o ella están bien, pero teniendo cuidado de darles siempre su espacio. Debemos tratar de no destruir nuestra autoestima ni nuestros valores en aras de resolver una adicción." Clarita

Alex narra la difícil experiencia de estar dentro del anexo y los poco ortodoxos métodos de tratamiento utilizados ahí.

El CRREAD como lo mencioné es un centro que ayuda a personas de bajos recursos con problemas de adicciones a reintegrarse a la sociedad y vivir una vida fuera de la esclavitud del alcohol y las drogas. Yo nunca imaginé terminar en un lugar como estos. Un lugar donde se vive día tras día la tristeza y desolación causada por una vida llena de malas decisiones. Los anexos son lugares caracterizados por sus fuertes y en ocasiones violentos métodos terapéuticos –si es que les podemos llamar terapéutico- para tratar a sus internos. No hace mucho tiempo, si un interno no cooperaba se le amarraba de pies y manos y se le arrojaban cubetazos de agua helada hasta que se le oyera gritar que iba a cooperar. En ocasiones, se le golpeaba si éste había cometido una falta. Existen varios anexos que todavía siguen funcionando bajo estas normas. Gracias a Dios el anexo donde yo me encuentro ha dejado de funcionar de esta manera y la corriente es un poco más ligera –no deja de ser una pesadilla.

Duermo en una pequeña cama con una cobija que apenas logra cubrir mi cuerpo. El piso del cuarto está usualmente sucio e infestado por cucarachas, del estado de los baños mejor ni les platico, se los dejo a su buena imaginación. No hay regaderas en el centro. Si te quieres bañar lo puedes hacer con una cubeta de agua helada. La comida tampoco es el fuerte del centro, pues se utiliza puro desperdicio que recolectan durante el día en lo que le llaman "la panel"; una camioneta vieja y sucia que sale en las mañanas y va a distintos lugares como supermercados a pedir donaciones de comida para el centro. Puedes ver cucarachas caminar por el comedor mientras estás comiendo. Pero a todo esto el cuerpo se acostumbra. Si en mis días de adicción activa podía recorrer las calles descalzo en búsqueda de mi próxima dosis, llevando días sin dormir y sin comer, ¿por qué no voy a poder con esto? Eso es lo que me tengo que repetir en cada momento para no perder la cabeza. Yo pienso que nadie se merece un trato como este, desafortunadamente mi familia por el daño que le he causado piensa un poco diferente.

"Dentro de todo este proceso, Gerardo y yo estábamos tan desesperados y el dolor era tan inmenso que quisimos aplicar con Alex la teoría del "amor duro", para ver si nos funcionaba. Aun queriendo que viviera la experiencia de un "anexo", nunca lo abandonamos y quisimos que recibiera algún tipo de terapia, así como la visita de un médico para que revisara su estado de salud. Los domingos de visita unos amigos nuestros, Ángel y Becky fueron para nosotros y más para Alejandro un apoyo incondicional, un contacto con el mundo externo que lo ayudaba a no sentirse tan solo en esos momentos difíciles. Le llevaban comida a su gusto, libros, dulces, chocolates". Clarita

"En retrospectiva, haberlo metido a los anexos creo que fue lo peor que pudimos haber hecho, pero era parte de la dinámica y de lo que nos recomendaban; sin embargo recalcaría el no meter a los enfermos de adicción a esos lugares." Gerardo

Alex pasó los siguientes cuatro meses dentro de CRREAD en Tijuana. ¿Qué tanto le ayudó esta peculiar forma de tratar la enfermedad de la adicción? Eso es algo que no se puede medir; sin embargo, se mantuvo limpio durante su estancia, alejado de la sustancia. Finalmente llegó a su límite y harto de ese encierro, contactó a sus padres pidiéndoles la oportunidad de que lo sacaran de ahí y lo llevaran devuelta a la clínica, donde ahora llevará bien su tratamiento. Para este propósito, Alex escribe una carta a su familia en donde se compromete a una serie de tareas, las cuales cree que lo mantendrán alejado del consumo. También indica en la carta, que en el caso de no cumplir sus compromisos, se atendrá a las consecuencias que su familia decida para él.

Carta de Alex a su familia, 24 de enero de 2011, desde Tijuana, BC.

Familia Sierra:

Primero que nada, aclaro que esta carta es escrita sin ningún tipo de presión y por lo tanto su validez es absoluta.

Han sido muchos años de dolor y sufrimiento para todos, ustedes principalmente han sido las víctimas de mi terrible enfermedad y hoy es algo que me duele y sé que nos ha dejado marcados a todos. Creo que pedirles confianza sería absurdo después de este último episodio en el que por una u otra razón rompí un compromiso. Un compromiso en el cual ustedes estaban firmes en que yo cumpliera como una prueba de mi avance en el camino de la recuperación. Parecería ser que hoy los vuelvo a poner entre la espada y la pared y por esto les pido una disculpa. Para mí han sido seis meses realmente difíciles, pero no duden, llenos de crecimiento y aprendizaje. Estos seis meses, no sólo me han devuelto mi sobriedad, sino que han despertado en mí unas nuevas ganas de vivir. Han despertado en mí, el valor de la familia y es por eso, que hoy tengo la humildad para decirles que los necesito; y no es que los quiera porque los necesito, sino que los necesito porque los quiero. Y sí, estos seis meses realmente me han hecho falta. Pero hoy, en sus manos está la decisión de abrirme una vez más las puertas de su casa y sé que no es una decisión fácil para ustedes. Pero si de algo ayuda, yo le he pedido a Dios que ilumine mi camino y me dé claridad para tomar una decisión correcta, y es por eso que sé que si Dios ya los trajo aquí, es porque ya era su tiempo, y si tenemos fe, entre ustedes y yo vamos a tomar la mejor decisión.

En cuanto a mis compromisos, creo que es importante que sean realistas y yo lo que puedo ver así, es lo siguiente:

- *Asistir a juntas de AA, NA o terapias grupales con el fin de entablar nuevas relaciones y amistades.*

- *Asistir diariamente al gimnasio con el propósito de seguir desintoxicando a mi cuerpo, sintiéndome mejor conmigo mismo y tener un poco de disciplina.*

- *Asistir a mi terapia semanal y al psiquiatra para seguir en mi proceso de crecimiento personal y continuar con mis medicamentos.*

- *Tener una relación sana y educada con todos los miembros de la familia y de la casa.*

- *Buscar en los primeros dos meses un trabajo para aprender a valorar el dinero y sentir lo que es trabajar por mis cosas.*

- *Ver la posibilidad de continuar mis estudios para sentirme una persona más preparada.*

El incumplimiento de estos compromisos resultará en la pérdida del apoyo familiar y en atenerme a las consecuencias que ustedes crean necesarias.

Creo que hay muchas cosas por comentar, mucho por platicar y a mí me encantaría tener algún tipo de terapia familiar que nos ayude a todos a crecer. Creo que somos una familia con mucho amor entre nosotros y que ha sido tocada por una terrible enfermedad que ha dejado a todos en posiciones muy incómodas y siento que platicar entre nosotros con frecuencia podría ser una buena herramienta para recuperar lo que cada uno ha perdido con mi enfermedad.

Entiendo que con esta decisión, me estoy jugando mi última carta y créanme le he dado muchas vueltas y la he analizado en todos los ángulos.

Estoy convencido que es la mejor decisión que puedo tomar y siento que es la que más fuerza y motivación me da. Los riesgos están aquí y están en México. Sólo yo y Dios lograremos esta recuperación a través de un gran esfuerzo de mi parte. Y estén seguros que al darme a mí la opción de tomar esta decisión, me están dando un gran regalo.

Para cerrar, les aseguro que mis intenciones siempre han sido buscar lo mejor para mí y para ustedes.

No me quiero justificar pero mi comportamiento sí ha sido en gran parte por mi enfermedad, recuerden que cuando no consumo también estoy enfermo. *El consumo ya es tan sólo un síntoma de mi enfermedad. Voy a necesitar mucho de su apoyo y espero contar con él como siempre lo he tenido.*

Hoy sí estamos por fin cerrando el capítulo de esta enfermedad y espero no tener nunca más que volver a abrirlo.

Les pido fe, mucha fe. Dios nos ha llevado por este camino y en lo personal, no creo que haya sido por error. Les prometo dar todo mi esfuerzo, no quiero volver a vivir algo como lo que viví ni quiero que ustedes vivan una vez más el terror que ha sido mi enfermedad en los últimos años.

Con mucho amor,

Alejandro Sierra

"Aunque Alejandro estaba consciente de lo que era necesario para poder mantener su rehabilitación, algo en la química de su cerebro había cambiado tan profundamente, que aunque tenía las mejores intenciones de continuar con el programa ya no podía. Una duda inmensa que tengo hoy en día es, ¿cómo Alex con esta enfermedad, no podía tener disciplina y otras personas sí logran la recuperación?, ajustándose o practicando todos los pasos que hay que seguir para llegar al bienestar. ¿Sería esa parte de su personalidad dónde se sentía invencible, la que pesaba más en él y entonces no le permitía ser disciplinado y lo llevaba una vez más a conductas riesgosas? ¿Era su personalidad o el cambio en la química del cerebro? Quizás la droga lo hacía sentirse una persona más completa y aun con sus mejores deseos de cambiar y de no hacernos sufrir, al final del día, pesaba más la característica más importante de la enfermedad de la adicción: seguir consumiendo sin importar las consecuencias." Clarita

Las palabras de Alex parecen provenir de un sincero deseo de continuar los pasos en un camino de recuperación recién hallado. Quizá la experiencia de verse privado de las comodidades a las que había estado acostumbrado, junto con la sensación de aislamiento y soledad que vivió en Tijuana, le habían devuelto las ganas de vivir limpio y sobrio. En su carta transmite un arrepentimiento sincero y un compromiso serio consigo mismo y con su familia.

Él mismo narra lo que sucedió después.

A los pocos días, llegaron mi papá y Eduardo a platicar conmigo y la verdad los convencí que ya tenía casi seis meses limpio y estaba listo para regresar y cumplir con todo lo que había prometido. Esta vez sentía que esta experiencia era lo mejor que me había sucedido, realmente vi lo que esta enfermedad me estaba ocasionando y también vi el sufrimiento que causaba a mis seres queridos.

"Yo siempre reconocí su esfuerzo y todos me criticaban cuando yo les decía, no es que no quiera, es que no puede, que es totalmente distinto… y si no podía era porque no podía, porque lo tenía dominado (la sustancia), entonces reconocerle cuando lograba salir, era muy importante, se requiere una fuerza interior brutal." Gerardo

Regresando a México, le marqué a Daniela para vernos, para tratar de regresar con ella ya que yo era un hombre diferente con ganas de salir adelante. Ella me rechazó y entre el enojo que ya traía, y el resentimiento por haber estado en ese lugar, decidí ir a hacer lo que hago mejor, volver a drogarme.

A pesar de las promesas por escrito a las que Alex se había comprometido, el rechazo de Daniela, y el resentimiento con sus padres por haberlo encerrado, lo hacen consumir de nuevo. Alex no sabía comunicar el enojo que traía por sentirse abandonado en este lugar y eso sumado a la relación fallida con una mujer, le provocó una sensación de frustración tal, que bastó esa llamada,

para hallar razón suficiente para tirar por la borda las sinceras intenciones que había mostrado en su carta.

Cuando regresé a mi casa unas horas después, mi mamá me dijo que ya no me podía quedar en la casa, eso era lo que habíamos acordado si volvía yo a consumir; por lo que volví a la calle a seguir consumiendo. Cuando regresé, mis papás no me abrieron la puerta y durante las siguientes 24 horas en las que por supuesto perdí la noción del tiempo, me dediqué a pedirles dinero a todos mis vecinos y a fumar crack.

Una vecina me dijo que ella no me iba a dar dinero, pero que me pagaría un hotel para pasar la noche y que comiera yo algo. Me llevó al hotel y les avisó a mis papás dónde me había dejado. Mi papá y mi hermano Mauricio me vinieron a ver al hotel y ahí le rogué a mi papá que me volviera a dar otra oportunidad, estaba ya cansado, le pedí que por favor ya no me encerrara en ningún otro lado, que me diera chance y que iban a ver que en cuatro días iba a estar limpio de nuevo. Mi papá accedió y pagó el hotel por cuatro noches con la condición que yo me quedara sin salirme para desintoxicarme y descansar.

Como todas las veces, mi adicción fue mayor y no aguanté ni un par de horas; me salí del hotel durante toda la noche. Como no tenía dinero, les pedía a los huéspedes que entraban al hotel, estos se empezaron a quejar y el gerente llamó a mi papá. Entonces mi papá, sin platicar conmigo antes, decidió llamar a otro anexo y volverme a encerrar.

Vinieron por mí en un taxi, me agarraron entre cuatro tipos para llevarme a este nuevo lugar. Es una de las sensaciones más horribles que he experimentado en mi vida, ver cómo mi papá permitía que me llevaran. Yo sólo le gritaba: "Soy tu hijo, por favor no me hagas esto. Tú me prometiste que me ibas a dar cuatro días", pero creo que ya no me podía escuchar.

Este nuevo anexo se encontraba por la zona de Xochimilco. Estaba en peores condiciones que los otros dos en los que ya había estado. Dormía yo con doce hombres y hacíamos pipí en una cubeta, que no sacaban del cuarto hasta que estuviera llena. La comida estaba podrida, lo que yo les pueda platicar es indescriptible. Escribo estas experiencias para tratar de cambiar el concepto de los anexos en donde el ser humano pierde toda su dignidad. A los 15 días de estar aquí, mis papás pudieron venir a visitarme junto con mis hermanos Eduardo y Mauricio. Realmente al ver este lugar se horrorizaron y me sacaron inmediatamente.

Por supuesto, que yo saliendo de ahí prometí irme a una clínica en Idaho que trabajaba con algo nuevo que mi mamá había leído, terapias tipo cognitivo conductual, yo sabía que necesitaba ayuda pero no se lo decía a los demás. Les prometía a mis papás ir a donde ellos quisieran si me dejaban usar una última vez, ya había aprendido una nueva forma de manipulación con ellos. Mis papás y mis hermanos, en su desesperación accedieron a darme 1,000 pesos para ir a usar. Empaqué mi maleta para irme al día siguiente con mi papá y me fui a consumir.

"Cuando acompañé a mis papás a ver a Alex al anexo de la ciudad de México, traía una cara de odio y venganza terrible y nos dijo: ´ni se preocupen que cuando yo salga de aquí me voy a ir a consumir´. No lo podía creer, sentí frustración, enojo, incredulidad… Todas las consecuencias de la adicción de Alex me consternaban tanto… me dejaban sin palabras." Eduardo

"Otro de los momentos más difíciles eran cuando tratábamos de convencerlo de regresar a casa, o irse a una clínica, o al hospital. Alex estaba dominado por el poder de su enfermedad…, las recaídas eran brutales, sus reacciones en ocasiones eran violentas por su desesperación de que lo volviéramos a encerrar. Su estado físico era tan triste y desolado que sólo provocaba un sentimiento irreal de tristeza al verlo… ¿Qué hacer? Tratar de convencerlo de que dejara de usar, algunas veces lo lográbamos y regresaba a casa para volverse a salir después… Nos convencía con su extraordinaria capacidad de manipulación. Posiblemente tampoco nosotros tomábamos las decisiones correctas." Gerardo

Regresé al día siguiente, nos fuimos al aeropuerto y nos quedamos en un hotel para pasar ahí la noche ya que el vuelo salía al otro día muy temprano. Como había usado toda la noche anterior, mi cerebro estaba obsesionado por seguir consumiendo, por lo que no resistí y me escapé en el aeropuerto. Mi papá y Mauricio me esperaron unas horas en el cuarto y como no llegué, se regresaron a la casa.

"Mi papá y yo lo llevamos al aeropuerto, como ya no lo podíamos tener en casa para que no le entrara la chispita de salirse a consumir, nos fuimos desde las siete de la noche y nos quedamos en el cuarto de un hotel ahí mismo. Nos bajamos a cenar y de repente, Alex dice, ´voy al baño´, yo le dije, ´te acompaño´ y mientras yo me lavaba las manos, él salió corriendo. Así ya lo había hecho varias veces, en otras ocasiones. Mi papá y yo salimos corriendo por todo el boulevard aeropuerto pero él ya no estaba." Mauricio

Yo regresé unas horas después al cuarto del hotel sabiendo que ya estaba pagado y que ellos no estarían ahí. Al día siguiente, bajé a la administración y les inventé que mi papá había accedido y que cargaran dos noches más. Aun así estaba yo muy nervioso de que me fueran a encontrar y con la paranoia de la droga, preferí salirme del hotel e irme a Tepito donde la droga es más barata.

Para poder seguir consumiendo, les pedía dinero a los taxistas. Mi estrategia me había servido otras veces, les pedía que me prestaran para droga, ellos me llevaban a comprarla y me esperaban ahí, pues luego los llevaría a mi casa donde supuestamente les pagaría. Ahí era donde me les escapaba, creo que este fue uno de los momentos de más adrenalina, pero ya no me importaba y en una de esas, no tuve tanta suerte y uno me agarró. Me puso la pistola en la cabeza, y llegó la policía y les dijo que yo le había robado. La policía me llevó inmediatamente a la delegación Álvaro Obregón y de ahí les marqué a mis papás prometiéndoles que si me sacaban de esta, me iría tres días a desintoxicarme al Sanatorio Español. Eran las 4 am y mis papás fueron por mí, pero cuando ya iban a llegar les hablé y les dije que mejor los veía en la entrada del Sanatorio Español, que ya había yo arreglado todo. Tomé un taxi que me volvió a llevar a comprar droga y cuando llegué al hospital, mis papás lo pagaron pensando que era la tarifa del viaje, nuevamente logré salirme con la mía, o al menos era lo que yo creía. Esperamos a mi psiquiatra para que me internara. Yo iba muy tranquilo sabiendo que traía droga en mi maleta. Me dieron un cuarto provisional y dije que me quería bañar. Al encerrarme en el baño, mis papás se dieron cuenta que algo no estaba bien. Entró mi papá y me encontró a punto de prender mi pipa. Me quitaron todo y me quedé internado ahí tres días, esto me provocó mucho enojo conmigo mismo porque había accedido a internarme y nunca pensé que de ahí ya no había manera de salirme hasta que el médico me diera de alta.

Me venían a visitar todo el tiempo y el último día, cuando ya había accedido a irme a una clínica de largo internamiento en Dallas, el psiquiatra me dijo que en esta ocasión ya nadie me iba a llevar, que cuando yo verdaderamente estuviera listo para irme (esto lo decía en base a mi historial de escaparme o buscar la manera al último momento para no irme), tenía yo que ir al aeropuerto donde me dejarían mi pasaporte y mi boleto en el mostrador de la aerolínea; o si decidía no irme, tendría que buscar un lugar para vivir sólo en México. Decidí no irme a la clínica. Por indicaciones del psiquiatra, mis papás me pagaron un hotel de paso cuatro días, en lo que buscaba un departamento para vivir sólo y ver si así me podía hacer responsable de mi vida. Me dejaron en el hotel e inmediatamente bajé a la administración y les pedí de regreso el dinero pagado por las noches diciendo que sólo iba a pasar ahí la primera. Con ese dinero obviamente me fui a usar, sentía que ya no había marcha atrás. A la mañana siguiente, al no tener dinero, regresé a mi casa y les dije que ahora sí ya me iba a la clínica en Dallas.

Como era un programa de largo internamiento empaqué todas mis cosas y mi papá muy amablemente decidió llevarme hasta Dallas. Llegamos a la clínica, me interné, mi papá se regresó a México y dos días después pedí que me dejaran salir. En esta clínica, si no avisas de tu salida con tres días de anticipación, no te devuelven tus pertenencias, sino que las mandan de regreso a tu casa; obviamente era una estrategia terapéutica para convencernos de no abandonar el programa, cosa que a mí me daba igual porque yo en mi cabeza lo único que quería era salirme para volver a usar. No me importó que no me dieran mis cosas y lo único que me llevé fueron tres cartones de cigarros, lo que me ayudó a poder moverme y a comprar mi primera droga de nuevo. Decidí salirme y comencé a caminar, entonces pasó un camión que me llevó a Dallas directo a un barrio en donde pude encontrar droga muy fácilmente. Ahí la conseguí, pero era un lugar muy peligroso, unos tipos me apuntaron con una pistola y entre los cinco me golpearon. Traté de escaparme pero me lastimé la rodilla y acabé en un hospital. Me sentía sólo y con mucho dolor y entonces, marqué a la clínica pidiendo que me volvieran a admitir. Decidí entonces, salirme del hospital para ir a comprar droga antes de regresar y le dije al taxista con el que iba, que marcara a la clínica pidiendo un número de tarjeta de crédito para pagarle. En la clínica se negaron a pagarle al taxista porque él les dijo que me había llevado a comprar droga y entonces frenaron mi readmisión. Nuevamente estaba sólo y me sentía sin opciones, en la calle, sin comer y dormir, decidí irme a otro hospital a desintoxicarme. Ahí me quedé dos días y del hospital llamaron a México, pensé que me salvarían nuevamente pero mis papás sólo dijeron que por favor llamaran a la clínica. Los de la clínica pasaron por mí y como buen adicto que soy, traté de convencer a los de la camioneta para me llevaran una vez más a comprar droga. Ellos obviamente se negaron y me llevaron directo a la clínica. Llegué en muletas, con mucha hambre y solamente con ganas de dormir y descansar un rato, pero en la clínica no me permitieron dormir, me dijeron que tenía que empezar en ese momento a trabajar en mi recuperación, tomar responsabilidad y asumir las consecuencias. Eso no me pareció, me enojé mucho y decidí salirme para no regresar nunca a ese lugar. Me entregaron todas mis cosas y me fui directamente al barrio en donde antes había encontrado droga.

Lo que Alex está a punto de vivir en Dallas, representa una visita al infierno; un episodio que si se lo hubieran platicado años antes, cuando era un jovencito inteligente, lleno de vida y promesas por cumplir, lo hubiera considerado un escenario imposible. Sin embargo, en el camino de Alex se atravesó el Crack; esta sustancia que se adueñó de su alma, le cortó las alas y lo arrastró al fondo de un pozo del que parecía jamás poder escapar. La narración de esos meses en Dallas, también muestra otra perspectiva sobre la enfermedad de la adicción. Ofrece las claves esenciales para ver al adicto como víctima de obsesión que lo despoja de su capacidad de discernimiento y lo priva absolutamente de la libertad de elección; no existe pues, forma de vivir más que para consumir y después seguir consumiendo.

Fueron dos meses de pesadilla en las calles de Dallas. Pleasant Grove era el lugar perfecto para conseguir crack y seguir consumiendo, era uno de los barrios más peligrosos de la ciudad. Unos días dormía en un departamento abandonado, donde me dejaban quedarme. Otras veces, viví en el coche de Jesse, un hombre como de 60 años que era adicto como yo. Él me permitió vivir en su coche a cambio de que yo saliera a conseguir dinero para comprar crack. Me di cuenta que yo tenía una facilidad enorme para recolectar mucho dinero en pocas horas inventando historias y mintiéndole a la gente.

En las noches, Jesse y yo nos metíamos a los garajes de las casas y nos robábamos podadoras de pasto, herramienta y cualquier cosa que nos encontráramos. Un día nos paró la patrulla y le quitaron el coche a mi amigo. Como no teníamos dinero para irlo a sacar del corralón, yo me quedé literalmente sin un lugar donde dormir y sin mis cosas, porque todo lo que me quedaba estaba en la camioneta. Entonces decidí ir a una iglesia en la que me dieron una cobija y comencé, casi sin darme cuenta a partir de ese día a dormir detrás de un contenedor de basura, donde había un pequeño techo para protegerme de la lluvia. Estaba viviendo en la calle y no me importaba.

De ahí en adelante, mi vida se convirtió en una rutina. Todos los días me despertaba, pedía dinero en una gasolinera y en cuanto tenía suficiente caminaba horas para conseguir algo de droga. Regresaba a mi lugar, fumaba y volvía a repetir una y otra vez lo mismo durante todo el día. Durante este tiempo, no me comuniqué para nada con mis papás en México. Hasta después supe de su desesperación al no saber nada de mí.

Mail de Clarita para Alejandro, 11 de abril del 2011

Hola Alex:

Decidí escribirte de repente e-mails por si algún día los ves, para que sepas cuánto te quiero y cuanto te extraño; ha sido muy difícil para todos y me imagino que para ti también, pero esa fue tu decisión.

Siempre estás en mi pensamiento y en mi corazón. Todas las noches pido por ti, y le pido a Dios que te ilumine para que pronto puedas tener mejores decisiones, cuando esto suceda y verdaderamente quieras ayuda, háblanos o mándame un correo.

Cuídate mucho y que Dios te acompañe y te ilumine.

Te quiero

Tu Ma

"Pasamos mucho tiempo muertos de miedo y sin embargo, cada vez que él hablaba y pedía ayuda para regresar a México, yo le decía ´Alex, por qué no te regresas a la clínica que tu papá dejó ya pagada, ahí te van a apoyar'. Después de varias veces que hicimos contacto, no volví a saber nada de él durante un mes. Todos los días prendía yo la computadora buscando páginas de la ciudad de Dallas, donde pudiese yo averiguar, datos de los hospitales y cárceles para saber si mi hijo seguía vivo." Clarita

Llegó un momento en el que yo ya no tenía fuerzas para seguir con esta vida, no tenía zapatos, mis pies estaban llenos de ampollas y hongos, no tenía ropa limpia, no me había bañado en muchos días, comía diario sólo una hamburguesa de Mc Donald's que me regalaba la gerente del lugar, a cambio de lavarle su coche. También me permitía entrar al baño para lavarme los dientes y la cara. Perdí todo, pero mi cepillo de dientes, nunca. A veces, cuando miraba mi reflejo en el espejo, pensaba "ese de ahí no lo reconozco, sé que soy yo, pero ya no me encuentro en él."

Entre el agotamiento y la emoción que representaba para mí encontrarme con tanta gente buena que me trataba de ayudar, decidí que ya no quería seguir viviendo esta pesadilla. Había conocido durante esos meses a mucha gente compasiva que me ayudaba pensando que me estaban dando para comer.

No hay palabras para describir la experiencia que viví, traté de hablar varias veces a la clínica pero ya no me quisieron recibir. En ocasiones mucha gente buena me echó la mano, busqué diario trabajo y por mi aspecto o yo qué sé, nadie me pudo conseguir nada, no tenía nada.

Un día estaba pidiendo dinero como de costumbre en el semáforo del Mc. Donald's cuando se paró una señora en su camioneta que venía con su hija. Yo me acerqué para pedirles algo y la señora me negó la ayuda. Pero vi como la niñita le dijo a su mamá que me diera dinero. La verdad es que me movió mucho. No sé, era la inocencia de una niña y la manera cómo me miraba. Ese fue uno de los momentos quizás que me movió más. Me daban ganas de regresar a la realidad, me llegaba mucho ver la bondad de las personas que aunque me veían drogado me ayudaban, el contacto visual era muy fuerte. No lo tengo muy claro pero creo que comencé a pensar en lo que estaba haciendo con mi vida, además de la desesperación de encontrarme en las condiciones en las que estaba. Entre la gente buena que me ayudó, conocí a Armando, un mexicano que vivía en Dallas y trató de ayudarme llevándome a su casa a cenar, prestándome dinero para pasar una noche en un hotel y poder descansar en una cama limpia, bañarme, y lo más importante, me prestó su computadora para poder meterme a mi correo para contactar a mi familia y pedir ayuda. Contacté a mis papás para decirles que por favor me ayudaran a regresar a México, nadie se merece lo que estoy viviendo. Les dije que los extrañaba con todo mi corazón, que ojalá encontraran en su corazón las ganas de ayudarme para regresar a México. Los extrañaba yo tanto… Ellos mandaron a Mauricio para ver cómo estaba.

"Durante todo este tiempo Gerardo y yo nos mantuvimos en comunicación con Kevin McCauley; realmente valorábamos mucho su opinión, se nos hacía tan complicado dejarlo en la calle… pensaba todo el tiempo en Alex allá solo, sin comida, sin techo y sin un baño y al mismo tiempo sentíamos la impotencia de ya no poder hacer nada. La última vez que habíamos hablado con Kevin, nos dijo que estábamos haciendo lo correcto, era momento de soltarlo. Poco a poco nos habíamos ido quedando sin herramientas, era una sensación dolorosísima, era como jugarnos nuestra última carta, aun sabiendo que podía ser contraproducente; por un lado, la ilusión y la esperanza de que esta experiencia lo moviera de tal manera que decidiera pedir ayuda e irse a un tratamiento y por el otro lado, el terror de que podía terminar en la cárcel o muerto en las calles de Dallas." Clarita

"Las historias que nos contaron Alex y Mau sobre la experiencia de Dallas, no me dejan lugar a dudas que una fuerza espiritual, alguien de más arriba, siempre acompañaba a mi hijo." Gerardo

Mauricio, el hijo menor de la familia Sierra, emprende un viaje a Dallas en busca de su hermano; sus motivos y las condiciones en las que halló a Alex, las narra él mismo.

"Pasan algunas semanas desde que supe que Alex vivía en las calles de Dallas; yo en ese momento de mi vida estaba leyendo la Biblia, mucho material religioso y me encontré con un pasaje que hablaba de salvar a tu hermano, a tu prójimo; entonces dije: cómo yo voy a vivir toda mi vida sabiendo que tengo a un hermano desaparecido en la calles de Dallas. Yo no quiero vivir así, si mi mamá está desesperada sin saber nada de él ni dónde está, lo tengo que encontrar.

Le mandaba mensajes a través de Facebook y un día mi mamá me llamó y me dijo que Alex se había comunicado para pedir ayuda, había dejado un número telefónico de su amigo Armando para poder contactarlo. Le marqué, le dije que iba a ir y le dejé los datos del hotel donde me iba a quedar.

Alex llegó al hotel con su cuate mexicano, -el mismo que le había prestado su computadora, -todo un tipazo que después invité a cenar, como muestra de gratitud por haberle salvado la vida a mi hermano-. Fue el destino, porque buscarlo en Dallas hubiera sido imposible."

El relato de Mauricio continúa.

"Me encontré a Alex, como lo habíamos pensado, cansado, barbón, traía los pies desechos, sucio y oliendo muy mal. Lo primero que hizo fue bañarse y rasurarse; al día siguiente lo llevé a que le cortaran el pelo. Entonces ya limpio, con su corte de pelo y "rasuradito", me dijo, ´vamos al shopping´. Yo no lo podía creer, después de haber vivido en la calle, pidiendo dinero, drogado todo el día y durmiendo en el piso… Realmente me desconcertó mucho su actitud; me contó su experiencia como si se tratara de una novela de aventuras."

"En alguno de tantos libros que he leído sobre adicciones, recuerdo una frase que dice, -Todos los adictos cuentan sus experiencias como si fueran batallas de guerra.- La recuerdo ahora porque cuando volvió de Dallas era impactante escuchar sus historias mientras estábamos comiendo como si se trataran de simples aventuras. Nos provocaba un sentimiento de mucho enojo el pensar que la experiencia de vivir en la calle no había dejado en él un impacto profundo y sin embargo, hoy nos queda claro que a Alex le costaba mucho trabajo conectar con su dolor." Clarita

El encuentro de los hermanos fue muy emotivo y así lo expresa Alex en una primera carta que les envía por mail a sus papás.

29 de abril de 2011

Queridos padres:

Encontrarme con Mau fue una de las cosas más increíbles de los

últimos meses. Mau llegó con noticias un poco diferentes a las que yo pensaba, pero en resumen me dice que ustedes la verdad ya no están interesados en ayudarme, ni mucho menos en que regrese a México. Entiendo que por las experiencias vividas, a esto es a lo que ha llegado nuestra relación. Tratar de describirles lo que he vivido en los últimos dos meses, yo creo que sería poco menos que imposible, simplemente no hay palabras para describirlo. Sí, afortunadamente llevo más de 20 días sin consumir, no les puedo decir el tiempo exacto porque cuando vives en la calle la noción del tiempo se pierde un poco. En fin, logré lo que siempre había querido, encontrar dentro de mí la decisión de dejar el consumo a un lado y tratar de hacerme de una vida.

Ahora, es importante mencionar que la oportunidad para trabajar, para una persona que no tiene ni donde vivir, ni papeles en Estados Unidos ya no es tan fácil, menos para una persona como yo. Si fuera un mecánico o supiera de construcción, o de cosas más manuales, a lo mejor existiría una oportunidad, pero para alguien que no tiene ni idea del trabajo pesado, es casi poco menos que imposible. Estoy muy flaco, desnutrido, con dolor en el corazón (realmente me duele el corazón, cuando respiro y cuando estiro el brazo izquierdo).

En fin, la verdad yo sí quiero regresar a México, si no quieren que regrese con ustedes me parece perfecto, si no quieren ayudarme también me parece perfecto, pero la verdad no me quiero quedar como ustedes quieren, en un "homeless shelter" y salir a caminar en búsqueda de un trabajito aquí en Dallas. La verdad esto no es lo que quiero de mi vida.

He estado muy cerca de Dios el último mes, creo que él me ha protegido y me ha cuidado. Conocí a todos los policías de Dallas, conocí a tanta gente, tuve tantas experiencias (buenas y malas) y creo que ya es hora de regresar a mi país. No soy un "homeless", tengo familia, los quiero, los extraño y siento que a pesar del miedo que ustedes puedan tener de mi regreso, pues la verdad tarde o temprano tengo que regresar...

De hecho, un día antes de que me contestaran -(Armando, que me da tristeza que hayan pensado que consumía y que me daba dinero para consumir, pues él es simplemente un mexicano trabajador que le daba tristeza verme en la calle y me ayudaba de vez en cuando)- en fin, ya me iba a llevar a la estación de camiones y él me iba a pagar mi regreso hasta México.

No sé qué pedirles, no sé qué decirles; vuelvo a decir, lo que viví los últimos meses ha sido aterrador, el que no me contestaran el teléfono y el que me dejaran vivir en la calle me hizo ver que ustedes realmente ya tiraron la toalla conmigo (y bien merecido que lo tengo) pero pues aquí estoy, sobreviví, para bien o para mal, salí adelante y pues la verdad, quiero regresar a mi país...

No sé qué decirles, estoy cansado, estoy realmente triste.... y les digo lo que pienso con la esperanza de que entiendan que la vida aquí en Dallas, SOLO, SIN NADA, no es realmente vida. Y que a pesar de que yo soy el que ha perdido innumerables oportunidades y me tengo que hacer responsable de todo lo que he perdido, siento que ustedes no nos educaron, ni nos prepararon para terminar solos en un "homeless shelter"...

En fin, no quiero darle muchas vueltas, no quiero molestarlos, quiero que sepan que de una manera u otra me volví un sobreviviente y ahora quiero la oportunidad de sobrevivir en mi país, cerca de mi familia.... si me quieren ayudar con lo básico... se los agradecería y me harían mi salida de esta pesadilla un poco más fácil...

Al rato hablaremos por teléfono y continuaremos con esta conversación...

Sin más por el momento,

Alex

Carta de Clarita para Alex, 29 de abril del 2011

Hola Alex:

Primero que nada no es que no te queríamos contestar, estábamos en Ixtapa, desafortunadamente no se te ocurrió que por ser semana santa estábamos ahí. Me imagino que lo que estás viviendo debe ser muy duro pero sin querer ser dura ni hiriente, fue lo que tú escogiste vivir, llevabas mucho tiempo pidiendo que te dejáramos solo, que querías salir por ti mismo, desafortunadamente no te escuchamos antes por el afán de querer rescatarte una y otra vez, pero muy claro no los dijiste: "si yo no quiero, nadie puede hacer nada". La verdad con todo y el dolor que estamos viviendo entendemos que es lo mejor para ti, el lograr empoderarte, saber que tú puedes salir adelante, ya eres un hombre tienes 27 años y estás en tu derecho de vivir tu vida como tú la deseas al igual que tu comprenderás que nosotros tampoco podemos seguir viviendo la experiencia de tu adicción.

Yo tengo la seguridad que el día que verdaderamente te canse la vida de destrucción y de consumo, vas a pedir ayuda de verdad, vas a hacer lo necesario para salir. Hay como tú dices gente muy buena dispuesta a ayudarte, sólo que tú lo tienes que desear con el corazón. La verdad no sé si hablaste a la clínica o no, ellos dicen que después de irte con tu ropa no volviste a llamar o a lo mejor sí lo hiciste pero te pasó como el cuento de Pedro y el lobo: ya nadie te creyó.

Yo ya te di varios lugares de gente buena que quiere ayudarte de verdad sólo es que tú quieras. También ya te hemos dado la posibilidad de regresar a un tratamiento dentro de una clínica que es realmente lo que necesitas. Confía verdaderamente en el poder de Dios y de tu mente y estoy segura que lo vas a lograr. De que no tienes nada, sí es verdad, durante años le has dado el poder al crack sobre todas tus cosas materiales y emocionales, lamentablemente le has entregado tu vida.

De verdad qué triste, pero estoy muy segura que si te lo propones, vas a salir adelante. En nuestro corazón siempre estás, al igual que tú, nosotros también te amamos y te extrañamos, pero Alex algo tiene que cambiar, no podemos seguir como estamos no creo que sea justo ni para ti ni para nosotros.

Tu Ma

La narración de Mauricio prosigue:

"Después hicimos un recorrido por los lugares donde había estado. Conocí la iglesia en donde se quedaba bajo un techito, me llevó a un Mc Donald's y ahí me presentó a la señora que le daba una hamburguesa por lavarle el coche. Caminamos de ahí a la casa del "dealer" para conocer la ruta que recorría a diario. En la actualidad, veo a un "homeless" y lo ayudo, porque a partir de esa experiencia, veo a mi hermano Alex viviendo así en Dallas.

Desde México había yo planeado junto con mis papás una estrategia para mantenerlo limpio unas semanas antes de llevarlo de vuelta a la casa. Llevaba libros inspiradores, la Biblia y una rutina ideada para hacerlo aterrizar. El plan consistía en mantenerlo en el cuarto del hotel para leer juntos algo de los libros que llevaba y después hacer algo de labor social. Le dije, ´mira Alex, la cosa va estar así, vamos a ir a juntas diario, vamos a tratar de hacer servicio social y nos vamos a acostar temprano´."

Carta de Gerardo para Alex

Hola Alex:

Estoy convencido de que tienes algo importante para hacer en tu vida, pero has desperdiciado las oportunidades con tus relaciones y con tus actitudes que no te han ayudado para tu crecimiento personal, sino que por el contrario, te han llevado a seguir abusando de nosotros y de alguien de más arriba que continuamente te protege.

Nuestra impotencia es increíble y la frustración de pensar que por más que procuramos que salgas adelante, vuelves a recaer en forma continua. Nos da una tristeza que no creo logres entender. Sé que la droga que consumes es aterradoramente violenta y así lo hemos vivido estos últimos años. Ya no queremos más vaivenes y estoy seguro que encontraremos una solución que pueda ser la definitiva, contigo o sin ti. Tú la tomarás o la dejarás, está en tus manos decidir tu destino. Tienes una nueva oportunidad y le pido a Dios te deje recapacitar y en tu meditación encuentres la fuerza para regresar a tu casa.

Ya sabes y no quiero repetir las consecuencias que has tenido, porque quiero dejarte con este email sólo ideas positivas de lo que puedes, si tú quieres, lograr en esta vida. Felicidad y paz interior, todo lo demás viene por añadidura.

Tu Pa

Recuerda Mauricio.

"Poco a poco le empezó a caer el veinte y juntos buscamos un grupo donde había juntas todos los días; también encontramos un lugar donde vivían puros hombres de entre treinta y cincuenta años, todos adictos rehabilitados que se dedicaban a trabajar en una casita.

Al día siguiente, les llevamos comida y nos pusimos a trabajar con ellos todo el día. A la mañana siguiente regresamos y Alex me dijo que ya no quería estar ahí, que la situación le incomodaba.

Yo no lo quería obligar, pero entonces se me ocurrió que podríamos ir al súper y comprar comida para repartirla entre la gente necesitada. Mi intención era que él hiciera algo de conciencia para que realmente se percatara de dónde había estado y la gravedad de la situación por la que había pasado. Sin embargo, creo que él no podía verlo con claridad.

A las juntas a las que asistimos la verdad es que lejos de únicamente escuchar las historias de la gente, todos se motivaban y decían cosas muy bonitas y sinceras, con el plan de ayudar a los demás, lo malo es que Alex no era muy receptivo y me dejó claro que a él las juntas no le ayudaban en nada, siempre lo ha dicho y la verdad está difícil que cambie de parecer. Le dije que tratara a partir de ese momento, de hacer algo diferente a las otras ocasiones, ya que lo que había hecho hasta entonces, lo había llevado a recaer por no tener las bases ni algo de dónde sostenerse.

Por el lado espiritual, la verdad es que era muy difícil llegarle, como dice la Biblia "El que tenga oídos que oiga" y la verdad creo que Alex es muy cerrado en ese sentido, él me decía que tenía su propia espiritualidad que a él le había funcionado. Fuimos a comer una pizza y después lo llevé a otra junta, pero cada vez que se lo proponía me decía que quería ir solo porque no le queda de otra y la realidad es iba muy entusiasmado.

Les decía yo a mis papás, en los mails que les enviaba cómo sentía, que se me estaban acabando las opciones, - incluso les pedía nuevas ideas-, lo que sí es un hecho es que nunca se me acabaron mis ganas, ni mi esperanza de que Alex fuera un poco más propositivo en cuanto a su recuperación, pero no sé si en ese momento los planes futuros fueran lo que Alex necesitaba.

En varias ocasiones platicamos que "debe de haber una transición entre la situación en la que se encontraba de "vivir en la calle" a regresar a una vida de comodidades", sin embargo creo que no me daba ningún resultado".

Los adictos al crack viven con tanta desesperanza, verdaderamente tan devaluados, que la evasión se convierte en su mecanismo perfecto de defensa para no seguir sintiendo tanto dolor.

"A mí me sirvió mucho esta experiencia y estoy seguro que a él también. Aunque después nunca me dijo nada, nunca me dijo ´gracias por venir a rescatarme, qué bueno que llegaste´; pero creo que no había forma de que se sintiera de otro modo. Quizá Alex sí tocó fondo, pero creo que a esas alturas, su enfermedad estaba muy avanzada y eso le impedía ver a cabalidad la crudeza de la experiencia que acababa de vivir. Los enfermos así, ni cuenta se dan de dónde están… Es chistoso pero parecería que los "homeless" viven muy libres, muy en paz." Mauricio

Después de ser rescatado por su hermano de la condición de calle, Alex está nuevamente dispuesto a corregir su rumbo y a iniciar, una vez más, el proceso de reconstrucción de su persona.

Yo hubiera podido seguir sobreviviendo en la calle, a todo se acostumbra uno. En absoluto llamé a mis papás o los busqué porque estaba saturado de las drogas, tampoco les llamé porque no me quedó de otra, o porque quería que me rescataran. Los busqué y los llamé desde el día que llegué a Dallas porque igual que siempre, los quiero y porque son y siempre serán mi familia, para bien o para mal los adoro y pase lo que pase en mi vida, haga lo que haga, siempre los voy a buscar y nunca me olvidaré de ellos.

Para variar, estaba yo en un momento muy similar a muchos otros, donde "dejo de consumir, digo que voy a cambiar, pido ayuda, quiero salir y pasa el tiempo y vuelvo a lo mismo. Entonces por supuesto que entiendo los miedos y dudas de mis papás y mis hermanos. No sabía si esta vez sería diferente a todas las demás, ya que sólo el tiempo y mis actitudes lo determinarían, pero lo que sí sabía, es que mi vida en la calle era mucho más fácil cuando consumía que cuando dejé de hacerlo. Lo único que me gustaría es que mi familia reconociera que yo pude salir solo sin la ayuda de nadie.

Estaba feliz de haberme reencontrado con mi hermano, estaba triste todavía de sentir la distancia que existía entre mis papás y yo. Sí, distancia que yo había creado, pero que al final del día DOLÍA de igual manera.

No sabía cuáles eran los planes de mis papás, no sabía si iban a apoyarme, o hasta dónde querían involucrarse, pero yo me comprometí a salir adelante y echarle ganas cualquiera que fuera su decisión, ya que lo que había vivido en la calle había sido una de las experiencias más difíciles de mi adicción, una pesadilla más en mi vida, puede ser que sea la peor de todas. Estaba cansado, desnutrido, enfermo en muchas áreas, triste y con mucha desesperación. En ese momento de mi vida, cualquier pequeñez o acto de compasión, me llenaba el corazón de felicidad y de ilusión.

Gerardo y Clarita deciden apoyar a su hijo y recibirlo de vuelta en México. La primera condición que le pusieron, fue que consiguiera un trabajo inmediatamente de manera que tuviera los medios para poder vivir con dignidad y empezara a forjarse un futuro a partir de su propio esfuerzo. Llega en los primeros días de mayo a su país donde en efecto encuentra trabajo e inicia la recuperación del vínculo con su madre y con el resto de la familia.

Carta de Alex para Clarita

Clarita, Clarita la más bonita...

Oyes, pues la verdad llevaba como dos o tres días pensando qué te quería decir en tu carta de Día de las Madres y la terminé escribiendo a las 2:33 am. Nos hemos escrito tantas cartas con cosas bonitas, llenas de optimismo y de consejos e ilusiones...y yo creo que todas nos hacen en su momento sentir bien y queridos... que después el seguimiento, en mi caso no sea al pie de la letra, o más bien sea nulo, no quiere decir que las palabras escritas en su momento no fueran de corazón y con mucho amor.

¡Qué últimos meses!!!! Yo creo que las historias ni nada van a poder describir lo vivido... PERO, lo más importante en este caso, es que no hay manera de que yo pueda imaginarme lo que tú Má has de haber vivido!!! Yo creo que el sistema no está diseñado para que un hijo haga sufrir a una mamá de la manera en que mis decisiones o acciones te han hecho sufrir a ti. Por eso y muchas otras cosas más, estaré siempre en deuda contigo. Siempre cuestionaré el por qué la vida nos dio a recorrer este camino...porque a pesar que se pueda

decir que fui yo el que lo escogió, siento que es por algún plan más grande el que haya sucedido todo lo que hasta hoy ha sucedido.

Te puedo confesar que más que haber sentido la frialdad y la mala vibra de usar a la gente para conseguir dinero, lo que me inclinó a dejar de usar... fue la necesidad de tener a mi mamá a mi lado... No fue la calle, no fue la soledad, no fue el hambre, no fue lo incómodo, no fueron las golpizas, no fue la pistola, ni el olor del bote de basura... fue el saber que estaba día a día, alejándome más de mi familia... de las personas que les he dicho varias veces que ¡SON LO QUE MÁS QUIERO!!!

Ma, uno de los dolores más grandes que mi enfermedad me ha causado es el llevar contigo la relación que llevamos hoy... no se siente natural (sí me lo he ganado a pulso) al final es lo mismo, extraño a mi mamá... quiero volver a ser un hijo para ti. (Espero entiendas a lo que me refiero).

Gracias por poner a todas las religiones unidas bajo el mismo mando para cuidarme... pero más que todos esos seres supremos, estoy seguro que no había nada más fuerte que el amor de una mamá, el que me cuidaba... el amor de una mamá como TÚ... gracias por estar ahí siempre para mí. Y seguro a las 3:38 de todos los días, al igual que tú lo hacías, estaba pensando en lo mucho que te extrañaba.

¡Happy Mother´s Day!!!!!

I LOVE YOU

"Una lección importante es siempre estar al lado de un hijo enfermo, apoyarlo, entenderlo, reconocer sus esfuerzos día a día; tratar de encontrar una solución para ver si en uno de esos intentos, encuentra la salida. Nunca dejar de tener fe, nunca dejar de ser optimista." Gerardo

Una de las condiciones que me pidieron mis papás a través de una carta, fue la de conseguir trabajo inmediatamente. Sé que la experiencia vivida en estos meses me hizo valorar las cosas más básicas. El contar con una regadera, tener papel de baño o una comida caliente. Mis papás, me dieron lo necesario para empezar. Era muy importante para mí que mis papás supieran que me interesaba cambiar, estar en México y con mi familia, en donde pertenezco. Creo que al final, todos queríamos poder dejar atrás la pesadilla de Dallas.

Y así fue, mostrando una increíble fuerza de voluntad, Alex con energías renovadas da inicio a un periodo de abstinencia que inyecta de esperanza a él y a toda su familia.

Como ya mencioné, regresé a México con mucha gratitud a la vida que me estaba dando esta nueva oportunidad, gratitud también hacia mis papás y hermanos. Por otro lado, mi primo Juan Carlos me ayudó a conseguir trabajo dentro de una productora de cine. Era muy tedioso pues requería de mucha precisión y la verdad es que fue una prueba de fuego, pues por lo inquieto que soy, me costaba mucho mantener la concentración. Era cansado pero estaba muy feliz de estar haciendo algo productivo, además que me gustaba lo que hacía y me llevaba muy bien con mi jefe que me decía que estaba haciendo un buen trabajo. Al mismo tiempo, un amigo me invitó a llevar las relaciones públicas en una discoteca. Mi chamba era llevar gente a que conocieran el lugar. Todos pensaron que estaba yo loco de meterme a ese ambiente, pero yo me sentía muy seguro en mi recuperación. Me sentía muy tranquilo al salir en las noches y me divertía mucho sin tomar. Daban las cuatro de la mañana y estaban todos realmente borrachos y yo daba gracias a Dios de que no me veía así. Podía platicar con las niñas y recibía una respuesta muy positiva cuando me veían sobrio y coherente y no ahogado tratando de ligármelas. Despertaba al día siguiente sin la sensación de tener que hablarle a un amigo para saber qué había yo hecho la noche anterior.

Más o menos un mes después, mi hermano Mauricio y mi primo Rodrigo organizaron una fiesta en su casa a la que otro primo llevó a las amigas de su novia. Ahí conocí a una niña que me encantó, tenía unos ojos preciosos. Me salí de la fiesta pero cuando iba de camino con mis amigos, pensé, -qué estoy haciendo si donde realmente quiero estar ahora es en casa de Mau con esa güerita-, así que me regresé. Estuve con ella toda la noche y le platiqué un poco de mi adicción. Salí con ella tres veces más y la verdad estaba muy feliz con esta nueva relación. Era una niña muy diferente a todas las que había yo conocido. Decidimos irnos a Ixtapa a pasar un fin de semana junto con mi primo y su novia. Pasé los mejores tres días que desde hacía mucho tiempo no pasaba, risas y diversión sana.

"Estuvo muy chistoso porque cuando llegó Alex, me volteé con mi amiga y le dije: -mira qué guapo está ese niño-. Y ella me contestó, -pues es Alex, el que te quería presentar.- Él únicamente nos saludó a todas y se salió. Regresó y nos fuimos a un antro varios amigos, yo estuve toda la noche platicando con él. Se abrió luego, luego, me encantó que desde un inicio fuera tan transparente. Justo acababa de dar una plática para adolescentes junto con su mamá invitado por una la Asociación "Convivencia sin violencia" y me platicó sobre lo que esa plática le había ayudado. Él me llevó a mi casa y me pidió mi número de teléfono, yo llegué muy contenta. Era una persona encantadora y divertida, me hacía reír mucho. Quizás fue por su intensidad, pero de inmediato, empezó a planear un viaje, a mí me daba risa... La siguiente semana nos vimos diario, pasó otra semana más y nos fuimos a Ixtapa.

En el viaje, me llamaba la atención cómo disfrutaba todo con tanta intensidad, en ese momento me parecían muy exageradas sus demostraciones de felicidad, pero él valoraba y disfrutaba todo mucho más. -¡Estoy feliz, estoy feliz!-, me repetía. Después ubiqué que era porque Alex estaba renaciendo después de haber vivido en la calle, habían pasado dos meses de su llegada de Dallas. El sábado me pidió que me quedara para conocer a su amigo José que iba a llegar de trabajo. Hasta el final me di cuenta que para él era muy importante. Ese mismo sábado estuvo increíble pues prendió velas por todo el departamento y puso una canción, -nuestra canción-, "I Will Always Love You". La pasamos muy bien ese día, fue divertido y romántico, era muy apasionado, me gustó mucho su energía." Marimar

Un mes después de la llegada de Dallas, me había llamado uno de los dueños de la Valentina diciéndome que había comprado todo el lugar y quería unos socios para remodelarla, lo platiqué con mis papás y ellos saltaron diciéndome que cómo me iba a meter en un negocio de una discoteca en la que yo había iniciado mi consumo de alcohol y droga. Por mi experiencia en Dallas, en esa época estaba limpio y sobrio así que poco a poco seguí platicando con ellos y los convencí de que "antros" iba a haber siempre, que por qué no remodelábamos éste y lo hacíamos un lugar seguro para los jóvenes donde siempre estuvieran bien vigilados e incluso con un servicio seguro para traerlos y llevarlos a su casa. Para esta chamba pensé en un muy buen amigo, mi amigo de toda la vida Jose que era arquitecto y se dedicaba a construir y remodelar restaurantes. Muy entusiasmado le hablé para platicarle del proyecto y le dije que lo quería invitar el fin de semana a Ixtapa con su novia. Él me dijo que me alcanzaba el domingo solo, porque su novia tenía otros planes, para ver qué se podía hacer con el proyecto.

"Cuando Alex nos contó esta idea, me pareció de lo más descabellado, una fantasía en su cabeza y una vez más, esta falta de conciencia de entender que ése ya no debía ser su mundo. Gerardo le dijo que porqué no iba con José a ver el lugar para ver qué se le ocurría. A mi marido le gustó la idea de hacer un lugar en donde pudieran ir papás a cenar y al mismo tiempo un espacio para los jóvenes, es decir un proyecto más seguro". Clarita

Como lo habíamos planeado, el domingo en la noche llegó el momento de ir a dejar a Marimar y a mis primos al aeropuerto y recoger mi amigo. Ahí los presenté. Le dije, -mira José, ella es la niña con la que me voy a casar-. Nos regresamos al departamento y nos pusimos a ver el futbol. Estaba tan emocionante el partido que decidimos ir a ver el segundo tiempo al Señor Frogs. Al llegar mi amigo me dijo —Papirrín, ¿qué no me vas a organizar mi despedida de soltero?- Él se casaba en tres meses, así que me pareció una gran idea y nos fuimos a un "Table" de Zihuatanejo. Ese fin de semana ya nos habían aconsejado que no fuéramos a Zihuatanejo porque la cosa estaba fea entre los "zetas" y algún otro grupo de narcos pero yo no hice caso. Al llegar, el lugar estaba vacío y nos dijeron que todo comenzaba después de las doce de la noche. Nos dio flojera quedarnos y nos salimos para ir por una pizza. Cuando estábamos ahí quisimos regresar nuevamente al "Table" y una vez más tomando malas decisiones nos fuimos a la "despedida de solteros". Cuando llegamos ya había mucha gente, trajeron a unas niñas y estúpidamente preguntamos cuánto costaba llevárnoslas a bailar a otro lado. El lugar ya no se veía igual, unos tipos en la barra no dejaban de vernos y comencé a sentir muy mala vibra, sin embargo, no les dimos importancia. Pagamos lo que nos pidieron y nos fuimos acompañados.

Al llegar a Ixtapa, me di cuenta que alguien nos venía siguiendo. De pronto, nos interceptó un coche cerrándonos el paso de frente y cuando trato de meter reversa le pego a otro coche que ya se había puesto atrás. En ese momento se bajaron unos tipos con armas de

diferentes calibres apuntando hacia nosotros. Al no saber su intención, mi primera reacción fue darme a la fuga, José me grita que le meta y yo instintivamente me subo al camellón, para tratar de escapar hacia el otro lado y entonces fue cuando comenzaron a disparar. Miles de pensamientos pasaron por mi cabeza, -nos quieren secuestrar, nos quieren robar, yo me veía descuartizado y enterrado en un monte-. Me sentía como en una película de horror, nos moríamos de miedo, no entendíamos ni qué estaba pasando. Hoy que lo pienso, no sé ni cómo llegué al primer hotel que vi y me bajé del coche gritándole a mi amigo: - bájate porque nos van a matar-, pero él ya nunca me contestó. Cuando yo me voltee a ver, me di cuenta que sangraba como coladera. En ese momento pedí ayuda y me desmayé en los brazos de un americano. Luego me dijeron que unos turistas me ayudaron y me metieron a la recepción del hotel y desde ahí llamaron a una ambulancia. Desperté ya en la ambulancia rumbo al hospital general de Zihuatanejo desesperado gritando, ¿dónde está José? ¿Dónde está la persona que venía conmigo? ¿Dónde está mi amigo? Nunca más lo volví a ver.

Alex fue baleado cinco veces con diferentes calibres y en distintas partes del cuerpo, y su querido amigo falleció inmediatamente de un balazo en el estómago. Después de esta experiencia, fue tal el dolor de haber perdido a su mejor amigo, que Alex dejó interrumpidas las páginas que estaba escribiendo. Incluso le era difícil hablar con su familia sobre esa experiencia.

Eduardo y Alex 1985   Disneylandia Mauricio y Alex
                                          1987

Domingo en familia 1987

Navidad 1987   Hermanos

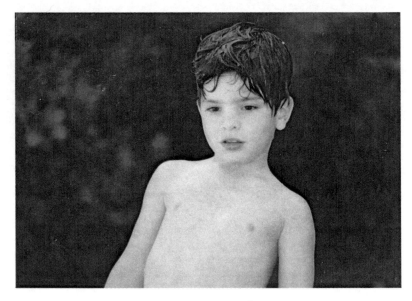

Alex Cuernavaca

Clarita y Alex Mundial 1994   Un día de Golf

Alejandro y Gerardo

Graduación Secundaria   Mundial 2006

Crucero al Báltico

Boda Religiosa Eduardo 2008   San Diego 2009

Boda Civil Eduardo 2008

Alex con Mickey   Cumpleaños Clarita 2012

Alex Y Mauricio

Golf   Vidalta "2013

Marimar Y Alex

Último Cumpleaños Julio 11, 2013

Despedida Ixtapa 22 de Febrero 2014

CAPITULO VIII.-

ESTOY EN EL MOMENTO
MÁS FELIZ DE MI VIDA. MARIMAR

"Alex tenía un corazón enorme. Me hubiera encantado tener su generosidad. Desearía que más personas pudieran tener esta cualidad. Nuestro mundo sería un mejor lugar."

Marimar Planas

"La tierra nos enseña que a veces pensamos que todo ya está muerto y sin embargo, con muchos cuidados y amor, todo renace."

Pablo Neruda

"Fue aterrador, me desperté el lunes para ir a trabajar y vi el mensaje de Alex y varias llamadas perdidas. Me decía, -estoy en el hospital, nos interceptaron unos narcos y nos balacearon, José está muerto-. Después de eso, no había más mensajes, me quedé helada. La balacera fue el 11 de julio, justo el día de su cumpleaños". Marimar

"En su momento y conforme fueron pasando los días, Alex iba poco a poco sacando sus sentimientos, alrededor de esta tragedia. Trató mucho tiempo de salir de ese estado de shock en el que se encontraba, no podía creer lo que les había sucedido, se preguntaba todos los días porqué José y no él. Trató de estar cerca y en contacto con la familia de su amigo, pero para ellos era muy difícil revivir el momento. Alex comentó lo que le dolía este silencio, quería estar cerca de ellos para así sentirse cerca de su amigo, pero entendía el dolor de sus papás." Clarita

Carta de Alex para sus papás, año nuevo 2011-2012

Está claro que este año ha sido complicado, lleno de momentos inesperados, con experiencias casi irreales... Vivimos los últimos años llenos de dificultades, ha sido sin duda difícil para todos. Las razones por las cuales todo sucedió, a lo mejor serán más fáciles de comprender después de un tiempo. Pero por el momento el aprendizaje ha sido vasto, las lecciones fuertes y claras. Y una de las más fáciles de ver, ha sido que lo más importante que tenemos es la familia. Hoy en misa, el padre nos invitó a agradecerle a Dios por las veces que en la oscuridad nos puso la luz al final del camino. Si bien mi enfermedad, fue de mucha oscuridad, para mí no hay ni la menor duda que esa luz siempre han sido ustedes. Lo sucedido en mi cumpleaños fue aterrador, pero yo creo que fue, ahora sí como lo hemos buscando durante mucho tiempo, el final de un capítulo de miedo. Para mí fue una experiencia que nunca olvidaré y que marcó el día en que mi vida tendría que cambiar.

Sí, hay muchas cosas que corregir, seguir madurando y creciendo, claro está que el camino sigue siendo largo, pero gracias a Dios, ya será un camino en el que estaré totalmente presente. De todo corazón les agradezco la paciencia y el gran amor que tuvieron durante tanto tiempo. Les agradezco todo lo que me han dado, emocional y material. Y quiero que sepan que de alguna manera, siempre trataré de darles de regreso parte de lo mucho que he recibido de ustedes. Fue un buen final, el 2011 y estoy seguro, es un preámbulo a un gran 2012. Estará lleno de salud, amor, amistad y éxito para ustedes. Pero siempre el éxito más grande de todos, es ser parte de la gran familia que ustedes con mucho amor han formado.

Los quiere,

Alex

Como ya mencionamos, Alejandro dejó de escribir. A partir de aquí, su familia con el apoyo de Marimar su novia y de las personas cercanas a él en esta etapa de su vida, continuaron la narración como reconocimiento a la relevancia que Alejandro le daba a este proyecto y por el interés que él tenía en el legado que podía significar para otras personas. Así que con el apoyo de correos electrónicos, de sus cartas y las propias vivencias, escribieron los últimos capítulos.

Nuevos horizontes están por presentarse ante sus ojos, alejado de la sustancia y al lado de alguien a quién querer. Después de estar en el lado más oscuro de su adicción, la vida sobria en México parece darle la bienvenida a una etapa luminosa de su existencia.

"Todos los días fui al hospital a visitarlo, le pedí a una amiga que me acompañara y ahí fue cuando conocí a sus papás. Me hizo sentir muy especial en cuanto lo volví a ver. Ahí estuvo como una semana. Todo se volvió complicado pues mucha gente intervenía. Mails iban y venían de personas que me sugerían que me alejara de esa situación. Mis papás, mis amigas, todos presionaban y pedían explicaciones. Los que hablaban, realmente no lo conocían, eran puros chismes. Yo sentía que tenía que estar ahí para él y estaba convencida en darle la oportunidad a la relación y dejar a un lado todos esos chismes. Me sentía sola contra el mundo. El conflicto hizo que a través de nuestras pláticas, la relación en general creciera mucho más rápido, porque profundizamos en nuestros sentimientos. Definitivamente nuestra relación estaba comenzando de manera muy intensa". Marimar

"Como parte de su recuperación y del estado de shock en el que estaba Alex, nos recomendaron sacarlo un tiempo de México, una amiga nos prestó un departamento en Colorado y nos fuimos con él, Mauricio, Gerardo y yo. Fue un mes de mucha recuperación, tanto para Alex como para el resto de la familia. Pasamos un mes todos juntos, además llegó mi hermana con sus nietas y su nuera y así Alex pudo disfrutar de las niñas y pasó con ellas momentos de mucha felicidad. Aunado a esto, Eduardo nos dijo que estábamos esperando a nuestra primera nieta y entre tanto dolor fue una noticia de esperanza y amor. Alex se iba recuperando día a día, pero yo seguía con angustia e inquietud en mi corazón, porque mi hijo no podía expresar el dolor de la muerte de su amigo, la balacera, ni el trauma tan espantoso que había vivido. Muchos meses después, Alex alcanzó a decirme que esa había sido una de las experiencias más difíciles de su vida. Había sido tan devastadora, que ni siquiera podía hablar al respecto: ¿Sabes Má?, -lo sucedido con José fue una experiencia que nunca olvidaré y que marcó el día en que mi vida tendría que cambiar, he tenido que vivir y tendré que vivir con esto siempre-." Clarita

Durante su estancia en el hospital Rodrigo, su anterior jefe, lo fue a visitar y le ofreció su trabajo anterior. La experiencia tan dura que había tenido lo hizo cerrar círculos con muchas personas y le permitió comenzar a vivir de nuevo.

"Aun con toda la tragedia, estábamos viviendo tiempos de calma y uno de los mejores momentos de los últimos años de Alex. Después de ese mes y como Rodrigo ya le había ofrecido trabajo, Alex comenzó con ese nuevo proyecto, lo que le causó una gran felicidad. El pago por su trabajo en Vidalta le abrió el camino a la independencia económica, además le regresó la confianza en sí mismo el saber que podía hacer las cosas y que era muy bueno haciéndolas". Clarita

"Alex siempre nos trajo alegría y movimiento a la oficina. Era muy divertido trabajar con él, aunque a veces, su hiperactividad me ponía nervioso. Siempre vivía en otro ritmo, tenía diez mil ideas por segundo, y aunque varias de ellas fueron inviables o no rindieron frutos, hubo dos o tres que mantenemos a la fecha. Su ímpetu por trabajar en equipo, y llevar una relación cordial y de justicia con todos, nos llevó a implementar un bono por venta, para cada miembro del equipo. Aunque si por él hubiera sido, todas las ganancias se hubieran repartido entre todos, esto me permitió mantener cohesionado a mi equipo de ventas y bajar la alta rotación de gente que había tenido hasta el momento. Creo que Alex me dejó mucho aprendizaje, algunas veces por las buenas y otras a causa de discusiones arduas y profundas. No se quedaba callado cuando algo no le parecía y defendía a capa y espada sus puntos de vista." Rodrigo

A partir de aquí, Marimar narra los sucesos que vivió con Alejandro y cómo fue evolucionando su relación.

"Después del accidente, fue un periodo muy complicado que se hizo aún más intenso al salir la noticia en los medios, yo obviamente quería que mis papás y amigas conocieran a Alex sin juzgarlo, pero al salir la nota en la televisión, todos se preocuparon mucho.

Luego se atravesaron las vacaciones y ellos aprovecharon para irse de viaje. Todas las noches me marcaba por teléfono. Regresando de Colorado comenzamos a andar, era el 10 de agosto del 2011. Regresó con muchos regalos con los que me hizo sentir muy consentida. Me transmitía un sentimiento de paz y tranquilidad absoluta y eso me movía mucho pues nunca me había sentido así con alguien. Cuando estábamos sentados viendo una película, se daba entre nosotros, un sentimiento de conexión absoluta, era muy fuerte, impresionante; era algo que yo no quería perder. En una de las tantas cartas que me escribía, me encantó un comentario que me hizo: "¿Sabes Mar?, contigo tengo la sensación de que estoy con la persona que siempre debería de haber estado".

Un día fui a comer a su casa con sus papás y ellos pacientemente comenzaron a explicarme un poco más sobre la enfermedad y la historia de Alex. Al inicio yo no sabía cómo tratar a Alex, es decir, no sabía qué cosas tenía que cuidar, quizás por el mismo tabú entorno a la enfermedad. Clarita me recomendó que lleváramos una relación lo más normal del mundo, creo que toda la comida hablamos abiertamente sobre el tema de la adicción. Obviamente me daba nervio todo el asunto, así que me metí a investigar sobre las adicciones y el crack porque sus papás me explicaron que ésta era una droga "diferente". Ahora que lo veo hacia atrás, la realidad es que nada te prepara, es bueno estar informado y sirve para saber un poco más en qué te estás metiendo y los riesgos que hay, pero la realidad es que vivir una recaída es terrible, el desgaste emocional es fuertísimo…

Mis papás seguían muy preocupados y aunque llevábamos tan sólo tres semanas, los papás de Alex decidieron invitarlos a su casa para que se conocieran; fue una cena muy formal, creo que todos estábamos nerviosos. Gerardo y Clarita se abrieron con mis papás y les explicaron sobre las adicciones y sobre el aspecto clínico de la enfermedad. Mis papás estaban muy interesados en saber qué había pasado realmente pues habían salido muchas noticias contradictorias y no entendían la relación del accidente con la adicción de Alex. Se quedaron un poco más tranquilos por el hecho de haber conocido a la familia y por la explicación que tan abiertamente les dieron. Después de eso, mis papás me enviaron unos mails dándome su punto de vista, incluso mi papá me platicó la historia de un familiar que tenía una adicción".

Carta de Alex para Marimar, 4 de octubre de 2011

Mar:

¡Creo que son muchas cosas las que ya he vivido! ¡Muchas experiencias que quizás otras personas nunca van a vivir! Todas éstas me han ido moldeando y me han ido convirtiendo en la persona que hoy soy.

Te puedo decir que a pesar de mi historia, NUNCA había vivido y sentido lo que estoy viviendo y sintiendo contigo. Pensaba haber estado enamorado antes, estaba equivocado. En ti encuentro todo lo que he buscado y que nunca antes pensé era posible encontrar. Me siento querido, muy querido; y no sabes cómo le agradezco a la vida por esta sensación tan espectacular. Constantemente me encontraba en la búsqueda de algo más, de algo mejor... de algo que llenara ese "vacío" que en ocasiones sentía. Y tú llegaste a mi vida a llenarlo por completo, a parar esa búsqueda... a por primera vez en mi vida, sentirme en paz y completamente satisfecho de lo que tengo. Ahora no sólo siento que ya no hay nada que buscar, si no que ahora es tanto lo que tengo gracias a ti, que me siento en deuda. ¡Espero poderte dar lo mucho que tú día a día me das, en ocasiones sin darte cuenta!

Me estás enseñando tantas cosas: el poder entregarme por completo sin miedo a ser lastimado, el poder confiar en lo bueno y lo malo que hay en mí, eres una persona que sé que no usará nada en mi contra, contigo me siento protegido y cuidado.

Creo que llegaste a mi vida en el momento perfecto y aunque al mismo tiempo era un momento difícil, a través de esto, logramos los dos darnos cuenta de lo que estábamos dispuestos a trabajar juntos. Yo me di cuenta de la mujer que se había cruzado en mi camino. Fuerte, atenta, observadora, sensible, vulnerable, cariñosa y con una capacidad de amar y de confiar que en su momento para mí era difícil de creer. Eres realmente hermosa por dentro y por fuera... esa belleza que tienes por dentro se refleja constantemente a tu alrededor, no sabes la luz que veo en ti y la pureza y el amor que muestra tu mirada.

Realmente soy afortunado de tenerte en mi vida... espero la podamos compartir juntos muchos, muchos años más... Yo lucharé constantemente por ti y haré todo lo que esté en mí para hacerte sentir lo importante que ya eres.

TE AMO

Como él mismo lo expresa, Alex tenía un profundo y añejo vacío que comenzaba a verse llenado con el cariño de Marimar. Ese espacio de amor, junto con su trabajo, el cariño de su familia y el seguimiento de su tratamiento, lo colocaban en un mejor lugar.

Todo iba por buen camino. Sin embargo, el querer llenar ese vacío a través de la presencia de alguien más, era un asunto peligroso, el vacío debía llenarse desde dentro. Su vulnerabilidad nunca dejó de estar presente.

"No dudo que aun con todas las dificultades que Alex vivió, también tuvo muchos momentos de felicidad y de sentirse en paz, estoy segura que se sentía bien cuando podía ayudar a otros, disfrutando de la belleza de la naturaleza, gozando el estar cerca de nosotros; pero por alguna razón, estos momentos no duraban y poco a poco volvía a sentirse incómodo y con una sensación de dolor y miedo. Probablemente con estos miedo y sus sentimientos de inadecuación, ya no podía percibir lo bueno que había en su vida, ni podía confiar en las posibilidades de felicidad que tenía." Clarita

Marimar describe los mejores momentos con Alex.

"A partir de aquí todo empezó a mejorar. Mis amigas lo conocieron y lo amaron pues Alex buscaba cómo agradar a los demás... siempre generoso, súper detallista y espontáneo. Alex conocía a alguien y dirigía toda su atención a esa persona. Además constantemente estaba concentrado en ayudar y buscaba la manera de apoyar a las personas. Mis amigas le decían, "Alex Productions", cada vez que veían cómo planeaba o hacía de un pequeño evento, todo un acontecimiento, lleno de magia y de detalles.

Me encantaba la chispa y energía que tenía, estaba siempre sonriente. Yo creo que todo ese conjunto hacía que la gente lo quisiera; con mis hermanos era lindísimo, no escatimaba nada a la hora de entregarse. Una de las cosas que más lo define es su generosidad, era muy espontáneo. Tengo varias historias parecidas, por ejemplo, íbamos a Mc Donald´s a comer y él compraba seis hamburguesas más, que repartía entre los polis de la entrada de su casa, los de mi cerrada, a Juanita, a Mary; siempre estaba pensando a quién más le podía dar. Todos los días era así de entregado y detallista. Era el más antojadizo del mundo y recuerdo que un martes que estábamos en su casa, me dijo, -Mar vamos por dulces-. Fuimos al pueblito de Vista Hermosa y comenzó a comprar una gran cantidad de dulces y también bolsitas de plástico, me pidió que le ayudara a llenarlas y luego me dijo, -ahora vamos a repartirlas a todos los niños que nos encontremos en la calle-.

Cuando tenía algo, siempre lo tenía que compartir; por ejemplo, ganaba una comisión y en ese momento la quería repartir entre sus personas queridas. Gozaba haciendo felices a los demás. Le aprendí también el cariño y el apego a la familia, eso yo lo había perdido un poco y lo recuperé con él. Volví a valorar a mi familia y la comunicación que tenía con ellos. También me gustaba ver cómo defendía a las personas que más quería. Y cuando me platicaba él lo que había sido su vida en los centros y en la calle, me hacía valorar muchas cosas. Todo el tiempo me hacía reír y era muy divertido. Cuando platicábamos, me encantaba la forma cómo respetaba lo que yo creo o pienso, aunque a veces yo no estuviera de acuerdo en su forma de pensar tan peculiar. Me encantaba también ver cómo se vencía a sí mismo, sus miedos, sus limitaciones, siempre para poder ser mejor persona. Era realmente increíble la sensibilidad que tenía hacia todo, era algo muy especial, una inocencia que lo hacía como un niño y esa era una de las cosas que más me gustaban de él.

La relación también tuvo sus momentos complicados al inicio por algunos desplantes de agresión que tenía, cuando se enojaba era de mecha corta y se prendía en un segundo. Y luego se arrepentía y me pedía perdón, yo sabía que la agresión no era hacia mí, era en general, pero igualmente me asustaban sus reacciones. Una de las cosas que más me enseñó era que me decía, -Mar, ya nos enojamos, pero ya pasó, hay que disfrutar el resto del día-, pero a mí me costaba más trabajo que se me bajara el enojo. Adaptarme a su pasión desbordada era muy difícil. Hoy en día, esa forma de pensar me ha ayudado muchísimo. El tratar de escoger lo que verdaderamente tenga importancia y dejar ir lo que no valga la pena. Después de aquellos momentos en los que Alex estallaba, me pedía perdón y me explicaba a través de sus cartas: "*Sé que tengo un gran defecto, no me gusta sentirme una mala persona, ni sentirme culpable, me guardo absolutamente todo y lo llevo a un lugar de mi ser donde estoy tan pero tan incómodo que lo único que sé hacer, es atacar y gritar para luego racionalizar todo a mi manera y tratar de ganar para sentirme bien. Perdón, estoy trabajando mucho en mi carácter y estoy apenas tratando, estoy pasando por la mejor etapa en mi vida en cuestiones de seguridad y mayor fortaleza, te pido paciencia-".*

Cuando la persona está consumiendo, todas sus emociones están anestesiadas, tiene puestas todas sus máscaras y escudos, -sus mecanismos de defensa-, y con estos puede manejar cualquier conflicto que se le presente para evitar el dolor. En una recuperación temprana, están al desnudo y ya no saben cómo actuar frente a las emociones y los sentimientos que están teniendo, su frustración al no saber cómo manejarlos es brutal. Alex no sabía qué hacer con los "prontos" que tenía, ni siquiera sabía de dónde venían; simplemente, no sabía cómo adaptarse a la vida sin estar consumiendo, se sentía continuamente en un estado frágil y sin defensas, es por eso que se desesperaba por cualquier cosa. Me gustaría señalar la dificultad en la que Alex se encontraba, creo que ninguno de los terapeutas logró verlo. Era necesario trabajar con él mucho más profundamente y más allá de su adicción. Era importante revisar el porqué Alex había empezado a anestesiar sus emociones a tan temprana edad, el porqué de su enojo y de su dolor. Si estamos hablando que el adicto en recuperación está al desnudo, ¿por qué no ver de dónde viene esa intolerancia? En ocasiones, el mismo Alex pensaba que venía de lo que había sucedido en su cerebro y que probablemente era parte de ese vacío anterior al consumo. Y es precisamente por eso que volvía a recaer, porque nadie estaba trabajando en esa parte anterior. Es muy difícil poder derrotarse después de llevar una vida de "falso control", es muy complicado soltar y entender que otra fuerza superior es la que tiene el "verdadero control". Clarita

"A través de todos sus escritos, se muestra que Alejandro dejaba salir su frustración y agresividad en todas sus relaciones, tenía guardados sentimientos de los que nunca quiso hablar ni trabajar en ellos. Era muy importante para él verse como alguien complaciente, para que todos lo quisieran y aceptaran. Quizás su falta de control o sentimientos de inferioridad lo llevaban a querer controlar o abusar verbalmente de otros y de sí mismo.

Carta de Alex a Marimar, 11 de diciembre de 2011

Hola mi amor.... sí puedo entender que lo sucedido la madrugada del sábado fue muy influenciado por el exceso de alcohol. También puedo decir que es por ciertos defectos de carácter que todavía son parte de mi personalidad, como lo es un temperamento descontrolado. A veces tengo una percepción de las situaciones muy alejada de la realidad y no logro dimensionar la importancia de algunos eventos. Pero nada de esto sirve de pretexto, nada de esto es una buena excusa para faltarte al respeto de tal manera. Las disculpas las tienes y son de corazón y con una pena y tristeza personal muy grande. Pero eso tampoco sana el daño que te puedo llegar a causar. Lo único que lo puede sanar es un verdadero cambio, el cuál he prometido y no he logrado. Me preocupa y me da mucho miedo perderte a causa de algo que de cierta manera se me sale de control. Tienes razón, lo esencial será buscar los medios y evitar las situaciones que me puedan llevar a este estado. Esto sí está bajo mi responsabilidad y aunque te pido tu ayuda, está en mí. Puesto que mi niñera no puedes ser y como tu bien me lo acabas de decir, tú confiarás en mí y en mis decisiones. Espero que de hoy en adelante, pueda tomar las decisiones correctas.

Decirte que te amo se queda corto. Amarte para mí es como un premio, desconozco si lo merezco, pero sí me comprometo a luchar por merecerte, eres un regalo que cualquier persona desearía, pero que sólo tengo yo y por eso todos los días le doy gracias a Dios.

Mucha gente desde hace mucho tiempo, me dice que soy una persona que tiene "ángel" y hoy estoy seguro que ese ángel eres tú. También he vivido años escuchando cómo Dios me cuida, cómo soy un suertudo, cómo la vida me ha dado todo y hoy verte a ti a mi lado sólo reafirma todo lo dicho. Dios te puso en mi camino y lo has enderezado, lo has llenado de luz y mi vida hoy gracias a ti, tiene un significado muy especial. Te quiero, sin pedirte nada a cambio, simplemente te quiero y te seguiré queriendo por siempre.

LOVE YOU

ALEJANDRO SIERRA R.

Alex continúa tratando de encontrarse a sí mismo, pero no entiende que tiene que separarse de ciertas conductas que él sigue repitiendo, -como el caso del alcohol-, si es que quiere lograr una verdadera recuperación.

"Cuando Alex regresa de estar en la calle y después de la muerte de José, comienza en su relación con Marimar un retorno a la vida antes de su adicción, -la "diversión sana-", él se siente diferente e incómodo al no estar tomando alcohol como los demás, entonces comienza a tomar en el afán de pertenecer socialmente y volver a recuperar la fiesta sana, en lugar de la oscuridad de su adicción. Una vez más, vuelvo a ver en mi hijo esta negación de su enfermedad en la que ya no podía ni debía volver a beber. Sin embargo, como tenía tan poca experiencia de estar limpio, volvió a retomar los patrones que le eran familiares sin darse cuenta de que éstos lo podían llevar una vez más a usar crack, aunque siempre insistió en que el alcohol no era su droga de preferencia". Clarita

Marimar continúa.

"Había cosas en las que sí chocábamos y debo confesar que había veces que yo le daba justo en donde sabía que a él le dolía más. Fue todo un proceso, ir trabajando con nuestras dos personalidades. Yo fui aprendiendo qué decir y qué no decir. Era ir conociendo y viendo cómo nos podíamos llevar de la mejor manera. Teníamos que dialogar muchísimo y eso me hacía trabajar cosas de mi carácter que normalmente no hubiéramos hablado o que ni siquiera había visto. Me ayudaba muchísimo la actitud de Alex ante la vida para disfrutar las cosas que yo ya daba por hecho o que ya no veía, y fue un crecimiento interno gracias al trabajo de los dos. Maduramos mucho. La nuestra era una relación intensa en todos los sentidos, fuimos a muchos viajes, a todos los conciertos. Así fue todo el primer año, mis amigas cada vez lo querían más y también mis papás estaban mucho más tranquilos, porque iban conociendo la esencia de Alex que era lo que yo quería que la gente viera. De hecho mis amigas de la Universidad y mis hermanos, se enteraron que él tenía una adicción hasta después de su muerte. Como adicto, él estaba alerta todo el tiempo sin evadir su condición, pero sabiendo que no es la adicción lo que define a las personas. El me dio también esa capacidad de ver a Dios en todos lados, porque yo tenía una religión más tradicional y él me decía, -para mi Dios está en ti-."

LA ESPIRITUALIDAD Y LA RECUPERACIÓN

"Jung dice que el "craving" puede compararse, en cierto nivel, a una sed espiritual, -"sentirnos completos en la unión con Dios y con nuestra identidad espiritual"-. El alcohol, las drogas, un pedazo de pastel, el juego, ninguna de estas soluciones momentáneas nos puede saciar esta sed. Alex siempre buscó y nunca pudo sentirse completo, siempre idealista, soñador, sensible, empático, siempre hablando de ayudar a otros; pero no pudo con las exigencias de la vida. Alex se sentía siempre diferente, solitario… Se percibía así mismo como inadecuado y de menor importancia que el resto de las personas, siempre queriendo algo más. Este anhelo lo llevó a patrones, relaciones destructivas y al abuso de sustancias. Siempre buscando la última pieza del rompecabezas. En un principio, negaba y racionalizaba sus conductas, los encuentros sexuales, el alcohol, las drogas, momentáneamente llenaban su vacío existencial. Es muy común en todos los adictos escuchar hablar de su primera experiencia, "sentí que todos mis problemas desaparecían", "me sentí en casa", "se me abrió un nuevo mundo", "esto es lo que faltaba en mi vida"; pero desafortunadamente, pronto se encuentran envueltos en un patrón adictivo y pierden el control sobre su sustancia de preferencia.

No sé qué experiencia haya tenido Alex en el programa de AA, siendo él muy espiritual, pero creo, que se enfocaba más en el cómo se decía y en lo que la gente hacía, en lugar de trabajar en su propio programa. Quiero pensar que nunca entendió el significado de los 12 pasos y por esta razón, nunca los trabajó a profundidad. En el fondo, siempre se mantuvo en una negación, nunca pudo ver su capacidad mística. Con el consumo, se fue deteriorando física, mental, emocional, social y espiritualmente. La recuperación espiritual, es la última en darse y por eso son tantas las recaídas. Alex nunca pudo reconstruirse completamente y con cada recaída, le era más difícil verse a sí mismo, como un ser completo". Clarita

En efecto, la espiritualidad es un factor esencial en el estudio de la adicción; está íntimamente relacionada con la raíz, con la naturaleza misma de la adicción y sirve para llenar el vacío existencial que padecen los adictos. Cuando el ser interior se daña o se distorsiona, su espiritualidad también se daña dando como resultado conductas destructivas y adicciones.

La palabra espiritualidad, -según Godlaski, se refiere a la experiencia humana, relacionada con el propósito y la capacidad de darle relevancia a las cosas y con la profunda conexión que tenemos con nosotros mismos, con los otros y con la realidad.

La definición que ofrece Puchalski sobre la espiritualidad es: "La parte del ser humano que busca un significado y propósito trascendente de la vida que le permita al ser humano trascender sus dificultades y sufrimientos." Otra definición de Whifield es: "La espiritualidad es una relación personal entre el individuo y una fuerza superior o trascendente, un Ser Supremo, una energía o el Universo". (13)

"La recuperación, requiere compromiso, coraje y paciencia, no es algo que se pueda dar de la noche a la mañana, es una vida continua en el camino espiritual. Muchas veces la recuperación puede parecer tediosa y es cuando debemos de recurrir a la frase de "Un día a la vez" y es esta frase la que nos permite no dejar que nuestra mente divague hacia el pasado o el futuro en los hubieras y en los no puedo... Más bien nos enseña a vivir en el aquí y en el ahora". (14)

"Afortunadamente existen muchas herramientas para encontrar nuestra práctica espiritual. En general podría ser el programa de los doce pasos de AA, practicar una religión, la terapia para sacar todas nuestras emociones reprimidas, recuerdos y experiencias que están actuando en contra de la posibilidad de tener una vida sana y feliz. Pasar tiempo en contacto con la naturaleza, se sabe que ésta tiene un poder restaurador. Expresiones creativas: la claridad mental y la percepción se hacen más agudas cuando nos damos la oportunidad de tener expresiones creativas que sin la recuperación es imposible acercarnos a esa parte creativa que todos tenemos dentro. Y está expresión creativa puede ser muy sanadora.

Tener mucha atención a la nutrición, ejercicio, descanso. Por lo general los adictos abusan de sus cuerpos al consumir drogas y alcohol, se malpasan, no comiendo, no durmiendo, tienen conductas sexuales inapropiadas, así que es muy importante cuidar estos aspectos, ya que como dicen en AA, es vital poner atención al Hambre, el Enojo, la Soledad y el Cansancio, ya que estos también son un foco rojo para la recaída.

Tiempo para la meditación que sirve para centrar la mente y dejar ir el ego y los pensamientos y el ruido mental, así como las prácticas como por ejemplo, yoga...

El aprendizaje de saberse derrotar toma un papel fundamental en nuestra espiritualidad. Nuestros apegos a nuestras emociones como es el enojo y el orgullo, los apegos a las personas, parejas, hijos, nuestra necedad de que nuestro punto de vista se lleve a cabo, nuestras expectativas, todo eso no nos permite derrotarnos y así desprendernos del sufrimiento… Complicamos nuestra vida al ser rígidos, necios, orgullosos; va creciendo nuestro enojo hasta que ya no tiene nada que ver con la razón de nuestro enojo inicial. Parte también del derrotarse es dejar ir y ponerse en las manos de Dios, como la serenidad para aceptar las cosas que no puedo cambiar. Es muy importante para el adicto, rendirse ante todas las fluctuaciones inevitables de la vida, dejar de vivir la vida de otros y entender que hay una energía o poder supremo que nos guía. Esto no quiere decir que nosotros no tengamos control, sobre ciertas cosas, pero es soltar el ego.

Nuestra mente puede ser nuestra mejor cualidad o nuestro peor enemigo, Alex hablaba de todas sus voces internas que le daban consejo y lo dirigían, voces que le recordaban sus miedos y sus insuficiencias. Estas voces nos proyectan el futuro y nos hacen habitar en el pasado".

DERROTARSE: El proceso de tocar fondo y soltar la ilusión de control sobre nuestra situación es un paso fundamental para abandonar el dolor de la adicción. La experiencia de la "derrota" es la llave maestra para encontrar la redención, la puerta a la recuperación, la sanación y el descubrimiento de nuestro potencial espiritual. Es el parte aguas de la transición de una experiencia limitada de quienes somos, hacia una experiencia de conciencia integral y le puede suceder a las personas de muchas maneras diferentes. (15)

Marimar continúa.

"Alex me recalcaba mucho que había encontrado en mí el balance y la paz que necesitaba. Y yo creo que en parte era la comunicación que teníamos. Otra cosa que me decía mucho es que yo había visto desde un inicio su esencia: *"es un descanso que alguien me vea, no los chismes, ni mis problemas, ni la adicción, ni las historias de droga, sino realmente cómo soy yo"-*. Luego se me quedaba viendo fijamente a los ojos y me decía, -*"Mar, tú sí me ves"*. Creo que le gustaba mucho mi parte espiritual. Entendíamos que él sí tenía un vació que le hacía falta llenar, así que yo comencé a alentarlo por ejemplo, para que buscara realizar trabajo voluntario, porque es lo que yo sentía que le podía ayudar en su propio vacío, buscar todas las sensaciones de bienestar en esos actos. Nunca tuvimos un proyecto específico, fuimos algunas veces a unas instituciones de adicciones, pero no funcionó mucho pues Alex quizás no estaba tan listo dentro de su propio proceso, como para ayudar a otros adictos. Fuimos también a una Casa Hogar y les compramos regalos de Navidad a todos los niños. A Alex le encantaba eso, lo disfrutaba mucho. Era increíble ver cómo lo hacía él, con tanto entusiasmo y cariño. Parte de entregarte a los demás es olvidarte de ti mismo y eso también le podía ayudar en su propio proceso".

"Sin duda, existen muchos elementos de reconstrucción que un adicto puede seguir: la parte donde el adicto se derrota y dice que ya no quiere vivir esa vida, proviene de su espiritualidad y ese es el aspecto que a nosotros como familia nos hacía más sentido. Una vez que el crecimiento espiritual se fortalece pensábamos que si Alex fortalecía su espiritualidad comenzaríamos a notar algunos cambios en la vida diaria y en su recuperación.

Además, había otros cambios en la reconstrucción, que en ocasiones Alex podía seguir muy bien y en otras ocasiones no: la alimentación, el ejercicio, el altruismo, el apoyo y la fortaleza familiar. Poco a poco, Alex comenzó a descuidar su tratamiento y por consiguiente, a colocarse en un lugar de mayor vulnerabilidad y de poca protección. En su impulsividad, Alex quería que todo se hiciera en un día y quizás eso lo llevaba a recaer, pero al mismo tiempo, comenzó a hacer cosas que se había pensado eran imposibles: el éxito en su trabajo, que le permitió darle un anillo de compromiso a Marimar, planear una boda y comenzar a soñar y a forjarse un futuro. Para mí, se cumplía la ilusión de madre, que mi hijo pudiera encontrar la felicidad, ser un hombre productivo y ver consumado su sueño de formar una familia". Clarita

Marimar sin duda, fue un recordatorio de que Alex NO ERA SU ADICCIÓN, de que podía tener una vida "normal" al lado de alguien que realmente lo quisiera. Fue un momento de renovados bríos y de esperanza.

FOCOS ROJOS

"Para que Alex se sintiera bien y pudiera ir cambiando, todo el primer año de nuestra relación, hacía ejercicio y asistía a alguna terapia. Un día incluso fuimos a una terapia de pareja, para que cada uno entendiera el punto del otro. En nuestra relación, la adicción de Alex nunca fue un tema tabú, se hablaba de eso todo el tiempo.

Obviamente yo nunca había vivido nada así, pero él me decía, *"yo ya me conozco en los focos rojos que van surgiendo"*, incluso tenía hasta su listita muy práctica para recordarse a sí mismo las señales de alerta. Alex me decía: *"si de repente dejo de ir al gimnasio, o dejo de hacer tal cosa, voy viendo cómo mi cerebro está empezando a auto engañarme, porque cuando comienzo a flojear en algunas cosas, es cuando puede venir una recaída".* Marimar

Al respecto Clarita añade.

"Alex sabía lo que tenía que hacer de boca para fuera, porque en el fondo estaba la gran negación de su problema y la creencia de que ya nunca iba a volver a recaer. Continuamente se negaba a asistir a las terapias de grupo que formaban parte de su recuperación y eso me hacía pensar que como Alex se había acostumbrado a una vida solitaria y su ego siempre lo engañaba, le costaba mucho trabajo el sentido de pertenencia y mucho menos si se trataba de uno terapéutico donde se le confrontaran sus creencias, como lo era AA.

Al mismo tiempo, él sentía que solo podía con todo. En su interior sabía que no podía, pero en su fantasía de adicto decía, *-yo sé que si me dejan en paz, lo voy a lograr solo-.* Nuestra finalidad en todo lo que hicimos, como por ejemplo, dejarlo en la calle, no era que sufriera, sino que entendiera que necesitaba ayuda. La única vez que fue a una clínica por convencimiento fue en Promises, porque se asustó por su consumo de crack. Su resilencia para volver a un buen estado físico, era tan rápida, que no le causaba ningún miedo el consumo, y entonces, engañaba a su cerebro diciéndose que podía solo". Clarita

"Recuerdo que Alex me explicaba constantemente que una vez que había conocido su parte más oscura y que había hecho que su familia también la conociera, sentía que cuando estaba bien, tenía que dar el doble de sí mismo. Él me decía, *-siento que la he "regado" tanto en mi vida que a veces pienso que tengo que compensar mis malas actitudes y que por la manera en cómo la he "regado", tengo que hacer el doble del esfuerzo con mis papás, con mis hermanos...-* Yo creo que por esa razón Alex también vivía con tal intensidad y tenía esas demostraciones de amor hacia todos". Marimar

El camino de la recuperación se puede percibir como aquél de las arenas movedizas. Además de estar en la lucha de la enfermedad

buscando las herramientas para salir de la adicción, Alejandro sentía que tenía que estar cayéndole bien a todo el mundo, que tenía que darles explicaciones y justificaciones a todos y de todo. En su proceso de recuperación, en el día a día, esa sensación debe haber sido muy desgastante. Continuamente tenía que toparse con su imagen y la percepción que tenía de sí mismo y justamente eso era lo que quizás provocaba que se volviera a entrampar.

"La suya era una lucha de todos los días. Él tenía un sentimiento continuo de poca valía, muchas veces dijo que se sentía una porquería: -*"si tuviera que hablar de todo lo que hice no voy a poder, no merezco nada"*-, entonces era cuando venía la sobrecompensación, quería quedar bien con todos. Creo que mi aprobación siempre fue fundamental en su vida, me buscaba todo el día, incluso en ocasiones me contaba cosas que un hombre de su edad ya no compartiría con su mamá; realmente no me podía soltar." Clarita

"Alex me decía que había momentos maravillosos que podía apreciar después de regresar de tanta oscuridad, sin embargo, también me decía: -*tengo que mostrarle a todo el mundo, hasta a los más cercanos, que soy valioso, que soy una buena persona y siempre al que tienes más cerca es al que más daño le haces. Haga lo que haga no puedo quedar bien con nadie*-. Eso me lo decía todo el tiempo, le afectaba mucho lo que la gente dijera. Que desgastante debe haber sido para él. La tenía muy difícil porque era como una lucha interna, él se sentía sólo y además sentía que tenía que estar luchando contra la sociedad". Marimar

UNA FRUSTRANTE RECAIDA

La primera definición de recaída es muy general. Se puede aplicar a cualquier enfermedad. Recaída es regresar al estado anterior, es volver a la fase activa de la enfermedad, después de una pequeña recuperación. Es importante señalar que sólo que haya una pequeña recuperación, es imposible recaer. La segunda definición es más específica a la adicción: Una recaída en esta enfermedad es regresar a las actitudes, pensamientos, sentimientos, emociones y conductas que te llevan de vuelta a la adicción activa. (16)

Tan sólo faltaban tres días para el cumpleaños de Alejandro,

una fecha complicada pues también era el aniversario de la balacera y de la muerte de José. Entonces tuvo lo que todos pensaron que era, "una pequeña recaída".

"Ese día fueron Gerardo y Alex a un torneo de Golf donde Alex ganó. Los compañeros de juego estuvieron tomando durante todo el torneo y la premiación. Al terminar invitaron a Alex a seguir festejando a un restaurante, cosa que a Gerardo, por obvias razones le preocupó e incluso le sugirió que no fuera para no exponerse. Después nos enteramos que Alex empezó a tomar en aquel lugar y cuando le ofrecieron cocaína, también la aceptó. Al llegar del restaurante volvimos a hablar con él sobre el peligro de que él siguiera tomando sin entender la relación tan directa que había entre el alcohol y las drogas y la preocupación que teníamos de que continuara colocándose en esas situaciones de riesgo. Sin embargo, Alex no lograba entender que cualquier otro tipo de adicción, aunque no fuera crack, podía alterar su estado de conciencia y era la antesala para una recaída. " Clarita

Un día antes de su cumpleaños, los sorprendió a todos y desapareció.

"Fue muy fuerte porque en teoría llevaba un año limpio, aunque sí tomó durante ese año, cosa que no debería de ser. El recuerdo que tengo es horrible y espantoso, pues de estar perfecto un día, al otro desapareció. No sabíamos dónde estaba y además apagaba su celular. Yo permanecí en todo momento con el celular junto a mí, la incertidumbre es el sentimiento más espantoso del mundo y todo el tiempo piensas lo peor. Aunque ya había leído sobre las adicciones y eso me había ayudado mucho para no tomar las cosas de manera personal, al final era muy difícil de entender y sí me afectó y me llegó profundamente". Marimar

En la soledad de su cuarto Marimar le escribía constantemente en el teléfono:

-Mi amor, por favor si llegas a ver esto, repórtate por algún medio... Te necesito conmigo, ¡por favor no me dejes sola!

-No entiendes la tortura que es esto, es horrible no saber dónde estás, cómo estas, que estés vivo, que no necesites ayuda. Te pido por favor que me avises que estás bien. Tenemos muchos planes, No tomes malas decisiones que sólo te van a llevar a arruinar tu vida. Te amo

"Por supuesto, no dormí nada. Apareció en la madrugada o en la mañana del día siguiente a través de un chat. Su primer mensaje fue: "perdóname no es nada contra ti" y luego llegó a su casa". Marimar

El día de su cumpleaños, lo pasaron todos juntos en su casa, tratando de pensar que tan sólo había sido una noche de malas decisiones. Gerardo y Clarita, después de celebrar con Alex se van a Europa.

"Después de las recaídas que se daban cada vez que Gerardo y yo salíamos de viaje, obviamente dejar a Alejandro solo, me provocaba mucho miedo. En esas fechas Gerardo y yo teníamos un viaje programado y el temor y la intranquilidad volvieron a invadirme. Era como si Alex, en un estado de permanente adolescencia, buscara una oportunidad en cada salida nuestra para sentirse "libre" y volver a usar. Pero bien dicen que la esperanza es lo último que muere y aunque estaba yo muy intranquila con esa pequeña recaída, el verlo tan feliz, -llevaba un año limpio, con un buen trabajo, acompañado de Marimar-, lo quisimos leer como señales positivas que nos dejaban irnos un poco más en paz. Me engañaba yo a mí misma, pues desde que me subí al avión ya iba yo muy nerviosa. Hoy me doy cuenta que así como nosotros preparábamos con emoción nuestros viajes, los cravings de Alex comenzaban junto con nuestros preparativos y con esto, las fantasías de volver a usar." Clarita

En cuanto sus papás se fueron Alex tuvo una de sus peores recaídas, probablemente, ni Marimar, ni Alex, ni sus padres, pensaron que el ya traer cocaína en su sistema, sería lo que la provocaría. Marimar también se fue de vacaciones a Cozumel con su familia y Alex la alcanza allá para pasar unos días con ellos. La realidad es que le costó mucho trabajo irse pues ya estaba nuevamente usando, aunque nadie lo sabía. Alex se quedó feliz de saber que iba a tener la libertad para usar, duró todo un mes

haciéndolo, no había manera de pararlo. Sus hermanos y Marimar estuvieron todo el tiempo tratando de apoyarlo.

"En cuanto se fueron sus papás, Alex se fue a trabajar y regresó a la hora feliz diciéndome: *¡Wow Nany!, tengo toda la casa para mí durante un mes!*" Juanita

CARTA DE ALEX PARA MARIMAR, 7 de agosto de 2012

Mar:

La enfermedad hoy me está ganando, está cegando todo lo bonito de mi vida y me tiene en el limbo. Sé que voy a salir de esto, pero la verdad es que no sé cuándo.

Ya no quiero esconderme, decir la verdad es lo único que me va a ayudar a salir, sé lo que puedo perder, pero sólo así existe la posibilidad de recuperar mi vida. Y sólo recuperando mi vida, podré recuperar todo lo perdido. Me duele en el alma haber vivido esta enfermedad, me duele haber perdido tantas cosas importantes que ya nunca recuperaré. Me duele saber el daño que le he causado a la gente que tanto quiero. Tantas veces que han puesto todo su cariño, toda su fe en mí y que no pude cumplirles, que los defraudé. Yo sé que ya no hay vuelta atrás en muchas cosas. Quiero que sepas que nunca quise hacerte daño, que contigo logré cosas que nunca pensé podría lograr, que me diste un amor que nunca pensé iba a sentir.... Te amo con todo mi corazón.

Yo sé que te tienes que alejar, que no puedes estar a mi lado y ver cómo me hago daño pues eso te hace sufrir...

Si te pierdo por esto, será algo con lo que tendré que vivir toda mi vida y será una de mis peores pesadillas, pero entenderé que tú no tienes por qué vivirla...

Alex

Y sin embargo, con todo su dolor y sabiendo todo lo que podía perder, no podía dejar de consumir.

Marimar continúa con su relato.

"Para nuestro aniversario le di 12 cajitas y en cada una había una frase de agradecimiento. Él, poco a poco fue abriéndolas y fue muy duro pues cuando lo vio todo se soltó llorando y me dijo: -*Mar, en estos momentos siento que soy justo lo contrario a todo lo que tú me dices que soy-*. Yo tan sólo quería hacerlo sentir bien, que olvidara lo pasado y pensé que este regalo lo podría ayudar a recuperarse. En ese entonces, yo todavía no entendía cómo la droga te quita la libertad, ni cómo funcionaba la adicción, pues pensaba que en cuanto viera las cajitas y un video que le había preparado, como por arte de magia, todo iba a estar bien nuevamente. Alex, sin dejar de llorar, comenzó a explicarme cómo le afectaba la adicción:

"En mi cabeza sé lo que tengo contigo y lo que te amo, pero ahorita no lo estoy pudiendo sentir, la adicción borra todos los sentimientos, puedes hacer sufrir a los demás y no sentir nada. Cuando estás mal, tu único objetivo es consumir más. Yo no puedo huir de mí mismo, yo no puedo analizar si ésta es la vida que quiero para mí o para mis hijos, yo cargo con esta enfermedad y por lo tanto cuando estoy bien, en lo único que pienso es en las cosas buenas que hemos platicado y vivido durante este tiempo. Cada vez le he echado más ganas a mi vida y estoy tranquilo de haberlo hecho...Probablemente faltan cosas por hacer y sólo me queda pensar que la vida me manda estas recaídas una y otra vez, para abrirme los ojos a una vida diferente... En ocasiones, me siento perdido, no sé por dónde ir, hago lo que puedo y me siento a veces presionado por la gente que me pide que haga más....Pasaré el resto de mi vida con este Dr. Jekyll and Mr. Hyde, que como pasa en el libro, llega el momento en el que Jekyll controla a Hyde, sin embargo Hyde nunca desaparece pues es parte de la personalidad de los dos... Estoy más que seguro que llegará ese momento... anhelo en cada una más de mis recaídas, que sea la última".

Entonces, -continúa Marimar-, yo le pedía que me explicara por qué no podía salir, en sus momentos de adicción yo sentía que le valía y él me insistía que no lo tomara personal, pero para mí era terrible. Sentía que me anulaba por completo, literalmente se me rompía el alma. Realmente estaba muy confundida, la cabeza me gritaba que me alejara y el corazón me decía que corriera hacia él, que no lo dejara. Quería tomar una decisión con sabiduría y realismo. Creo que Alex nunca llegó a querer asimilar por completo sus recaídas, ni sentir el dolor a fondo y entonces lo bloqueaba por el miedo a volver a recaer y quería volver a reparar muy pronto; no entendía por qué yo necesitaba seguir hablando del tema para asimilarlo y tampoco entendía por qué lo alentábamos a hablar sobre esto pues creíamos que al concientizar el daño que hacía, se podían evitar más fácilmente otras recaídas; sin embargo, Alex evitaba continuamente el tema. Obviamente para la familia una recaída es terrible, pero al que peor le va es definitivamente al adicto, porque en cuanto se da cuenta el daño que hizo siente un dolor inexplicable.

"Yo le hablaba a Alex desde Europa y no me contestaba, sonaba una grabación que decía que su teléfono estaba fuera de servicio. Hablé a la casa y Alex me dijo que en efecto, había perdido su celular pero que se iba a comprar otro. Entonces, hablé con Eduardo y en lugar de decirme la verdad, me confirmó la historia de Alex. No sólo me quedé tranquila, sino que me fui a un crucero donde me quedé sin internet durante varios días, sólo me podía comunicar cuando llegaba a puerto, pero mis hijos me decían que todo estaba bien. Al llegar de viaje nos dimos cuenta que NADA estaba bien. Llegué a la casa y me abrieron la puerta Eduardo y Mauricio con cara de desesperación. Esto confirmó lo que todo el trayecto del aeropuerto a la casa venía sintiendo. En ese instante vi a Alex bajar la escalera, su cara era una mezcla de tristeza y dolor, en ella leí que nos había fallado una vez más. Me subí corriendo a mi cuarto, cerré mi puerta y me senté en el piso a llorar. El dolor era indescriptible, no comprendía cómo después de todo lo vivido él podía volver a recaer y como en una película de miedo, toda la casa se sentía obscura y helada. Pasaron varios días y no podía parar su consumo, no sabíamos que hacer. Entonces decidimos que Gerardo se lo llevara fuera de México para ver si lograba entando lejos, dejar de consumir y acabar con esta terrible enfermedad". Clarita

En el viaje Gerardo y Alex platicaron mucho, buscaron alternativas, jugaron golf… Alex se "portaba bien", le "echaba ganas". La resilencia que tenía tanto emocional como física era impresionante. Para su familia y Marimar era impactante ver cómo lograba "rápidamente" salir de ese lugar oscuro para volver a la realidad. De un día para otro, estaba perfecto, hacía todo lo que tenía que hacer para estar bien y con la mejor disposición.

Alex también escribe varias cartas pidiendo disculpas. Entre ellas, les escribe a sus hermanos, quienes estuvieron a su lado ese último mes de angustia.

Mis queridos hermanos:

Les escribo esta pequeña carta el día de hoy, a unos días de haber dejado de consumir. Primero que nada, les pido una enorme disculpa por haberlos hecho pasar momentos tan desagradables. Momentos de preocupación, enojo e impotencia. Les pido que aunque no sea fácil, encuentren la manera de entender que cuando estoy en mi ciclo de uso, mi prioridad es consumir y desafortunadamente, -ya que siempre me han apoyado ustedes en todas mis recaídas-, pues es por encima de ustedes que tengo que pasar.

Les hice muchas promesas en esos días, les dije muchas mentiras y aunque probablemente en el fondo ustedes sabían lo que eran estas mentiras pues en todo momento llegan a causar falsas ilusiones y en su momento nuevas decepciones. Me imagino que ha de ser muy desagradable tener que convivir conmigo en esos momentos.

Y ahora viene una parte probablemente más difícil de entender. El momento en el que ya "todo pasó" y regresamos a la normalidad. Aunque primero para mí son los días más difíciles pues empieza el cargo de culpa, el recuento de los daños. Empieza el dolor por las faltas cometidas y el daño hecho. También empieza a salir la desesperación por consumir y con ello la libertad de volver a hacer actividades que en su momento me era imposible si quiera pensar en ellas.

Les agradezco desde el fondo de mi corazón, su paciencia, su amor y su cariño por estar siempre conmigo a pesar del rechazo que recibían de mi parte... quiero que sepan que estos mensajitos donde les decía "ya es la última", "mañana será un día mejor", no sólo era para engañarme y engañarlos, sino también, en el fondo trataba de darles esperanza para que no me dejaran solo. Y agradezco que estuvieran conmigo hasta el final.

Entiendo que el daño está hecho y que las cosas no son tan fáciles de perdonar. Entiendo que después de lo que hemos vivido no pueden comprender cómo es posible que haya vuelto a permitir una recaída como esta. Pero lo único que les pido es que estén abiertos a que a través del esfuerzo y el trabajo me vaya ganando su amistad y confianza de nueva cuenta. Que aunque la enfermedad lo oscurece totalmente, para mí la familia siempre ha sido lo más importante que tengo al igual que la relación con ustedes. Espero que con el tiempo volvamos a recuperarlas y madurarlas para que sean siempre mejores.

Los quiero mucho

Alex S.

Marimar continúa.

"En uno de esos días Alex me escribió una carta que comenzaba: Yo Alejandro Sierra me comprometo a….Perdón no volveré a caer… Y esa carta la encontraron mis papás así que Alex, que para ese momento ya estaba bien, fue a hablar con ellos para explicarles y darles datos sobre las adicciones, le interesaba mucho tranquilizar a mi familia. Me impactó el amor que sentí que Alex me tenía, pues a pesar de que para él era muy difícil hablar del tema y era como exhibirse, pacientemente les fue explicando a mis papás cuál era su situación. Queríamos hacer las cosas bien, porque para él lo más importante es la familia. Recuerdo que con mi carta compromiso en mano y ya muy tranquila, les platicaba a sus hermanos las cosas que Alex me había prometido y ellos se me quedaban viendo y me decían, -Mar: no es tan sencillo, te lo decimos por experiencia-."

"Como dice Kevin McCauley, no somos responsables de nuestra enfermedad, pero sí de nuestra recuperación y la realidad es que Alex nunca ponía a sus servicio todos los recursos y herramientas que tenía, no era disciplinado, se sentía "Superman". No sé la razón pero, permitía que el famoso "craving", poco a poco ocupara todos sus pensamientos alimentándolos y permitiendo que afectara también las áreas libres de conflicto en su vida. Él decía que podía salir sólo, sin embargo, nos seguía necesitando, vivía en la casa con nosotros y éramos depositarios de todos sus estados de ánimo. Si es que Alex quería vivir con nosotros, Gerardo y yo necesitábamos un mínimo de compromiso de su parte y eso era lo que le pedíamos. Sin embargo, yo vivía constantemente apanicada, no sólo como mamá sino como terapeuta, de saber y reconocer que él no se comprometía, que no cambiaba su estilo de vida. Entendiendo que él era el único responsable de su recuperación, nos era imposible desvincularnos de sus comportamientos". Clarita

Después de las recaídas, Alex seguía por unos meses su tratamiento que poco a poco iba abandonando.

MARIMAR

"Alex si trabajaba en su tratamiento, pero era muy desesperado, él no veía el cambio ni con la terapia ni con las juntas. Creo que nunca permaneció en una terapia durante un año seguido y quizás por eso no le daba la oportunidad a las mismas. Le costaba trabajo hablar a fondo y lo hacía muy superficialmente, en cuanto iban a tocar alguna fibra más sensible, se resistía y abandonaba la sesión, este era un excelente mecanismo de defensa. Tampoco le dio oportunidad a las herramientas que él tenía para que éstas funcionaran, ni entendía que su proceso era a largo plazo.

Los primeros días eran muy delicados. Cuando él estaba bien, la comunicación se volvía muy difícil porque yo no sabía qué era en lo que le podía ayudar y qué era lo que yo no debía decir. A veces yo no sabía si realmente le estaba costando mucho trabajo su recuperación o si era su forma de evadir ese compromiso. Era muy complicado respetarlo y darle el espacio que él me pedía en este proceso, porque yo quería exigirle lo más que pudiera, quería sacar "lo mejor" de Alex, para que saliera adelante y estuviera bien y constantemente me recordaba a mí misma una frase aprendida: "No exigir del amado lo mejor, es indiferencia".

Teníamos juntas con su familia para poder ventilar todas estas cosas donde él escribía listas interminables de todo lo que iba a hacer. En estos espacios, le insistíamos en lo complicado que era dialogar con él cuando estaba bien, -cuando estaba mal era como una sedita que prometía y se comprometía a todo, pero ya una vez que estaba bien, comenzaba a abandonar esos compromisos-. Recuerdo como constantemente lo perseguíamos para decirle, -Alex, ¿qué pasa?, ya no has ido a tu terapia- a lo que él contestaba, -*ya déjenme en paz, todo el día me están presionando y quieren que el primer día, yo ya esté perfecto"*.

Quizás para el adicto, ir un día al gimnasio, otro día a la terapia, son pequeños pasos muy importantes para ir logrando su recuperación, sin embargo, la familia en ocasiones aunque ve

el esfuerzo, no alcanza a dimensionar la dificultad para lograr las metas.

Alex comentaba: *"siento muchísima presión de ustedes todo el tiempo, no entienden los pasos enormes que estoy dando, para ustedes puede sonar como algo normal el que yo me pare diario a trabajar, pero para mí significa un esfuerzo inmenso".*

Marimar prosigue:

"La realidad es que el primer año de mi noviazgo y al sentirnos tan bien los dos juntos, inconscientemente sentía que nuestra relación lograría un cambio real para así "salvarlo" de esta adicción. Quizás por eso, el golpe de la recaída fue tan terrible, tuve que entender que nada dependía de mí. Sabía que él estaba haciendo un esfuerzo pero para mí fue como comenzar de cero, porque yo confiaba plenamente en él y en que siempre iba a estar bien; cuando de repente vino la recaída, fue un golpe durísimo. Me dejé de sentir "la salvadora", yo podía hacer mucho para alivianarlo y acompañarlo, pero, aunque en otras ocasiones yo ya le había dicho que no era su nana, después de esto comencé a entender cabalmente que su recuperación no dependía de mí ni de nadie más que de él. Este primer año terminó bien, en familia y acompañados, sin embargo para mí fue un parteaguas, me quitaron la venda de los ojos." Marimar

Después de una recaída, viene la recuperación

"Para fin de año fuimos a Ixtapa con su familia para festejar ahí. El inicio del 2013 fue muy bueno. A Alex le empezó a ir muy bien en Vidalta pues vendía muy bien y al mismo tiempo, comenzó también a trabajar con un tío vendiendo inmuebles. Era muy movido en su trabajo lo que le significó independencia económica; para él representaba un logró impresionante poder separarse de sus papás en ese aspecto y obviamente también ayudaba a su recuperación pues Alex realmente disfrutaba lo que hacía. En la oficina el ambiente de trabajo lo hacía sentir muy bien, él era el más chico y sin embargo, hizo muy buena relación con sus compañeros pues era muy empático". Marimar

Además de su trabajo, Alejandro iba recuperando poco a poco la confianza de Marimar.

"Para mi cumpleaños, en marzo del 2013, Gerardo y yo decidimos hacer un viaje con nuestros hijos, buscamos varios lugares y no sé por qué razón y sin pensarlo bien nos decidimos por las Vegas. Fue un viaje muy bonito exceptuando porque Alejandro empezó a tomar delante de nosotros y cuando jugaba y se sentaba en las mesas de juego se ponía excesivamente nervioso y ansioso. Al regresar nos dimos cuenta que esto le había ocasionado mucha angustia en él y en la familia." Clarita

"Recuerdo que fuimos a Las Vegas a pasar el cumpleaños de mi mamá allá, imagino que quizás escogimos un mal lugar para celebrarla pues Alex tomaba y a mí no me causaba nada de gracia. Yo había comenzado un nuevo trabajo en enero así que me fui después y cuando llegué al aeropuerto para avisar que ya estaba en las Vegas, él me contestó "jarra" y me puse de muy mal humor. Claro que él siempre decía que no tenía que ver una cosa con la otra, pero yo no compartía esa idea pues tenía amigos alcohólicos que no tomaban nunca." Eduardo

VIAJE A LA CLÍNICA DEL DR. DANIEL AMEN

Clarita relata:

Regresando de las Vegas, Alex entró en un estado que ya para esa época en nosotros era conocido, un "foco rojo"; estaba ansioso, deprimido y con miedo de volver a recaer. Así que decidimos ir a ver a un médico que nos habían recomendado, el doctor Daniel Amen, quien le hizo a Alex un mapeo cerebral para ver los posibles daños. Fue realmente un viaje muy positivo ya que pudimos convivir con Alex y Marimar y además obtuvimos algunas respuestas.

En la visita con Dr. Amen nos dio un panorama de lo que estaba sucediendo con Alex, cosa que fue muy importante para él. Descubrimos que en efecto, había ya varias lesiones en su cerebro, había partes que se encontraban apagadas donde normalmente debía existir actividad. A esto se podía deber la depresión que estaba sintiendo, ya que con sus años de consumo, habían disminuido sus niveles de serotonina y dopamina que debía producir su cerebro. También se encontró que algunas áreas que debían estar en reposo, en el caso de Alex, estaban en una actividad fuera de lo normal. Mucho de esto, se encontraba en las áreas de placer y en el área de los sentimientos y las emociones.

"Alex no acababa una actividad, cuando ya estaba pensando en la siguiente y en la siguiente. No se podía estar quieto, era como si su cerebro estuviera revolucionado. Yo le decía, -disfruta- y él me decía, *"es que sí estoy disfrutando"*. Todavía no acababa de comer y ya estaba pensando en la cena. Cuando se hizo el escaneo fue que confirmamos el porqué de su hiperactividad. Es decir, el cerebro no descansaba y la parte en donde normalmente aparece casi apagado, en el resultado de Alex, salía casi todo prendido, lo que explicaba su impulsividad, ansiedad e insomnio. Le hicieron tres estudios diferentes, uno de ellos con líquido de contraste para que se viera el trabajo cerebral. Uno bajo tensión, otro casi dormido, y otro normal. Le hacían distintos exámenes y al final fuimos todos a la junta con el doctor para que nos explicara. Él estaba impresionado con Alex, pues con su historial de 10 años de consumo, y además por su droga de preferencia "crack", le dijo: -el escaneo de tu cerebro no cuadra con tu historial y es un milagro que no estés tan mal-. En la parte frontal del cerebro, (donde se encuentra toda la toma de decisiones y el aprendizaje de los errores), salía un hoyo. Era una zona en donde no estaba llegando bien el oxígeno, era como un "switch" apagado; había una lesión y por eso le costaba tanto trabajo tomar las decisiones adecuadas. Nos dijo que pensáramos que Alex acababa de salir de una cirugía del cerebro muy complicada y que tenía que estar en reposo un año. Nos dio una lista de muchas cosas que tenía que hacer; había muchas áreas que se podían regenerar, así que para todos fue un momento esperanzador. Con toda esa plática Alex respiró profundamente después de mucho tiempo. Y nos dijo: - *ven, esto es lo que yo les intentaba explicar-,* el verlo físicamente fue más claro para todos, pues ya no era falta de voluntad, sino una imposibilidad real". Marimar

La narración de Clarita continúa:

"Después de los resultados del estudio, recuerdo sus palabras exactas, -*me da mucha tranquilidad saber porque actúo como actúo.* Dicho tratamiento se componía de sesiones de neurofeedback, (para aprender a regular las ondas cerebrales y tener un mejor control de tu cerebro), sesiones de cámara hiperbárica para oxigenación, terapia cognitivo conductual, terapia de grupo, ejercicios cardiovasculares para oxigenar el cerebro, suplementos, una alimentación correcta con té verde y el consumo de omegas, masajes, yoga y meditación.

Realmente le explicó muchísimas cosas sobre su comportamiento y le recomendó no salir a los "antros" durante los primeros dos meses para no sobre estimularse y obviamente que se abstuviera de ingerir alcohol. Si él hacía todo esto durante un año, su cerebro podía ser considerado en remisión y sí lo seguía haciendo durante dos años, su cerebro se podría llegar a ver como el de cualquier persona".

Habíamos llegado en el momento oportuno, sabíamos que las recuperaciones de Alex habían sido complicadas, por su poco compromiso, pero esto nos regresaba la esperanza pues también veíamos en Alex el deseo de seguir su tratamiento.

Realmente todos llegamos a México muy entusiasmados pues por primera vez habíamos visto con claridad y pudimos comprender, por un lado, dónde estaba el daño genético y por otro lado, dónde estaba el que se había provocado con su consumo. Mi sobrina Natalie que es nutrióloga le hizo todo un tratamiento con sueros y vitaminas. Alex también comprendió que aunque pudiera restaurar las lesiones provocadas, la predisposición genética y daño ocasionado en el área del placer estaría siempre ahí y por lo tanto le quedó muy claro que no debía volver a tomar alcohol, aunque esta no fuera su droga de preferencia, ni tener otras conductas que para él no eran adictivas, pero que sí lo podían llevar al mismo camino de antes. La realidad es que Alex empezó muy animado".

"Alex llegó con todas las pilas. A esas alturas ya hablábamos de casarnos y claro que me daba nervio pues me daba miedo que pudiera presentarse otra recaída. Para mí fue muy importante haber ido porque me ayudó a entender que si yo quería estar con él tenía que ayudarlo a cuidarse, que iba a tener que ser un trabajo de equipo. Cuando llegamos del viaje, Alex les enseñó a mis papás los escaneos y se ilusionaron mucho. También les explicamos a mis amigos y los de Alex la situación para que entendieran y lo dejaran de presionar en las bodas o eventos cuando nos teníamos que salir temprano o cuando Alex no quería tomar. Los primeros meses dejamos de salir casi por completo. Tomó una terapia de energía en la que duró aproximadamente cuatro meses y con la que se sentía muy a gusto. También fue como dos veces con Mónica, una amiga mía consagrada que se dedica a la sanación espiritual por medio de la oración. Fue muy padre ver como un día, después de ir a su terapia y luego con

Mónica, me habló por teléfono llorando y me dijo, -*Mar, siento que me están quitando un costal de encima, hace muchos años que no me sentía yo así, emocionalmente me siento más feliz y por primera vez estoy sintiendo libertad interna-"*. Marimar

Carta de Alex a su papá, Junio 2013

Hola Pa,

¿cómo estás? ¡MUCHAS FELICIDADES!!!

Día del padre. Yo creo que es un día importante para festejar a quien ha sido un gran amigo, un gran protector, un gran ejemplo, un gran hombre, con un gran corazón.

Me da mucha tristeza el recordar haber desaprovechado tantos años en esa vida tan inútil, en vez de haber aprovechado cada segundo la oportunidad de crecer al lado de un grande.

Doy gracias a las nuevas oportunidades, estoy disfrutando el poder compartir contigo estos momentos tan importantes en mi vida.

Te quiero

Alex S.

Por primera vez, en mucho tiempo, se restablece la magia de la unión familiar de la que siempre Alex hablaba. Todos están en un gran momento, la confianza entre todos comienza a renacer, así como el deseo profundo de que el cerebro de Alejandro puede sanar.

AGOSTO, FELÍZ COMPROMISO

"El 17 de agosto que cumplíamos dos años de novios, me dio el anillo y nos comprometimos. Yo la verdad no sospechaba nada, fue muy padre. Él como siempre haciendo gala de "Alex Productions", incluso me había hecho cita en el salón para que yo quedara reluciente. Yo sabía que me iba a dar una sorpresa, pero no sabía de qué se trataba, incluso me quitó mi celular para que nadie fuera a meter la pata; a mí no se me hacía raro, pues era muy detallista y siempre me sorprendía con cosas románticas y lindas. Primero fuimos a una comida y luego me dijo que el festejo era en su casa. Llegamos ahí y me pidió que me esperara arriba, creo que estuve ahí más de tres horas. Luego subió por mí, me tapó los ojos y me llevó a la terraza. Había mil arreglos de flores impresionantes y velitas por todos lados. Estábamos tan emocionados que él comenzó a grabar todo. Cuando lo vi tan nervioso, me contagió la sensación.

A la hora del postre, llegó con un pastel de fondant espectacular que representaba la casa en la que íbamos a vivir. Me sentó enfrente y abrió uno de los techos y mientras me decía, -*quiero pasar el resto de mi vida contigo*- sacó de ahí un llavero con las llaves de la casa y del otro techo sacó el anillo. Nos abrazamos muchísimo y durante diez minutos estuvimos llorando. Les dimos la noticia a todos y poco a poco fueron llegando a la casa para brindar. Fue bellísimo.

Después del día del compromiso comenzó la planeación de la boda. La fecha de remisión y alta que le habían dado a Alex en la clínica del Dr. Amen, se cumplía en marzo de 2014, así que escogimos mayo de ese año para casarnos. Durante agosto, septiembre, octubre y noviembre la pasamos haciendo los preparativos, la verdad fue muy divertido. Todos los fines de semana íbamos de compras para la casa. Para noviembre ya estaba listo el cuarto principal y el resto estaba ya muy habitable". Marimar

"En octubre fuimos a San Diego a ver un partido de americano e invité a Alex que viniera con mis cuates. La verdad es que la pasamos muy bien, para mí fue como una especie de viaje de reencuentro con mi hermano. Es impresionante lo noble que era Alex, pues durante el viaje, le platiqué que estaba preocupado porque con mi sueldo no me estaba alcanzando y él me dijo que me prestaba dinero de las comisiones que acababa de recibir, yo le dije que no se preocupara que le iba a pedir apoyo a mi papá; ¡me impresiona lo generoso que era!" Eduardo

Es innegable e importante reconocer todo lo que Alejandro creció y logró a lo largo del 2013. Independencia económica, un buen trabajo, participó en la construcción de una casa, ayudó a un tío cuando éste lo necesito, apoyó a la hija de un chofer con el pago de su carrera, se comprometió con los preparativos de la

boda y con la ilusión de una vida compartida con Marimar. Alex tenía una vida que nunca había pensado tener.

CAPÍTULO IX.-

LUCHANDO POR LA VIDA

"El dolor que sufres, la soledad que encuentras, las experiencias decepcionantes o estresantes, tus adicciones y aparentes escollos de la vida; cada uno de ellas, son puertas a la conciencia. Cada una te ofrece la oportunidad de ver más allá de la ilusión y encontrar un equilibrio y el crecimiento de tu alma."

Gary Zukav

Desafortunadamente, Alex no ha logrado cambiar los patrones que siempre lo han llevado a recaer, sólo hay promesas, pero nunca llega a la acción y poco a poco ha ido abandonando una vez más su tratamiento. Sigue poniendo toda su valía en otra persona y parece no darse cuenta de sus cualidades, siempre se percibe a través de alguien más. En todas estas situaciones, se sigue viendo que la enfermedad y la negación en Alex continua y con esta la imposibilidad de concretar su recuperación.

Para el mes de noviembre, comenzaron a surgir situaciones de la vida cotidiana que en Alejandro causaban ansiedad. Viéndolas desde fuera, eran focos rojos significativos, pero que dentro del entorno familiar resultaba muy complicado hacérselo ver a Alejandro por esa necesidad de probar que él podía con todo. Por ejemplo, el organizar una boda, que puede ser difícil pero llevadera, para una pareja común, en él se convertía en una situación extrema.

"Recuerdo que el Dr. Amen nos había explicado que demasiadas emociones, -sin importar si son positivas o negativas-, podían provocar una recaída. Alex tenía diferentes presiones en el trabajo y me imagino que la planeación de la boda y luna de miel también era algo que lo angustiaba mucho pues él quería que todo fuera espectacular.

Aproximadamente en noviembre comenzamos a tener discusiones, imagino que eran nuevamente un foco rojo, porque se ponía muy alterado. Una de éstas fue sobre la decisión de las flores y él me dijo, -"que ya no nos enseñen nada, porque ya no va a haber boda"- y recuerdo que me gritó algo así como, -"*ya me voy a ir a usar*"- o -"*ya me voy a matar*", lo tengo bloqueado pero fue muy fuerte. Para ese entonces ya no estaba haciendo ejercicio y había dejado de lado las actividades que le habían recomendado como parte de su tratamiento, era lo que siempre pasaba… Estaba tan preocupado con su trabajo y las comisiones para pagar todos los gastos de la luna de miel que se olvidó de todas sus herramientas… Probablemente en esa explosión, les debí haber dicho a Clarita y Gerardo, pero por un lado, no sabía hasta qué punto era algo normal… y por otro lado, sentía que era parte de la intimidad de mi relación.

Constantemente me decía que sentía que no era merecedor de que las cosas le salieran bien y de todo lo que tenía, -como si se sintiera culpable- Este sin duda, era otro foco rojo". Marimar

"Creo que a Alex le importaba mucho el quedar bien con nosotros, todo el tiempo le daba mucha importancia a lo que Gerardo y yo le decíamos, aunque siempre acababa haciendo lo que él quería. Desde el día en que Alex llegó emocionando a decirnos que ya quería darle el anillo de compromiso a Marimar, recuerdo que a todos nos pareció muy arriesgado, por el estrés que todos estos preparativos le podrían provocar, lo sentíamos todavía vulnerable y tratamos de decirle que no era el momento, pero como de costumbre, Alex trató de convencernos y de lograr su cometido. A pesar de eso, una vez tomada la decisión era muy emocionante, verlo todas las noches metido en internet buscando el modelo de anillo más perfecto. Todos los preparativos se convirtieron, tanto en momentos de ilusión, como de estrés.

En el caso de la luna de miel, sucedió algo parecido. Tenía el dinero para pagarla, pero sabía que regresando iba a ser complicado mantener los gastos de la casa y la vida de recién casado. Cuando le expresábamos que era una luna de miel muy cara y que tenía que pensar en el futuro, él lo entendía pero al mismo tiempo, le causaba mucha ilusión ir a los lugares y hoteles de ensueño que había escogido, -espacios que estaban un poco fuera de su realidad.- Todas esas situaciones se mezclaban en su cabeza y le causaban mucho ruido". Clarita

Con todos estos cambios, casi de manera imperceptible, comenzó poco a poco a regresar en Alex la necesidad imperiosa de volver a consumir.

"Cuando comenzaba a sentir esa obsesión por volver a usar, mi falta de humildad y mis resentimientos, nublaban mi mente impidiéndome pedir ayuda cuando más la necesitaba y aun estando en uno de los mejores momentos de mi vida." Alex

"Nunca podremos explicar esta obsesión. Alex comenzaba a revivir en su mente los momentos de consumo, se le estremecía el cuerpo, tan sólo de acordarse. (Estos son los momentos en donde se debe pedir ayuda). Tenía sudoraciones y mucha ansiedad que trataba de contrarrestar bajando a las cuatro de la mañana al refrigerador para ver qué cosa dulce se podía meter en la boca. Después de tanta angustia y de esas terribles obsesiones inimaginables…, progresivamente iba dándole cabida al "craving" hasta que éste se apoderaba de él. Llegaba entonces el punto de "no hay marcha atrás". Tan sólo con la idea de haber tomado la decisión de consumir nuevamente, se sentía feliz o en paz; otras veces se ponía bien, tan sólo de saber que ya tenía el dinero o cuando ya había comprado crack."… Clarita

William Cope Moyers, en su libro "Broken" describe el "Craving" a la perfección:

"Las drogas cambian al cerebro, alteran las moléculas y la química de éste, inclusive cambian y modifican la estructura básica y la forma de las células nerviosas. Se sabe que el Craving no es un deseo mental, sino una necesidad física que emerge de la red de células que han sido cambiadas permanentemente por las drogas. Los momentos verdaderamente peligrosos son cuando las defensas del adicto están bajas y el mundo se ve desesperanzado, y es entonces cuando el cerebro del adicto prende estos recuerdos eufóricos que le susurran en la noche o en el día, cuando se está bañando o cuando el día está a punto de terminar, -¿Te acuerdas que bien te sentías?, si vuelves a consumir, te vas a sentir bien otra vez-.

¿Cómo puedo explicarle la "obsesión" a alguien que nunca la ha experimentado? Los investigadores dicen que cuando las drogas se consumen en grandes cantidades y por largos periodos de tiempo, "secuestran" al cerebro como caballos troyanos que se escabullen dentro de las células nerviosas y toman el control. Esto explica el proceso bioquímico, pero ni siquiera se acerca a explicar el hambre desesperada, la sed consumidora, el ansia inaguantable, el furioso anhelo, la necesidad atroz que te sacude y atrapa y no te deja ir. (…) Les recuerda a un aullido interno, un grito tormentoso que no hace caso de la necesidad de comer, de beber agua, de dormir o de sentir amor. Y luego llega la calma que reemplaza a la furia y surge el éxtasis" (17)

"Por esas fechas recuerdo que yo le había dicho a Gerardo que debíamos hablar nuevamente con Alejandro porque lo veía raro y ansioso… Al día siguiente, nos envió un mail que me dejó muy en paz y que me hizo pensar que estaba yo creando escenarios que no tenían cabida". Clarita

MAIL DE ALEX, Martes 19 de noviembre de 2013

Estimados señor y señora Sierra:

¿Cómo están? Pues yo aquí sólo para comentarles lo feliz que estoy con todas las cosas que están pasando últimamente en nuestras vidas. Ha sido realmente gratificante el poder compartir todas estas experiencias con ustedes. Yo creo que igual que siempre, gracias a su constante apoyo, las cosas se vuelven a dar para poder salir adelante. Es evidente que debo estar diariamente agradecido con Dios, ya que las cosas no sólo se alinean, sino que sorprendentemente hacen de mi vida algo increíble. Acompañado de las gracias que le debo de dar a Dios, se las doy también, una vez más a ustedes, ya que sin ustedes, ninguna de estas experiencias podría haber sido posible.

Independientemente de TODO lo que me dan, los adoro. ¡Los adoro por ser los seres humanos tan especiales que son! Y sí, siempre me ha gustado recibir de ustedes, y lo recibo feliz de la vida, pero pueden estar seguros que si ese no fuera el caso, el amor que todos los días les tengo, va mucho más allá de las cosas materiales. Me han dado la vida y ésta ha sido muy privilegiada. Me han dado su apoyo incondicional, me han dado su tiempo, su esfuerzo, su dedicación, su ternura, su compasión, su perdón y cada una de estas cosas vale millones más que todo lo material que me han dado.

Me queda claro que la casa, va más allá de lo que yo pudiera o debiera haber recibido. Sé que es una oportunidad extraña el poder comenzar mi vida en esa casa con Mar, después de todo el historial que se ha vivido. Me siento realmente afortunado y agradecido y espero poder vivirla y conservarla tan espectacular como ustedes me la están entregando.

Se los agradezco más allá de lo que puedo expresarles con palabras. Estoy realmente entusiasmado y una vez más, entusiasmado con la suerte que me ha tocado vivir.

¡Gracias por TODO!

Los quiero Mucho!

Ese viernes Alex recayó…

"Recuerdo que el jueves 21 de ese mes, todavía fuimos a comprar una lámpara para la casa, pero él estaba ya muy nervioso, -luego me comentó Clarita que quizás para ese momento Alex ya había comprado crack y lo traía ya en su bolsa y por esa razón se veía así, pues ya estaba ansioso por llegar a la casa a consumir. Se había quedado de ver al día siguiente en su casa con unos amigos para ir a un torneo de golf. El viernes como a las 11:00 de la mañana Gerardo me marcó al trabajo y me preguntó si sabía algo de Alex porque le habían hablado del club para decirle que ni Alex ni sus dos amigos habían llegado. Lo primero que pensamos fue que había tenido un accidente en la carretera, así que me fui a lo más rápido que pude a su casa. En ese momento, no pensamos que se tratara de ninguna recaída, porque iba junto con los dos amigos. Comenzamos a buscarlos por todos lados, en la carretera, en todos los hospitales; estábamos muy preocupados y decidimos por el momento, no decirle nada a Clarita. No sé si como parte de un mecanismo de defensa pero, tanto Gerardo como yo, estábamos negados a que hubiera desaparecido debido a una recaída. El celular de Alex estaba apagado y aún no conseguíamos el de sus amigos. En ese momento nos volvieron a hablar del club para decirnos que se había equivocado y que sus dos amigos sí estaban en el torneo. Nuevamente entró en acción nuestro excelente mecanismo de defensa y entonces nos permitimos pensar que lo habían secuestrado. Le hablé a una amiga que nos ayudó a tratar de localizarlo. Comenzaron a rastrearlo a través del celular y del coche. Nos explicaron cómo era el procedimiento de un secuestro y nos dijeron que nos fuéramos a Toluca, con los encargados de seguridad. Era tal el grado de temor que teníamos ante una recaída, que casi preferíamos que lo hubieran secuestrado. Regresamos a la casa como a las 2:00 de la tarde y fue cuando le dijimos a Clarita lo que estaba pasando". Marimar

"Mi celular sonó y era Liz mi nuera que me dijo, -Siento mucho lo que pasó con Alex-. No entendí qué me estaba diciendo, sentí como si me cayera un balde de agua helada. ¿Qué le podía haber pasado si Alex estaba en un torneo de golf?…. Muy nerviosa le pregunté qué era lo que estaba sucediendo, pero ella, sin saber bien a bien qué decirme al darse cuenta que yo no estaba enterada de nada, me dijo, -mejor que te cuente Gerardo-. Pero yo necesitaba una respuesta y fue cuando me contesto: -¡Ay Claire!, creo que lo secuestraron porque no aparece-. En ese instante supe que Alex había recaído". Clarita

"Esa noche me quedé a dormir en casa de Alex. Todo el tiempo estuvimos en vela esperando hasta que sonó el teléfono a las 3:00 am., era Alex que le dijo a sus papás que la policía lo había encontrado, -*"estoy bien, estoy en "tal" lugar, pero díganle a todos estos policías y patrullas que se vayan-"*. Les pidieron a los policías que se fueran y Alex les dijo a sus papás que llegaría de regreso a la casa a las 8 de la mañana. En ese momento descansamos al saber que estaba vivo. Se había ido a meter a un hotel para consumir y en efecto llegó a la hora que había prometido. Cuando le preguntamos qué era lo que había pasado, él sólo nos decía que no tenía ni idea, mientras no paraba de llorar. No podía ni voltearnos a ver. Para él, fue demasiado, de la esperanza del Dr. Amen a esto, era terrible sentir que había fracasado. Aunado a eso, cuando llevas tanto tiempo limpio y tu cerebro comienza a recuperarse y se encuentra mucho más oxigenando, cualquier recaída es mucho más fuerte. Para él era terrible, pues ya habíamos muchos involucrados, la presión era espantosa". Marimar

Mientras Marimar estuvo en vela, comenzó a escribirle mensajes desesperados a Alex en su celular... Todos sin respuesta.

-Llevo horas rezando por ti. Espero estés bien.

-No logro entender qué fue lo que detonó que te fueras sin avisar, sin decir nada... Estábamos muy bien, estabas contento, me acababas de decir que NUNCA me querías perder…

-Si llegas a ver este mensaje, te pido que visualices lo que me has hecho soñar todos estos meses: el futuro, tu casa, una familia, viajar, reír, divertirnos, poder hacernos viejitos juntos... Tu chamba, tus papás, tus hermanos, tu ahijada...

Y los recados continuaban:

-Piensa en todos los que tienes en tu vida y si no quieres salir por TI MISMO, hazlo por tu familia, por todo el amor que te han dado, por todo el cariño, el tiempo, por todas las experiencias, viajes, risas, llantos, y que nunca te han dejado sólo. Hoy es tu turno de que tú no los dejes solos, que tú los acompañes y regreses a ellos.

Clarita narra lo que sucedió cuando Alejandro apareció al día siguiente:

"Alex regresó esa mañana muy triste, hablamos mucho, lloró, prometió. Durmió todo el día y luego tan sólo se levantaba a comer algo, como siempre, y regresaba a dormir. Estábamos realmente preocupados porque faltaban muy pocos meses para su boda, inclusive me senté con él y le dije que si quería darle una pausa a todos los preparativos lo podía hacer, pensando que quizás eso era lo que lo estaba estresando tanto. Realmente no entendíamos que estaba pasando por la mente de Alejandro en esta recaída cuando todo se veía tan "bien".

Su papá y yo le recordamos que tenía una boda esa semana en Acapulco y él ya se había comprometido con un grupo de amigos a conseguir la casa donde se iban a hospedar. Una vez más, cambió su chip y se concentró en salir adelante para volver a estar bien. Ese fin de semana se fueron a Acapulco, se la pasaron muy contentos y regresando le hice un análisis del que salió limpio. Llevaba ocho días sin consumir. Al día siguiente se fue a trabajar y después me enteré que toda esa semana había estado consumiendo durante la noche en su cuarto. Gerardo les ofreció a Marimar y Alex acompañarlos a Ixtapa ese fin de semana para sacar a Alex del entorno, pero Alex no aceptó que fuera Gerardo, que prefería ir solo con Mar para reparar el daño. La mañana del viernes nos despedimos, Alex me dijo que iba a recoger a Marimar a su casa y a los diez minutos regresó, entró a mi cuarto y me dijo: -*Ma, no puedo irme, consumí toda la noche, no puedo manejar... Llevo desde el martes usando*-. Se sentó junto a mi cama y se soltó a llorar. Despertó Gerardo y le preguntamos qué era lo que estaba sucediendo, pero Alex sólo lloraba. Cuando llegó Marimar, empezamos a ver qué hacer y a dónde llevarlo. En la casa no podía estar así y obviamente no quería irse a ningún tratamiento. Nosotros habíamos prometido que nunca más usaría en casa, nos ponía en peligro, nos confundía mucho la situación y a la vez, no queríamos dejarlo en la calle y todavía existía esa esperanza de que sintiéndose solo en algún departamento recapacitaría de todo lo que estaba perdiendo. Nos sentíamos dentro de una película surrealista, pues mientras nosotros tres decidíamos qué hacer, Alejandro nos veía desde su cuarto con la mirada vacía y totalmente encorvado. Ante esta recaída, era muy difícil sustraerse del enojo y la frustración tan grande que nos producía, era muy complicado para nosotros seguir siendo empáticos, cuando eso es exactamente lo que se debe hacer, además de ya no organizarle o resolverle su recuperación, cosa que continuábamos haciendo". Clarita

"Cuando llegué a su casa esa mañana Alex me dijo, -*no pude, toda la noche estuve consumiendo y no me puedo ir así*-. Desde la vez pasada, yo le había puesto un ultimátum y le había dicho que no le iba a aguantar ni una recaída más, así que con esto estaba yo desagarrada y le dije que yo no podía ir con él a ningún lado, que no me podía quedar en ese círculo y me salí de su casa. Fue entonces cuando sus papás se lo llevaron a unas suites en Bosques". Marimar

Esa noche, Clarita le escribe a Alex, 6 de diciembre de 2013

Querido Alex:

Una vez más estamos aquí, escribiendo palabras llenas de tristeza y cada vez con más desesperanza. Cada vez es mucho más doloroso el proceso, pues como te dijimos hace unas semanas, ya pensábamos que la habíamos "hecho", que ahora sí ibas a estar bien y que tu vida iba a ser todo lo que siempre habíamos deseado; estábamos llenos de promesas de una gran vida al lado de Marimar y en un futuro, una linda familia. Y por eso, cada vez duele más. Quizás tu pensamiento te engaña pensando que tú no tienes nada que ver en lo que te pasa, que es tu enfermedad, que es tu adicción y la verdad creemos que tú sí tienes un momento en donde tú puedes decidir, en donde el crack no decide por ti. Por alguna razón no estás decidido a hacer los cambios necesarios para que esto no te vuelva y vuelva a suceder. Si nos ponemos a leer todas las cartas que nos hemos escrito, siempre es lo mismo: la falta de seguimiento en lo que te propones hacer, siempre empiezas muy bien, con entusiasmo en todas tus actividades y tus cuidados, logrando muchas cosas importantes tanto en el trabajo como en tu recuperación; al final descuidas todo esto y empiezas a olvidar cómo usar todas tus herramientas como por ejemplo, el aprender a pedir ayuda, el tener una red de apoyo para tus momentos difíciles, la soberbia de pensar que tú puedes solo, dejar a los terapeutas después de pocas sesiones, el no saber escuchar, el no encontrar algo más allá de ti mismo, el no dar más de ti a los demás y sobre todo, mentirte a ti mismo, una y otra vez.

La realidad es que estás viviendo una vez más, un episodio de uso y lo único que debes hacer ahorita es cuestionarte de dónde viene:

¿Qué pasa en ti que te sientes desvalido, sin control, sin poder?, ¿te sientes atrapado en tus decisiones?, ¿qué mueve tu adicción?, ¿el enojo, el estrés?, o sólo otras emociones que sólo tú puedes saber. Estas diferentes emociones que alimentan a la adicción, es lo que no te permite poner atención a las consecuencias que tú bien sabes cuáles son. Cuando las personas no dirigen sus emociones correctamente (a lo que sea) lo canalizan hacia su consumo. ¿Qué te dice esto? Que quizás tienes que analizar hacia dónde van dirigidas estas emociones y aprender a canalizarlas de otra forma.

Qué tristeza que una vez más, no sepas utilizar todas las herramientas que has aprendido durante todos estos años.

Clarita

"Existen muchos factores que causan estrés en el adicto, entre ellos, no dormir bien, una mala nutrición, no conseguir trabajo, tenerlo, empezar o terminar una relación, tener una discusión, ser criticado, o algo tan mundano como perder el camión o las llaves. Todo esto tiene el potencial de desencadenar una recaída, ya que el cerebro se ha condicionado a asociar los químicos con la liberación del estrés. Irónicamente, también los sentimientos de felicidad pueden detonar una recaída ya que el cerebro también asocia los sentimientos de euforia y felicidad, con el uso de las substancias. El cerebro le dice al adicto, "¿te sientes bien ahorita?, te sentirás mucho mejor cuando uses". (18)

CHAT DE CLARITA Y ALEX, DEL 7 DICIEMBRE, 10:16

Alex- Buenos días, gracias por la carta. Como tú dices, a excepción de lo bonitas y llenas de cariño, que siempre son de ambas partes, es como una repetición muy triste.

Clarita- ¿Cómo estás?

Alex- Me quedé profundo con los Tafil de las 2 a las 9. Ahora sí me bañé.

Clarita- Qué bueno, ¿y comiste?

Alex- un cuernito que me compré en el súper, una concha y un choco rol y medio Gatorade y agua de manzana.

Clarita- ¡Tienes que comer comida!

MAIL DE ALEX PARA SUS PAPÁS, 10 de diciembre

La noche de ayer nuevamente consumí, ante esta situación en la que me encuentro, está claro que el único que puede tomar la decisión de salir adelante soy yo. Como lo hemos comentado, son ya muchas las palabras acompañadas de promesas que les he hecho y yo creo, en este momento, lo único que debo de decir, es que nuevamente haré todo lo posible por frenar esta recaída. Yo hablaré al trabajo para pedir que me cubran. Como siempre, este momento no es el mejor para hablar. Les he pedido muchas cosas y sé que no debería de pedir nada. Pero les pido que Marimar no sepa de este último episodio. Más que por protegerme a mí, se los pido por ella, para que no sufra una vez más. Más tarde, y esperando estar mejor, me comunico con ustedes. Sé que hasta estas palabras duelen por la frialdad con las que parece que están escritas, pero en verdad les prometo pronto encontrar al verdadero Alex.

CARTA DE GERARDO PARA ALEX. Misma fecha

Mi querido Alex:

Nuevamente la pesadilla sigue y tú, quemando tu vida, tu dinero… y tu futuro cada día se vuelve más y más incierto. A mí me parece como jugar a la pistola rusa y como siempre, sales adelante. Es el truco que usa tu mente para convencerte que nunca pasa nada.

Claro que el único que puede tomar la decisión de salir eres tú, pero donde te sigues engañando es al pensar que saldrás de un momento a otro, como por arte de magia y no es así, en el fondo lo sabes, es decisión tuya, si quieres irte a desintoxicar a algún lado sólo tienes que pedirlo, pero así como vas, tienes razón, cada vez va a ser más difícil.

Un beso y Dios quiera que puedas salir por última vez y endereces tu vida que no sólo puede, sino que ha tenido y podrá seguir teniendo, momentos increíbles de felicidad y no de destrucción y desolación como los que estás pasando en esta recaída.

Tu Pa

Día 10, Chat de Alex y Clarita, 12:15 pm

Alex- Hola, Además de pedirles una disculpa y en verdad acepto mi responsabilidad, ha sido muy difícil todo el proceso.

Clarita- Alex, como tú dices, es repetirnos. Ya todos sabemos la historia y sabemos que la necesidad física así como la necesidad de que se acabe el dolor emocional dura 72 horas, después obviamente viene otro proceso no menos difícil, pero si no paras en algún momento y te haces fuerte, este proceso no acaba nunca y tristemente vas a acabar con todo lo que te ha costado tanto trabajo obtener.

Alex- sí, lo sé, y varias veces, cuando han empezado los momentos difíciles, he tomado la salida fácil, que al final, ¡sólo lo hace más horrible! Y por supuesto que no quiero perder todo. Es sólo volver a encontrar la fuerza para vivir los momentos difíciles y confiar en que todo se podrá arreglar. Y me da miedo que haya ya ocasionado algún daño que ya no se pueda recuperar. A Mar no la quiero engañar de mi uso, pero tampoco la quiero lastimar, (a pesar de que mis acciones son exactamente lo contrario). ¿Ya le dijeron? ¿O no sabe todavía?

Clarita- No, no sabe y si no paras, ¿qué va a pasar mañana o pasado? De verdad no quiero que esto te estrese, pero Marimar ya no puede estirar más la liga, ahorita sus papás la apoyan, pero si sigues usando van a hacer hasta lo imposible para que ustedes no se casen.

Viene Navidad, viene Ixtapa, ya estamos a día 10... Ya se pagó tu luna de miel, ya tienes tus muebles que con tanta ilusión y trabajo compraron...

Alex- voy a hacer todo lo que pueda para salir, de verdad es lo que más deseo...

Clarita- La verdad es la última vez que lo repito, si no puedes solo, no te engañes, aprende a pedir ayuda...

Alex- Ya tengo que salir a fuerza.

Clarita- ok. Pues aquí estamos todos para ayudarte, no dejes que tu adicción te gane, quien sabe si te hundes más, quizás después ya nadie pueda ayudarte...

Alex- Yo sé que están ahí y me queda claro que necesito de mucho apoyo, sólo es lograr dormir un rato y que pase el estado de "Craving". Para después poder empezar con todo lo que se tiene que hacer...

Clarita- ok, duérmete y no te salgas, tú puedes, lo has hecho miles de veces.

Alex- No me voy a salir. Y espero encontrar la manera... Ya leí la carta de mi papá. Estoy de acuerdo en que no voy a salir por arte de magia. Sé que es una lucha muy complicada y que solo no puedo. Y sí, sé que cada vez es más difícil y el daño más grande...

Clarita- Yo pienso que sí puedes salir, ahora más que nunca que tienes tantas ilusiones, no dejes que tu mente te engañe...

*Alex- **Sí, mi mente juega y engaña, me da miedo dejar de usar y asumir todo el daño...***

Clarita- dile a tu mente que el daño ahorita tiene mucho remedio en tu relación con Marimar, tu trabajo y tu próxima boda, dile a tu mente que deje de fregar en tu contra y que ahorita hay soluciones dolorosas, si tú quieres, pero conquistables, mañana ya quien sabe. Dile a tu mente que tú eres más fuerte que ella y que el dolor de ver la realidad, siempre lo has conquistado. Dile que todos te queremos sano y con nosotros, dile que no te lleve al "punto sin retorno" Si no puedes estar solo porque tu mente no te deja, habla y pide ayuda...

Alex- Yo sé que sí se puede. Nada más quiero poder descansar un poco, para realmente empezar 100% convencido de que no voy a volver a fallar...

Mientras Alex lidiaba con su consumo y trataba todos los días, aguantaba unas horas y en su soledad volvía a consumir, Marimar decide alejarse unos días para meditar.

"Decidí irme fuera unos días para alejarme de la situación y poder ver las cosas de una manera más clara. Me sirvió muchísimo. Al regresar de aquel viaje, lo único que yo tenía muy claro era que en mayo no me casaba. Llegué muy decidida. Ya traía la propuesta perfecta. Le dije a Alex, -llevas, más de dos semanas consumiendo, estás metido en la adicción y no puedes pensar claramente. Vámonos juntos tres días a un hospital para que te desintoxiquen y si después de eso y pensando claramente, me dices que quieres seguir en el mundo de las drogas, te respeto. Pero él no quiso, salí de su casa tristísima"...

Mientras Alex estaba en las suites, sin saber cómo pedir ayuda y pensando que él solo podía, Marimar estaba en Cancún. Desde ahí se comunicaban algunas veces. Los mensajes con sus papás también continuaban.

Chat de Alex del 12 de diciembre a las 10:22 a.m.

Alex- ¿Cómo estás Ma? Acabo de despertar, después de lo que espero, sea la última noche de consumo. Creo que no hay mucho que decir, sólo el tiempo dirá...

Clarita- Ojalá que sí sea la última vez que consumiste. Qué bueno que vas con Moni, es una gran señal para Marimar, de que sí quieres seguir luchando por tu relación...

Alex- Ma, ustedes me preguntan mucho que qué pienso o qué siento. La verdad más honesta es muy triste pero no siento nada, absolutamente nada, yo creo que es el daño que le hace la droga al cuerpo. Me quita todo lo que siento. Y por eso es muy difícil salir en estos momentos, porque nada siento... Es un completo vacío...

Clarita- por eso, ojalá puedes dejar ya esa droga y volver a sentir y a ser tú. Yo sé que ahorita te sientes así, pero ese es el crack que se quiere apoderar de ti y de todo lo tuyo. No lo dejes, duerme y descansa…

Chat del día 17 de diciembre a las 9:41 am

Alex- Hola Ma, ¿Cómo estás? Yo aquí, batallando todavía con mi enfermedad y mis problemas. Estoy seguro de que todos la estamos pasando mal. Y todos queremos que esto ya termine. Es un proceso que ha sido muy difícil y espero encontrar la manera de salir… Los quiero mucho pero tengo que lograr este proceso yo…

Chat de Alex y Clarita, día 19 de diciembre a las 16:02 pm

Alex- pues hay que decir la verdad. Todo lo que les dije en la mañana era verdad. Aguanté y me costó mucho trabajo. La verdad desperté y "pues me dio" y esto es completamente ajeno a ustedes. Tuve un sentimiento de que por qué ya se había terminado que ahora empezarían de nuevo todas las dificultades… y no aguanté… Así que pues así estoy y sé que es horrible.

Clarita- Pues me da mucha tristeza por ti. ¿No te quieres ir a hacer lo de la Ibogaina?

Alex- Aunque está perdida toda la confianza, hoy en la noche hablamos. A las 9 en punto les marco y tomamos una decisión…

Clarita- (21:05 pm) Hola

Alex- Les prometo que voy a cumplir lo de mañana.

"El día 22 de diciembre regresaba Marimar de su viaje lo que implicaba mucho estrés para Alex porque tendría que cumplir la promesa de dejar de usar. Yo lo había ido a ver a las suites y ya estaba con una gran paranoia. Me senté con él en la cama para abrazarlo y decirle que no pasaba nada, que todo estaba bien, que se regresara con nosotros a la casa. De pronto comenzó a decir que la policía estaba abajo, pensaba que venían por él. Incluso ya había roto los cables de la televisión porque se sentía vigilado desde ahí y desde el celular." Clarita

Un día antes del regreso de Marimar, escribió nuevamente

pidiendo ayuda y más tarde envió una carta.

Chat del 21 de diciembre. 19:47

Clarita- ¿Cómo vas Alex?

Alex- Ahí voy, no del todo bien, pero aquí estoy. Ya al rato me dormiré. Y a ver qué tal sale todo con Mar mañana.

Clarita- Ojalá pases buena noche, dejes ya de usar y puedas retomar tu vida.

Alex- Eso espero. Los quiero y ojalá ya en un rato se termine y mañana sea un buen día.

Clarita- Alex, entendiendo tu espantoso craving, todo está en tu mente. Ojalá tu adicción te permita pedir ayuda. Acuérdate que no estás solo.

Alex- Yo lo sé, gracias

Clarita- Vete 15 días a la Ibogaina y a lo mejor te salva.

Alex- Puede ser..., mañana a ver qué dice Mar...

Carta de Alex, 22 de diciembre de 2013, 20:35

*¡Una carta más! Una más de las muchas que a lo largo de los años les he escrito. No se trata de escribir para hablar de lo que hice y de todo lo que tendré que reparar; es evidente que las medidas que se han tomado, desde su punto de vista y probablemente en un futuro para mí también sea el mismo punto de vista, espero que el resultado sea el que todos estamos buscando. **En parte escribo por el miedo que en este momento estoy sintiendo, pero también lo escribo desde la persona buena que ustedes saben que hay dentro de mí. A lo mejor ahora está mucho más escondida y con más miedo que nunca. Al igual que ustedes estoy cansado, confundido, distante de la realidad, pero sé que debajo de todo esto, ahí estoy, y sé que eso es lo que ven ustedes.***

En algún momento entré a esta especie de locura en la que sé que

217

si tomo la decisión correcta, este mundo irreal terminará y regresaré al punto donde todo comenzó. Les pido una disculpa, piensen que esto lo hice sin tener libertad de pensamiento, y sé que independientemente de mi estado, les hago mucho daño y me hago mucho daño a mí.

Espero que aunque hoy sigamos viviendo un rato más este infierno, que al momento de dormir pueda despertar listo para empezar a enmendar el daño. He repetido esto innumerables veces, pero saben y les consta que una de todas estas, será verdad y con esa es con la que empiezo siempre mi camino. Espero que a partir de mañana y con mucho trabajo y constancia pueda conservar lo que pueda recuperar. Má, gracias por estas siempre presente. Pá, muchas gracias por todo tu apoyo. Eddie y Mau, perdón por que nunca pude aceptar su ayuda.

Mar, gracias por seguir tratando de recuperar la vida que teníamos, vida que ahorita me cuesta trabajo sentir y ver pero que sé que ahí está.

Nos vemos mañana y espero que Dios nos de fuerza a todos para perdonarnos y volver a empezar. Alex

Chat del mismo día a la 1 de la mañana. Alex seguía teniendo alucinaciones y en sus mensajes ya no se entiende a qué se refiere. En sus llamadas les decía a sus papás que lo estaban traicionando porque escuchaba patrullas y les decía que seguramente ellos las habían enviado para ir por él.

Alex- Ayúdame Ma, plis, plis

Clarita- ¿cómo puedo ayudarte?

Alex- Yo creo que lo que hicieron me marcará para siempre.

Clarita- ¿qué hicimos?

Alex- Nada

Clarita- ¿dime, qué te hicimos?????

Alex- Nada, cuando me digan ahí estaremos en las mismas. Mientras nos seguimos engañando.

Clarita- Alex, realmente no sé de qué me hablas.

Horas después de haber dormido y descansado, en la noche les escribe nuevamente.

Alex- de verdad perdón, no falta decirlo. Nos vemos mañana a las 11.

Mail de Gerardo para Alex, 23 de diciembre, 8:56 am

Ojalá hayas podido dormir algo y hoy puedas estar mejor. Pídele a Dios. Te queremos mucho y estamos realmente tristes y desesperados.

Todos los esperaban nuevamente el día 23 para que llegara a casa y Gerardo lo llevara al aeropuerto para irse a la clínica de la Ibogaina.

Chat de Alex con María su amiga, 23 de diciembre 12:42 am

Alex S: y sí, a todos les juré que estaría bien al día siguiente

-y en esas estoy en este preciso momento

-buscando algo que a lo mejor ya nunca voy a encontrar en el uso

-más paranoia, más tristeza, más dolor

-pero aquí lo tengo y el único idiota que se entiende soy yo

-voy a paso veloz para que esto termine

-lo que sea

-y mañana dejar de romper promesas

-e ilusiones

-ya bastante daño hice

-ya dinero mal gastado con tanta gente que lo necesita

-y sí, dentro de mi hay una buena persona que va a regresar lo mucho que sin merecer la vida me ha dado

-una y otra vez

-la razón, algún día la entenderé...

- pero ¡wow!...

-lo que he recibido

-¿y si a un lado de esto traigo "la enfermedad?"

-que siempre estará ahí presente

-pero tengo a la gente que siempre va a estar ahí a mi lado

-¿y si encuentro en estos próximo días la manera de pedir ayuda?

-¡wow!, la vida que voy a tener

-de verdad

-nada de estar haciendo tonterías

- buscando en todos lados una felicidad que no está más que enfrente de mí

-haga lo que haga

-decepción tras decepción

-rápidamente corren a estar a mi lado

-y más amor y felicidad que ese

-NUNCA

-voy a encontrar en esta mierda

-curiosamente

-iré a terminarla

-porque quiero mañana de verdad no tener ni la más mínima duda de hacer lo que tengo que hacer

-sin ninguna reserva

-no quiero estar con eso de "me faltó uno más"

-se acabará

-y ¡PUM!

-una vida nueva

-si Dios me lo permite…

-que siempre ha estado ahí

A las 12:49, Alex continuaba escribiendo…

-y las personas que la vida me manda, se merecen todo mi respeto

-y cuidado

-porque son priceless

12:50 am MARIA: -sabes que eres una gran persona!

ALEX: -puedo ser

-not yet

-sé que tengo buen corazón

-pero me falta

-muchas cosas

-valorar lo que tengo

-disfrutar la vida

-tantas cosas bonitas

MARÍA: -las vas a encontrar, pronto, muy pronto

ALEX: -¡yo lo sé! Siempre han estado ahí

-sólo tengo que abrir los ojos

-y disfrutar

-estoy enamorado

-de la mejor mujer del mundo

-y no la voy a perder

-ni a ella

-ni a la mejor familia de todas

-bueno, ahora, a esta mierda por última vez...

-good night

"Al final, lo convencimos de ir a una clínica en donde te dan Ibogaina, una planta africana "cura anti droga". El día 23 se fue a dormir a su casa pues Gerardo lo iba a llevar al día en la mañana al aeropuerto. Salieron de la casa y a la mitad del camino Alex se bajó del coche y dijo que no se iba. Gerardo lo subió al coche y regresaron a la casa. Durmió todo el día y ya no pudieron festejar Navidad en casa de Mau, por quedarse con él y el día 25 volvieron a tratar de llevarlo al aeropuerto. La verdad es que hubo muchos intentos fallidos." Marimar

"En efecto, el día 25 después de no aceptar irse nos pidió que lo lleváremos de regreso a las suites. El 26 de diciembre Marimar nos llamó de Acapulco diciéndonos que Alejandro le había hablado pidiéndole ayuda, diciéndole que ahora sí se quería ir a la clínica pero que no nos quería decir para no fallarnos una vez más y que por favor ella le comprara el boleto de avión. Nosotros teníamos planeado irnos a Ixtapa a pasar año nuevo el día 27. Entonces, arreglamos todo para pasar primero por Alejandro, dejarlo en el aeropuerto y de ahí irnos a la terminal para tomar nuestro vuelo. Cuando llegamos por él estaba dormido, no había empacado y nos decía que él no se iba a ir, que él le había dicho a Marimar que hasta el 28. Estuvimos tratando de convencerlo de irse con nosotros ya que al día siguiente le iba a costar más trabajo irse solo, que ya teníamos abajo una camioneta que nos iba a llevar a todos. Fue inútil se quedó en la suites y nosotros nos fuimos muy tristes. Como Alex había destruido su teléfono porque decía que desde ahí lo estaban vigilando, antes de irme le compré un teléfono muy básico para poder estar en comunicación." Clarita

Marimar continúa el relato.

"Después de Navidad, Alex se quedó solo en México, fue un desgaste emocional durísimo, para esas épocas ya tenía alucinaciones muy fuertes. Cuando hablaba por teléfono conmigo me decía, *-Marimar, tus papás están afuera de mi departamento, por favor diles que se vayan-*, o me decía, *-yo no sé quién seas tú, pero por favor pásame a mi novia-*. Otras alucinaciones las recibía a través de la televisión, como una que se repetía de un angelito y un diablito que le hablaban como si fueran su conciencia. Había veces en que las alucinaciones eran positivas; otras veces, veía cosas horribles. Uno de esos días destrozó su celular porque me decía que por ahí también lo escuchaban y lo seguían…

Alex me contó que en una de las alucinaciones, había un grupo como de quince personas que eran considerados como los mejores del mundo, "los elegidos". Pero para que entrara al grupo un nuevo integrante, alguno de los que ya estaba tenía que morir. *-Mira Mar, ahora sé que no es real, pero en el momento en el que estoy teniendo la alucinación, lo creo completamente. Alucino que me quieren meter a ese grupo y me dicen que el corredor de carreras Schumacher está ya muy mal y que ahora yo puedo entrar-.*

La verdad es que en todo eso, el dolor y la impotencia más grande para mí era que hiciera lo que hiciera, yo no lo podía ayudar. De repente tenía momentos de lucidez y me hablaba berreando para decirme que ya no podía más, *-no sé qué estoy haciendo-*, me decía, era tal su dolor que tenía que volver a consumir pues ya no toleraba la realidad. Fue el peor año nuevo de mi vida. En sus últimos mensajes ya no se le entendía nada".

"Me fui a Ixtapa con un terrible sentimiento de dejarlo solo en México. Al día siguiente se salió de las suites y empezó a quedarse en diferentes hoteles. Nos hablaba todos los días, para cuestionarnos que por qué lo habíamos dejado solo. Su estado emocional estaba ya muy mal. El día 1 de enero me habló llorando para pedirme que por favor lo ayudara que ya no podía más, que por favor fuera por él al hotel en donde estaba y que lo llevara al hospital. Mi boleto de regreso estaba para el día 4 de enero y por las vacaciones no había manera de conseguir un regreso antes. Le hablé a uno de mis cuñados para que por favor fuera por él. Lo recogió en un hotel y lo llevó al Hospital ABC, cuando llegó por él, Alex lloraba agradecidísimo y como sedita se fue con él. Pasaron unas horas en el hospital, comenzó nuevamente el craving por lo que se arrancó el suero y se salió. El chofer de mi cuñado lo llevó a otras suites donde quedamos que nos esperaría para que en cuanto regresáramos, lo pudiéramos llevar a la casa. El plan era que el 6 de enero se fuera a alguna clínica. El día 4 que yo regresaba, el vuelo se retrasó muchísimo, así que me comuniqué con él para decirle que mejor nos veíamos al día siguiente. Llegó en la mañana de ese día muy enojado, me dejó toda su ropa para lavársela y me dijo que como ya se iba a una clínica, había decidido usar todo el día y que regresaría a tiempo para el viaje. El día 6 llegó muy puntual y se acostó a dormir. Mientras él dormía, llegaron todos para despedirse, cada vez que sonaba el timbre, el perro de Mau ladraba como loco, así que les pedí que lo callaran, entonces de la nada salió Alex del cuarto y me dijo, -*"deja de cuidarme el sueño, ¿por qué están todos aquí?, y además les digo que ya no me voy a la clínica-."*

Nos sentamos a comer en un silencio sepulcral, yo ahí no tuve el valor de decir nada, de decirle que estábamos todos para él, para verlo y para despedirnos, sentía que yo tenía que caminar sobre cascarones de huevo para no alterarlo más…. Cuando nos dijo que no se iba a la clínica, Mau le preguntó, ¿entonces qué quieres hacer? *Yo aquí, no voy a salir nunca*, -dijo él-, a lo que Gerardo contestó, -vete a donde quieras-. Entonces Alex agrego, -*ya que tengo el boleto para Tijuana, me voy a cruzar a San Diego, ahí conozco gente y las juntas que me van a ayudar a salir"*…Clarita

"Después de más de un mes de consumir, yo ya estaba desesperada. Lo vi un día en su casa y me dijo: *"Mar, está vez, no tienes idea lo horrible que fue.* El día 6 estábamos todos en la casa de Clarita para despedirlo. Estaba flaco, descompuesto y amarillo. Yo no lo podía dejar, pero estaba metida en un círculo sin fin, al borde de la locura, la impotencia y la desesperación. Entonces subí con él a su cuarto pero seguía con el mismo cuento de no irse a una clínica. Recuerdo cómo le decía: -mira Alex, piénsalo, vete diez días a desintoxicarte a algún lado-. Tenía un vuelo para Tijuana y al final decidió irse a desintoxicar él sólo a San Diego, lo que todos sabíamos que era una moneda de doble cara. **En cuanto tomó la decisión fue como si cambiara un "chip interno", un cambio impactante de actitud, estaba tan cuerdo como dos meses antes, incluso se puso de buen humor, como si nada hubiera pasado.** Era como una lucha muy intensa entre el bien y el mal; sentía muy fuerte como esa dualidad se movía dentro de él. Nunca había visto en él un cambio tan radical, como si fuera bipolar. Yo me quedé en shock, le dije que yo lo acompañaba al aeropuerto, pero que no me iba a ir con él. Todavía fuimos por unos tacos donde él, como sí nada, seguía haciéndome reír. Cuando íbamos de camino al aeropuerto, me dijo, -*vamos a la casa de Tlapexco para* *despedirnos-.*

Él me había dicho que ya iba a estar bien para la boda, pero yo le dije que en mayo definitivamente no nos íbamos a casar. Creo que aunque se puso triste con mi decisión, de alguna manera, su lado adictivo se relajó. Finalmente, lo llevé al aeropuerto donde todavía me compró un billete de lotería. Nos despedimos como cuatro veces, yo quería darle todo el ánimo para que saliera adelante".

Marimar

"Para estas alturas, ya habíamos dejado a Alex que viviera muchas veces las consecuencias de su adicción, ahora era el momento de dar un paso hacia atrás y dejar que sucediera lo que tuviera que suceder; dejarlo a él tomar responsabilidad de su recuperación y de esa manera le dábamos la oportunidad de crecer y de obtener nuevos aprendizajes. Por esta razón, decidimos que sí se fuera solo a San Diego, para darle la oportunidad que él pedía "yo solo puedo". Aunque todos sabíamos y que sí necesitaba ayuda, teníamos la esperanza que él fuera el que la pidiera. Al dejar que en la lejanía, Alex sintiera el verdadero dolor de su enfermedad, se abría una rendija para la recuperación." Clarita

SAN DIEGO

"Cuando Alex entró a mi cuarto a despedirse, yo estaba sentada frente a mi computadora y me dijo, *-ya me voy, ¿no me vas a dar un abrazo?-* Me paré y le di un abrazo muy fuerte. Si yo hubiera sabido que era el último abrazo, no lo hubiera soltado. Se fue al aeropuerto y desde el camino me habló para pedirme que le reservara una noche de hotel, pues iba a llegar de madrugada y quería asegurarse que tendría un lugar donde llegar. Empezaron dos semanas de conversaciones telefónicas muy positivas y armónicas, sonaba muy bien. Inclusive le enviamos su tarjeta de crédito por DHL, ya que le estaba costando mucho trabajo pagar sus comidas y las noches de hotel en efectivo. Rentó un coche, nos platicaba que estaba muy contento, que estaba leyendo y que le estaba echando muchas ganas. Pero por más que yo le preguntaba si ya había contactado a alguna de las personas que lo podían ayudar o si ya había asistido a alguna de las juntas, siempre me evadía o me daba algún pretexto. Unos días después, Marimar me dijo que seguía usando." Clarita

"Durante toda nuestra relación, hablábamos mucho por mensajes y por el celular. Pero estando allá, sólo hacíamos una llamada al día porque me dijo que iba a estar en introspección. Yo lo entendí perfecto, pero se me hizo raro pues su personalidad era de mayor cercanía. Mau fue el único que nos dijo que seguramente seguía usando. Sus papás habían quedado con él que tan sólo se iría dos semanas para limpiarse allá y que así lo iba a lograr. En realidad, fue una Ilusión tonta que nos hicimos todos, pues con el mes que ya llevaba de consumo, era muy difícil que lo lograra él sólo. Llegó finalmente el día en que iba a regresar a México pero se equivocó al enviarme un mensaje que en realidad era para el dealer. Yo le mostré muy tristemente el mensaje a Clarita". Marimar

"Alex era un cuate a todo dar pero cuando consumía, yo no le hacía caso... Imagino que hay mil estrategias para que un adicto salga adelante pero para mí, la clave está en nunca dejarlos solos, mejor que se mueran contigo, a que se mueran solos. A Alex nunca lo abandonamos. Cuando él pidió irse solo a San Diego, nos dijo que así podría salir adelante y mis papás quisieron respetar su decisión. Quizás, allá se echó dos semanas bien, pero finalmente, le ganó la ansiedad y volvió a consumir. Para el 17 de enero mi hija Ana cumplía años y como Alex es su padrino le marqué por teléfono y le dije, -Alex háblame en dos horas para que felicites a Ana-, él me habló y nos echamos dos horas al teléfono, raro porque yo odio el teléfono y eso no me pasa con nadie. Platicamos de todo, me dijo que ya se quería regresar a lo que yo contesté, -ya regrésate Alex, tenemos muchas cosas que hacer, sí, -me dijo él-, *-ya me quiero regresar, además ya no quiero que mis papás me sigan hablando por teléfono-*. Ni él sabía lo que quería pues pedía eso, pero nunca dejó de comunicarse con ellos por teléfono, era como para guardar distancia. Después de ese día, nunca más volví a hablar con él". Eduardo

"Eduardo me habló esa noche para decirme lo que Alex le había dicho. Respetando esto, dejé de hablarle un tiempo. Unos días después él me llamó para pedirme otra vez ayuda. Su voz sonaba muy desesperada. Le hablé al de la clínica de la Ibogaína para pedirle que pasaran por Alex a San Diego y lo llevaran ahí. Al día siguiente pasaron por él y comenzó su "Detox" con la idea de que en cuanto estuviera limpio, pudieran empezar con el tratamiento. A las seis horas de estar ahí, Alex pidió que lo regresaran a San Diego argumentando que eso no era para él. Unos días después me hablaron del hotel donde se estaba quedando para decirme que estaba caminado por los pasillos muy desorientado. Pidieron una ambulancia y lo llevaron a un hospital. Después de varias horas de buscar el hospital en donde estaba, logré hablar con él. Le rogué que se quedara a desintoxicarse. Me dijo que de ninguna manera. Le pedí a la enfermera que lo detuviera pero no hubo forma. Desafortunadamente, juntos en familia y con Marimar, decidimos no ir a San Diego a rescatarlo una vez más, sino dejarlo "solo" con la única esperanza que llegara el momento que él dijera: -no quiero más esto-. Y aunque eso era también lo que él quería, ya no sabía cómo. Unos días después, decidí hablarle a su padrino de doble AA, David para decirle: -David, Alex está en apuros, te necesita, por favor háblale-. Le di el teléfono del hotel donde estaba y en efecto, Alex le pidió ayuda. Una vez más pasaron por él y lo dejaron en un rancho lejos de San Diego donde la única terapia eran las juntas de AA y leer la biblia todos los días. Pasó la noche ahí y al día siguiente se salió nuevamente." Clarita

Correo de Alex para Clarita

Ma:

La única razón por la que hablé a American Express fue para utilizarlos y que se comunicaran contigo y nos enlazaran la llamada... Por favor, por lo que más quieras, comunícate conmigo. No tengo un peso, estoy en una reserva lejos de todo. Tengo hambre, tengo sueño. Plis, plis, plis, plis, plis, no me hagan esto.

PLIS, PLIS, PLIS

Estoy sin usar, estoy tranquilo... pero no quiero dormir en la calle congelado en una reserva india.

Alex

"El 22 de enero que era mi cumpleaños, le pedí que de regalo intentara ir a la clínica. Me habló ese día y fue muy triste porque estaba alucinando muchísimo. Recuerdo con claridad que me dijo, -están inventado todos que hoy es tu cumpleaños, seguro lo estás inventando para forzarme a que vaya a la clínica-. Yo lloraba como loca. Por sus alucinaciones, Alex comenzó a cambiarse de hoteles, sentía que lo perseguían por todos lados, como Helen vivía en San Diego, Clarita también la contactó para que lo ayudara.

Para ese momento, yo fui con un especialista en adicciones para saber cómo podía tener más herramientas. El especialista fue implacable y me habló de una parte muy dura que me hizo ver al adicto. Luego agregó, -Dios te ama pero aléjate, le tienes que poner un alto. Además si Alex cae en blandito, es mucho más fácil que recaiga y si tú sigues ahí para él, lo vas a llevar al suicidio-. Obviamente yo no quería eso para Alex. Lo más duro de escuchar fue cuando me dijo, -salte de ahí. Entonces fui a hablar con Clarita para decirle que ya no podía más. No veía que Alex mejorara, ni sabía cuándo iba a regresar. Alex me decía, -Mar: por favor, si estoy dos días limpio, ven a verme-; pero yo moría de miedo de ir, que se me escapara o alguna otra cosa y necesitaba poner orden en mi vida. Así que le dije a Clarita, -no puedo hablar con él de nada y quiero que sepas que ya decidí romper con él. Recibí un mail suyo el 27 de enero y luego yo le escribí a Alex un último mail". Marimar

Mail de Alex para Marimar, 27 de enero 2014

Mar:

No sabes cuánto siento el sufrimiento que te he causado a ti y a los tuyos. Sé perfectamente que reparar el daño va a ser un trabajo de mucho, mucho esfuerzo y tiempo y aun así, habrá a lo mejor cosas irreparables. Te pido una disculpa por todo lo que ha sucedido. Te digo, -no te prometo porque no quiero darte una falsa esperanza-, pero te garantizo que el día de hoy, será el último que habré consumido... Espero en Dios que aun esté a tiempo para poder recuperar mi vida y recuperarte a ti, pues la verdad tú y mi familia son lo único bonito que tengo hoy...

Ojalá y sé que es poco menos que imposible, puedas algún día entender, por qué actué de la manera como actué y ojalá me des la oportunidad de volverme a enamorar de ti y de la vida que teníamos juntos. En dos días te hablo y sería algo increíble que pudieras venir por mí. Sé que tú lo ves como la salida fácil, pero yo lo veo así, porque quiero empezar mi vida a tu lado. Necesito un empujón, con tenerte cerca. Ojalá después de todo lo que han hecho por mí, -yo no he dado nada de regreso-, me puedas conceder esta petición. Sería para mí el mejor regalo de todos....

Alex

"El 29 hablé nuevamente con el especialista al que estaba yo consultando y le envié el siguiente mail a Alex". Marimar

Mail de Marimar, 29 de enero de 2014

Alex:

No sé cuando llegues a ver esto. Te lo tengo que escribir ya porque yo ya no puedo más y tengo que seguir con mi proceso. No he sabido nada de ti desde que me dijiste que ibas a estar dos días limpio para ya poder regresar, lo que ya sé que no has podido cumplir OTRA VEZ. Todo lo que digo aquí es porque lo siento y porque te amo, pero ya no puedo seguir viviendo esta pesadilla.

Ya van dos meses desde que no puedo hablar contigo, ni he podido tener una conversación normal porque no has estado limpio para poder platicar. No puedo ni empezar a explicarte lo que he sentido. El tener un futuro que ya sentía hecho: una vida con la persona que más amaba, una boda planeada, una luna de miel, ilusiones de tener hijos con ese hombre en el que tenía fe y con el que sabía que podía ser feliz el resto de mi vida. Todas esas ilusiones, se cayeron el día que decidiste irte a usar. Y ese momento llegó, porque dejaste de hacer cosas que te ayudan a mantenerte fuerte. No pudiste ser humilde y aceptar que tú solo no puedes, que necesitas las terapias, las juntas, el ejercicio... si no llega el momento en que explotas y no tienes de dónde asirte. Ese momento llegó, no te pudiste cuidar, no tomaste en serio tu futuro y esta vez, no era sólo tu futuro, ya incluía también el mío y lo decidiste arruinar también.

Todavía al principio, por el mucho amor y fe que te tengo, decidí esperar un poco para pensar las cosas. Ya han pasado dos meses en los que he llorado todos los días y en los que he tenido que ir cancelando yo sola las cosas que teníamos... Se y me consta que estás enfermo, que es MUY difícil salir... pero te hemos dado las oportunidades para ayudarte y muy cínicamente las has declinado. No sé si sea soberbia el pensar que tú puedes solo, no sé si simplemente quieres seguir usando hasta llegar a la muerte.

Yo ya no aguanto tanto dolor y sé que el dolor va a seguir hasta saber que tú estás limpio, que estás bien. Porque, ¿sabes qué?, a pesar de todo, me importas y mucho. ¡Te amo! Como todo en esta vida, tenemos que poner un límite y yo ya lo puse. Y me duele en el alma, ya que desde el día que te conocí yo sabía que quería un futuro contigo y decidí optar por eso, a pesar de lo difícil que fue ir contra todo el mundo; pero opté por eso porque estaba segura que quería estar contigo. Hoy en día, por más que yo tenga claro lo que quiero, si tú no quieres, no hay nada que yo pueda hacer…

Espero de verdad de todo corazón que logres estar bien, que logres salir de esa porquería. Todos los días rezo por ti, voy a misa, estoy haciendo mucha oración y sacrificio para que Dios te de la gracia y puedas salir adelante, pero yo ya no puedo estar dentro de esa vida y esa dinámica. Te deseo TODO lo mejor y de verdad ojalá puedas pedir ayuda y puedas y quieras tener la vida que estábamos a punto de tener y dejaste ir.

Yo ya no quiero más promesas sin cumplir como las que me llevas haciendo estos meses. La única manera que yo podría pensar en regresar contigo algún día es si tú vas a juntas, si eres humilde y aceptas que alguien más te ayude y hagas un cambio 180 grados en tu vida.

Obviamente todo puede pasar, pero ojalá puedas optar por luchar por ti, para que logres sanar y salir adelante. Yo no pierdo la esperanza en que sí puedes lograrlo, en que si puedes salir y desatarte 100% de esta enfermedad, pero lo tienes que demostrar. Tú decides lo que quieres para tu vida, al igual que yo HOY decido que no quiero esto que estoy viviendo. Por favor, por ahora sólo necesito saber que estás bien, que ya leíste este mail y saber qué planeas hacer con tu vida, para yo también siga adelante con la mía.

Te amo mucho, mucho, mucho, mucho y es por eso que tomo esta decisión para que ojalá puedas salir. No sabes las ganas que tengo de abrazarte, de darte besos, de agarrarte la mano, de caminar contigo, de dormir contigo, que me abraces y me digas que todo va a estar bien. Te extraño mucho, te mando muchos besos y abrazos y que Dios te bendiga siempre, ¡siempre!

El día 30, Alejandro contesta el mail de Marimar y a partir de esa fecha se suceden una serie de correos entre los dos, lleno de sufrimiento.

30 de enero de 2014

Mar:

Llevo un día sin consumir y la única razón por la que estoy incomunicado es porque hasta ayer me volvieron a dar mi dinero mis papás, acabo de despertar, no use ayer y no he usado hoy... No tengo palabras para contestar tu mail, no puedo dejar de llorar, de toda la pesadilla que ha sido esto, esto fue lo peor de todo lo que ha pasado... Con esto, el dolor que tenía dentro, acaba de tocar fondo y la verdad ya no tengo nada más que ofrecer...

Como dicen, esto fue la gota que derramó el vaso, la gota del sufrimiento, te entiendo perfecto pero en este momento se partió mi corazón y mi alma. Yo también te amo, te amo, te amo, te amo y una vida sin ti ya no tiene ningún significado...

1 de febrero de 2014

Mar:

Te necesito, me estoy volviendo loco, ya no puedo con lo que mi mente está viendo... Por favor dime que estás bien, por favor dime que todo lo que estoy viendo es una fantasía, que no es real... Te necesito mi amor... te necesito conmigo.... otra vez me dejaron sin mi dinero, no puedo ni siquiera pagar el hotel... Nada más me depositen, me voy a cambiar de hotel y te aviso en donde estoy... te trate de marcar ayer como diez veces pero nunca pude comunicarme.

Mar, de verdad ya no puedo más...

Nuevamente 1 de febrero

Ya no quiero vivir sin ti MAR... la verdad ya no quiero... necesito verte y abrazarte.... ya esto se está acabando!

Clarita relata:

"Durante todos esos días habíamos estado consultando a diferentes especialistas pues nos preocupaba el hecho de que Alex había ganado mucho dinero en su trabajo y nos lo pedía cada semana con la excusa de pagar sus hoteles y comidas. El de la clínica de Ibogaina, nos recomendó que aunque fuera de él, no se lo diéramos. Por otro lado, consultamos a David y él nos dijo: -de ninguna manera, si es su dinero, dénselo con la finalidad de que tome responsabilidad, no importa si se lo acaba. Con el antecedente del anexo y de Dallas, como familia ya habíamos decidido que nunca más Alex estaría en la calle y que siempre podría contar con un lugar limpio para dormir y una comida caliente, esa fue razón suficiente para continuar dándole su dinero. Al final, Alex ya sólo nos hablaba para que le depositáramos, se cambiaba continuamente de hoteles. El lunes 3 de febrero, me llamó para decirme que ya se quería regresar a México. Su papá y yo le ofrecimos ir por él para llevarlo a algún lado y él nos respondió: -*no, ya pronto se va a acabar esta pesadilla*-. Le dijimos que le íbamos a depositar lo último que le quedaba en su cuenta y que lo usara para regresarse a México. Yo agregué que le volviera a hablar al de la clínica en Ibogaina para desintoxicarse antes de regresar. Alex nos dijo que sí a todo. Le dijimos muchas veces cuánto lo queríamos y que él podía lograrlo, a lo que él respondió, -Marimar me dejó-.

Yo traté de calmarlo diciéndole que cuando él retomara su vida, ella iba a volver con él, que tan sólo estaba preocupada, dolida. Para nadie era fácil entender lo que estaba pasando. Volvimos a decirle que lo queríamos y colgamos. Recuerdo que Gerardo me dijo: -suena ya muy mal-.

Al día siguiente, le dije a Gerardo, -algo le pasó a Alex-. Él me tranquilizó. Ya no supimos nada de él e inclusive esperábamos que regresara a México el miércoles tal como nos había dicho que lo haría, todo el día lo estuvimos esperando. El jueves 6 de febrero por la mañana, Gerardo me dijo: -ya estate tranquila, Alex acaba de sacar ahorita el dinero que le enviamos-. A las dos de la tarde, estaba yo cocinando ya que teníamos una comida en la casa, cuando sonó el teléfono. Juanita contestó y me dijo: -le hablan de Estados Unidos-. Mi primer pensamiento fue: -¿en qué problema se habrá metido ahora Alex?-. Contesté y una persona con un pésimo español me hablaba lentamente y me hacía preguntas extrañísimas. ¿Sabe usted que su hijo está en San Diego?, ¿sabe usted la razón por la que él está aquí?, ¿vino aquí por negocios? Y así, una serie más de preguntas. Y de pronto me dice: ¿Sabe usted que falleció su hijo Alejandro? Todos estaban hablando en la cocina, no sabía si estaba yo escuchando bien o qué era lo que esta persona me quería decir y entonces le repetía, ¿cómo que Alejandro falleció?, ¿cómo?, ¿dónde?, ¿qué le pasó? No entendía yo nada. Empecé a decir: -¡no, claro que no!- Juanita gritaba y lloraba desesperadamente, mientras decía, -¡mi niño no!, ¡mi niño no!-. No lograba yo escuchar nada de lo que la mujer me decía. Le preguntaba nuevamente, ¿dónde está?, ¿qué le pasó? y Juanita gritaba más. Yo desesperada le dije que por favor se saliera para que yo pudiera escuchar. Poco a poco, en su mal español, me empezó a explicar qué es lo que había sucedido. Me dijo que Alejandro había llegado aproximadamente a la una de la tarde a un Holiday Inn, pidió un cuarto, lavó su ropa en la tina, pidió una pizza que nunca se comió. Dos horas después, salió gritando que había fuego en su habitación y prendió la alarma del pasillo que comenzó a escucharse estruendosamente por todo el hotel. Alex continuaba corriendo por el pasillo, preguntando en dónde estaban su mamá, afirmando que estaba en el cuarto 220. Los bomberos llegaron rápidamente junto con la policía, subió la gerente del hotel junto con ellos para verificar si en realidad había fuego en su cuarto. Me puedo imaginar que ya por su paranoia, Alex se asustó mucho al ver a los bomberos y la policía, quizás pensando que vendrían por él, -su temor de siempre-. Corrió hacia la salida de emergencia donde había un balcón, se siguió de frente y el balcón que era muy bajo no pudo contenerlo, cayó al vacío y murió instantáneamente… A veces pienso que Alex, en su fantasía, solamente quería volar y escapar.

Mientras yo escuchaba tal relato, entró Mauricio a la cocina y vio la escena. Me empezó a preguntar qué era lo que estaba pasando, pero yo lo único que alcanzaba a decirle es que Alex estaba muerto. ¿Pero cómo?, -me decía él-. Gerardo que estaba arriba, escuchó y bajó inmediatamente. Todos llorábamos desesperadamente. No entiendo de dónde saqué fuerzas y les pedí a todos que me dejaran continuar con la llamada.

Entonces le pregunté a esta persona qué era lo que debíamos hacer. Me dio los datos y los teléfonos de la funeraria a dónde debíamos de

233

hablar para seguir las indicaciones e ir por Alex.

Colgué el teléfono, llego Eduardo a la casa para comer y todos gritábamos y llorábamos como locos, no lo podíamos y no queríamos creerlo. Nunca pensamos este desenlace.

Todos fuimos a San Diego por él, lloramos mucho, nadie entendía lo que estaba pasando, estábamos en estado de shock, caminábamos como por inercia sin rumbo y como Alex había vivido tantos años en San Diego, cenábamos y comíamos en todos sus lugares predilectos recordando todas las veces que habíamos estado ahí con él e incluso pedíamos sus platillos favoritos. Me da mucha paz pensar que Dios le dio dos años y medio más de vida después de la balacera para que pudiera reparar muchas cosas y lograra realizar sus sueños. Cuando volvimos a México, decidimos llevarlo a Ixtapa, su lugar. No nos cabía en la cabeza dejarlo en un nicho de alguna iglesia. Alex había vivido una vida atrapado en su adicción y queríamos que por fin fuera libre. Le hicimos una ceremonia preciosa, como a él le hubiera gustado; todos en la lancha, vestidos de blanco. Pusimos su música preferida. Ni Gerardo ni yo pudimos, así que le pedimos a Eduardo que él fuera el que esparciera sus cenizas en el mar mientras cada quien se despedía de él a su manera. Fuimos soltando alguna foto, un rosario flores blancas, le leí unas palabras. Llevábamos cinco velas en forma de flores de loto, que representaban nuestra familia, poco a poco cada uno de nosotros las dejamos ir; en representación de Alex, Marimar dejó ir la quinta. El mar que se lleva todo, como si supiera, volvió a reunir los lirios una vez más.

Al final Mau pegó un grito desgarrador: ¡GRACIAS ALEX!, en ese momento una gaviota desde el horizonte y con una puesta de sol extraordinaria se dejó venir hasta nosotros como para acompañar a Alex en su camino."

CAPÍTULO X.-

LA FUERZA DE UNA FAMILIA

"Teníamos un ángel entre nosotros pero no le vimos las alas."

Mauricio Sierra

A través de esta estremecedora narración, recorriendo estas páginas, se puede presenciar también, no únicamente la historia de Alejandro y su lucha, sino que el lector puede ser testigo de la fortaleza de una familia. La capacidad que Clarita, Gerardo, Eduardo y Mauricio tuvieron de permanecer cerca. Procuraron siempre mantenerse unidos, sin importar el dolor desgarrador y la impotencia. Decidieron vivir el proceso de Alex, sin culpas, sin reproches, aun siendo tan difícil porque las acciones y los alcances de un adicto son inimaginables.

No es que no hubiera habido discusiones, diferencias y obviamente hubo muchos momentos de desesperación donde posiblemente se tomaron decisiones equivocadas, pero aprendieron a amar al adicto, cuando su conducta era intolerable y sobre todo, no permitieron que se destruyeran las partes sanas de la dinámica familiar. Entendían que existía una terrible enfermedad, pero tuvieron la capacidad de traspasarla para seguir viendo a Alex, sin perder su verdadero yo.

Aprendieron a comunicarse en los momentos más complicados, a hacer un frente común, a respetar los diferentes puntos de vista. Aprendieron también a negociar, a escuchar, a no juzgar, a intercambiar opiniones, a ceder, sin llegar a destruirse. También aprendieron a través de la prueba y el error que la recuperación verdadera siempre pertenece al adicto, es un trabajo personal. Y

sobre todo, aprendieron a acompañar, a estar siempre presentes y a amar incondicionalmente.

Reconstruyendo a Alex

¿Por dónde empezar? Frente a la adicción de Alex y reconociendo su esencia, cada quien en la familia fuimos utilizando los recursos, muchos o pocos que teníamos a la mano para estar ahí cuando Alex nos necesitaba. Miles de palabras en desorden comienzan a salir de nuestras bocas cuando pensamos y platicamos acerca de él. En estas palabras, siempre aparece la dualidad que en él habitaba:

Generoso

Evasivo

Soñador

Fantasioso

Empático

Sobreviviente

Agresivo

Amoroso

Cariñoso

Intenso

Sensible

Apasionado

Dulce

Miedoso

Tierno

Positivo

Banal

Profundo

Alegre

Soberbio

Infantil

Arrojado

Espiritual

Temerario

Juguetón

Compasivo

Divertido

Superman

Romántico

 Inseguro

Dependiente

Manipulador

Necio

Culposo

Valiente

Preocupado por su imagen, nunca quiso ser visto como un adicto. Por eso nos es tan importante reconstruir su esencia, hablar de él como aquel personaje que sí disfruto de la vida, que la amó con intensidad, que aprovechó y que le "sacó todo el jugo" a los años que permaneció con nosotros, amaba profundamente la vida. Queremos recordar al Alex que con su sonrisa iluminaba toda la habitación...

Sin duda, también tenemos que hablar del profundo dolor de ver a nuestro ser querido destruirse y con su muerte llegó contundente una gran enseñanza: vivir el día a día y apreciar la vida como se presenta.

Familia Sierra

Mi visión

"Ver a mi hijo destruirse hasta la muerte
es una de las cosas más difíciles de mi vida,
es como si una parte mía también hubiese muerto." Clarita

Puedo ahora entender que la enfermedad de Alex era su disfraz, una máscara que se ponía para ocultar su verdadera esencia y así ponernos las pruebas necesarias para llegar a conocer la magia y el don que es vivir.

Alex nos enseñó todo; desde la idea más sencilla de tener siempre el corazón y la actitud de un niño, nos dio siempre ese regalo. Todo lo admiraba y lo entusiasmaba. A pesar de ser tan maduro para afrontar otras situaciones, siempre reflejaba su niño interior. Despertaba todos los días con la ilusión de llenarnos de felicidad y compartirla con todos. Siempre tuvo una hermosa y generosa sonrisa. Vivía aspirando a alcanzarlo todo, era fantasioso y sabía que todo era posible.

Nos enseñó con sus recaídas, que podemos equivocarnos, que no somos perfectos, y lo más importante, a aceptar y aprender de nuestros errores. Valoraba el tiempo y agradecía todo lo que la vida le daba. Tenía un gran corazón, tierno y cariñoso, siempre estando al pendiente de los demás y buscando como ayudar a otros; como un árbol que madura y encuentra su abundancia, no pregunta ni juzga quienes reciben su fruto, sino que sabe que para renovarse, para transformarse y seguir creciendo hay que dar y soltar lo mejor de tu ser.

Siempre quiso ser papá y mostró la capacidad para serlo. Se ganaba a todos los niños, se identificaba con ellos, y ellos se sentían seguros de tenerlo cerca, tenía una gran capacidad de amar recordándonos siempre su inmenso amor por la vida.

Nos enseñó a apoyarnos y ser el hombro que todos necesitamos en momentos difíciles, nos enseñó a escuchar con el corazón abierto sin juicios ni culpas. Alex se entregaba sin condiciones y veía a su prójimo como la oportunidad de conocer lo importante que es tener diferencias, aceptar y tolerar y esto lo hacía muy humano y empático.

Amaba sin límites y trataba de dar lo mejor de sí mismo, cometía errores pero trataba de remediarlos y compensar sus fallas. Siempre luchó y se esforzó por salir adelante y tuvo la humildad de entregar su corazón para mostrarle al otro que esas fallas se pueden convertir en el producto de un amor sin límite.

Ahora bien, es justo también decir que en el tema de la adicción siempre quedarán huellas, los finales felices se vislumbran lejanos. Nuestra historia, no tuvo un final feliz. Después de noches sin dormir, sentimientos de impotencia, miedo, tristeza, ansiedad, etc., a nosotros como familia, además del cansancio emocional, siempre nos quedará ese sentimiento de que de alguna manera causamos la adicción o de que pudimos hacer mucho más para evitarla.

En nuestro caso vivimos muchos años de tristeza, desesperación, miedo, enojo, pero siempre con mucha esperanza. Nunca dejamos de pensar, anhelar y buscar el bienestar de Alejandro.

Pudimos ver en los últimos dos años una luz muy fuerte al final del túnel. Desafortunadamente el desenlace fue mucho más devastador que la adicción misma.

Nunca sabremos el porqué de la adicción de Alejandro, si nació con la predisposición a esta, si se encontraba ya latente en su código genético o si él la provoco con sus conductas. Para mí como su mamá me es muy difícil entender esto y siempre me lo cuestionare. Porqué teniendo tres hijos a los cuales educamos de la misma forma, a los cuales les dimos los mismos valores, y los tres recibieron la misma atención y el mismo amor, uno de ellos fue afectado por esta horrible enfermedad. Lo que sí sé es que ésta al igual que todas las enfermedades crónicas, no sólo afectó a mi hijo sino a toda nuestra familia y con el tiempo a todos los que estuvimos cerca de él.

Para mí escribir este libro no sólo es parte de mi camino, sino que nos da la posibilidad como familia de sanarnos, después de largos años de dolor y sufrimiento y a la vez para tratar de cumplir con la misión de Alex: ayudar a otros. Muchos dirían "pero Alex nunca se recuperó, cómo su historia puede ayudar a otro"; creo que justamente, por esta razón esta misión se vuelve mucho más importante. Para los jóvenes que ya están consumiendo alcohol y drogas podrán ver en la vida de Alex la necesidad de encontrar en ellos más recursos y más herramientas para poder salir adelante y no volver a recaer una y otra vez como le sucedió a él. Y para los jóvenes que están coqueteando con la idea de experimentar educarlos sobre esta horrible enfermedad que los llevara a los lugares más obscuros que se puedan imaginar.

Para nosotros como familia, este libro ha sido como desnudarnos ante el mundo, es hablar de nuestro dolor, sentimientos de desesperanza, de momentos de vergüenza y sentimientos de culpa que vivimos durante todos estos años; es hablar de nuestros "errores", de nuestros "aciertos" y del gran amor que siempre ha unido a nuestra familia. La finalidad más importante de este libro es el poder ayudar a otras familias, a otros padres a no vivir la historia de terror que nosotros vivimos y si ya la están viviendo, a no sentirse tan solos.

Estamos poniendo al descubierto tanto la vida de Alex como la nuestra con la única finalidad de ponerla al servicio de otros. Queremos que entre estas líneas se vea cómo esta enfermedad manipula y miente tanto al adicto como a su familia; cómo Alex vivió esta experiencia y cómo esta misma experiencia la vivieron sus hermanos, parejas y nosotros sus padres. Cómo la adicción nos atrapó en un mundo de mentiras, decepción y de pérdida de confianza, y mientras existían estas mentiras y esta decepción Alex continuaba "enfermo", aun sin estar consumiendo.

Hicimos todo lo que pudimos y como pudimos; pero siempre quedará en mí, si fue suficiente, si pudimos haber hecho más. Creo que tanto Gerardo como yo usamos todos los recursos que teníamos. Aprendimos, escuchamos, actuamos de acuerdo a lo que nos decían los expertos y otras veces, sólo escuchábamos lo que nuestro corazón nos decía. Nos alejamos, nos acercamos, lo cobijamos, lo amenazamos, le rogamos, lo dejamos vivir sus consecuencias, lo rescatamos, lo ayudamos a tratar de reparar su autoestima. Le pagamos hospitales para desintoxicarse, clínicas y tratamientos. Casas de medio camino, gimnasios, terapias y terapeutas, siempre con el único afán de que se recuperara.

Estoy completamente segura que por mi gran amor, muchas veces lo ayudé y como en otras ocasiones, permití muchas conductas inapropiadas, todo en mi afán de rescatarlo y creo que en una respuesta normal a lo que cualquier madre haría. El vínculo madre/hijo es tan fuerte que siempre quería confiar en Alex y me causaba confusión y mucho enojo cuando me sentía manipulada, traicionada y envuelta en todas sus mentiras. Lo importante para mí es saber que hicimos lo mejor que pudimos y que Alejandro también hizo lo que pudo.

Alex vivió todas las consecuencias de sus acciones, se sintió derrotado, vivió la soledad, el frío, el hambre, el miedo de vivir en la calle, se encontró totalmente desesperanzado, roto, muchas veces lo perdió todo, incluso la esperanza. Hoy puedo decir con mucha convicción que todas estas experiencias a algunas personas les sirven, a otras no. Muchos logran salir y hacer cambios importantes en sus vidas, Alex no lo logró.

También puedo decir con convicción que ni las gratificaciones sirven para salir de la adicción. Alex lo tenía todo: una familia que lo quería y lo apoyaba, unos hermanos que lo adoraban, padres que lo amaban incondicionalmente. Amigos que lo querían y lo apreciaban. Educación, generosidad, un buen trabajo que lo había llevado a lograr su independencia económica. Una novia que lo adoraba y ella también lo amaba mucho, juntos tenían un proyecto de vida y miles de sueños e ilusiones.

¡QUÉ HORRIBLE ENFERMEDAD!!!

¡Qué horrible Droga!!!!

ALEX vivió una vida tormentosa, vivió lleno de culpas, arrepentimientos, se odiaba a sí mismo por todo lo que hacía, por la destrucción y el daño que causaba y aun sintiendo mucho dolor, no podía imaginar su vida sin drogas, pero en muchos momentos, creo que tuvo una vida plena y feliz y cuando nosotros pudimos aprender que no teníamos el control sobre su enfermedad, cuando pudimos dejar de juzgarlo y de crear expectativas que nos causaban a todos tanto dolor, pudimos lograr finalmente fluir en un estado de paz.

En terapia médico familiar se habla mucho de cómo no permitir que la enfermedad ocupe un lugar en la familia. La adicción se convirtió en parte de mi familia, lograba que toda la atención girara alrededor de ella y hoy día ha dejado tanto sufrimiento en nosotros que a veces siento que nos sigue acompañando a la mesa. Sigue siendo parte de nuestra conciencia y de nuestros pensamientos. ¿Cómo no va a serlo?, se llevó la vida de nuestro adorado Alex.

La adicción se llevó parte de nuestras vidas, las cambió, nos enseñó a apreciar los momentos de la vida tanto los buenos como los malos. Nos hizo mejores personas, más compasivas, más agradecidas, más tolerantes, más humildes. Nos enseñó a nunca dar por hecho, a celebrar y vivir cada día plenamente como Alex lo hacía, nos enseñó a perdonar, a vivir en el presente, nos enseñó fortaleza, nos enseñó amor incondicional, nos dio la oportunidad de conocernos a nosotros mismos. Y lo más importante, nos enseñó a ver la esencia de Alex más allá de su enfermedad.

Alex deja en todas las personas que tocó, un vacío inmenso que nada podrá llenar y a la vez, una parte de todos nosotros se fue con él.

Gracias por darnos tanto Alex, por mostrarnos la dualidad del ser humano y por hacernos mejores personas. Te llevaremos en el corazón eternamente y vivirás en nuestros recuerdos.

CAPÍTULO XI.-

UN PEQUEÑO VIAJE POR EL MUNDO DE LAS ADICCIONES

"Sencillamente me convencí de que por algún misterioso motivo yo era invulnerable y no me engancharía. Pero la adicción no negocia y poco a poco se fue extendiendo dentro de mí como la niebla".

Eric Clapton

¿Qué es exactamente una adicción? Muchas definiciones pueden existir, muchas estadísticas y demasiados clichés entorno a esta enfermedad. ¿Por qué una persona se vuelve adicta? ¿Existe una personalidad propensa a las adicciones? ¿Es una enfermedad hereditaria, genética? ¿El adicto nace, o se hace? ¿Cuáles son las circunstancias que empujan a un individuo a la adicción de una sustancia que sabe que lo daña gravemente?

Éstas y muchas otras, son las preguntas que giran en torno al mundo de las adicciones. Psicólogos, médicos, especialistas han trabajado por años para dar respuesta a este grave problema que aqueja a la sociedad, y que parece agravarse en los últimos tiempos.

Pero cuando en el seno de nuestras familias descubrimos con horror las entrañas de este fenómeno, el miedo, y el dolor, mezclados con el profundo amor que sentimos por nuestro familiar, -ya sea hijo, esposo, padre- se apodera de nosotros y nos deja con una desesperante sensación de impotencia.

Nos encontramos ante un panorama confuso y desconcertante. ¿Cómo ayudarlo? ¿Qué está en mis manos, qué puedo controlar, cómo hacer que la persona a la que amo tanto, deje de lastimarse a sí mismo y a los demás? ¿Cómo funciona el amor incondicional en tiempos aciagos?

Desde la experiencia de Alex, y de la valiente batalla de su familia, en este capítulo se darán algunos datos médicos y psicológicos, que ayuden a entender la enfermedad, datos construidos a partir de varios textos que se pueden consultar en la bibliografía. No se trata sin embargo, de un estudio profundo de la adicción, sólo se plantean las cuestiones generales que arrojen luz sobre la problemática que genera en el individuo y en todo el sistema familiar.

Qué es una adicción

La adicción se define como una enfermedad primaria, crónica, progresiva, incurable y mortal; es una enfermedad recurrente del cerebro que se caracteriza por la búsqueda y el consumo compulsivo de drogas, a pesar de sus consecuencias nocivas. Se considera una enfermedad del cerebro porque las drogas modifican este órgano: su estructura y funcionamiento se ven afectados. Estos cambios en el cerebro pueden ser de larga duración, y pueden conducir a comportamientos peligrosos que se observan en las personas que abusan del consumo de drogas. (19)

La adicción es una enfermedad neurobiológica – no una opción de estilo de vida – y ya es hora de que empecemos a tratarla de esa manera. Al cambiar la manera en cómo hablamos de la adicción, cambiamos la forma en cómo la gente piensa en la adicción; ambos, son pasos cruciales para superar el estigma social asociado frecuentemente con la enfermedad. Este libro pretende ser un paso pequeño, pero importante, hacia la eliminación del estigma social que rodea el tratamiento de las adicciones.

Causas de la Adicción

La etiología de la adicción es de naturaleza compleja. El origen de la adicción es multifactorial involucrándose factores biológicos, genéticos, psicológicos, y sociales. Los estudios demuestran que existen cambios neuroquímicos involucrados en las personas con desordenes adictivos y que además existe predisposición biogenética a desarrollar esta enfermedad.

Al igual que con cualquier otra enfermedad, la vulnerabilidad a la adicción varía de persona a persona, y no existe un solo factor que determine si una persona se volverá adicta a las drogas. En general, cuantos más factores de riesgo tenga una persona, mayor es la probabilidad de que el consumo de drogas se convierta en abuso y adicción. Por otra parte, los factores de protección reducen el riesgo de la persona de desarrollar una adicción. Los factores de riesgo y de protección pueden ser ambientales, (como la situación del hogar, la escuela y el vecindario) o biológicos, (por ejemplo, los genes de la persona, su estado de desarrollo e incluso su género u origen étnico). (20)

Factores biológicos y genéticos

Los científicos estiman que los factores genéticos explican entre el 40 y el 60 por ciento de la vulnerabilidad de una persona a la adicción. Esto incluye los efectos de los factores ambientales en el funcionamiento y la expresión de los genes de una persona. Otros factores incluyen la etapa de desarrollo y otras condiciones médicas que pueda tener una persona. Los adolescentes y las personas con trastornos mentales tienen un mayor riesgo de abuso y adicción a las drogas que la población general.

Consumir drogas a cualquier edad puede desencadenar una adicción, las investigaciones muestran que cuanto más temprana es la edad de iniciación a las drogas, más probable es que la persona desarrolle problemas graves. Esto puede reflejar el efecto nocivo que tienen las drogas sobre el cerebro en desarrollo. También puede ser el resultado de una combinación de factores de vulnerabilidad social y biológica a una edad temprana, que incluye las relaciones familiares inestables, la exposición al abuso físico o sexual, la susceptibilidad genética o las enfermedades mentales. (21)

Las drogas y el cerebro

La adicción es un defecto en el sistema hedónico, o el sistema donde percibimos el placer, éste se encuentra en la parte más profunda del cerebro, (en el sistema límbico o cerebro reptiliano, y más específicamente, en el área del núcleo Accumbens), que se encarga de la supervivencia.

Sistema límbico

El sistema límbico contiene el circuito de gratificación del cerebro. (Sistema hedónico) Conecta varias estructuras cerebrales que controlan y regulan nuestra capacidad de sentir placer. El hecho de sentir placer nos motiva a repetir comportamientos como comer, tener sexo, dormir; es decir, acciones esenciales para nuestra existencia. El sistema límbico se activa cuando realizamos estas actividades y también con el abuso de drogas; por eso mismo, empezamos a sentir que la droga es tan esencial como tomar agua, dormir o comer. Además, el sistema límbico es responsable de la percepción de nuestras emociones, tanto positivas como negativas, lo que explica la capacidad de muchas drogas para alterar el estado de ánimo.

Todas las drogas de abuso, directa o indirectamente, atacan el sistema de gratificación del cerebro inundando el circuito con dopamina. La dopamina es un neurotransmisor que se encuentra en regiones del cerebro que regulan el movimiento, las emociones, la cognición, la motivación y los sentimientos de placer. La sobre estimulación de este sistema, que recompensa nuestros comportamientos naturales, produce los efectos de euforia que buscan las personas que abusan de las drogas y les enseña a repetir este comportamiento.

Nuestros cerebros están diseñados para asegurar que repitamos las actividades básicas que sostienen la vida asociándolas con el placer, recompensa o gratificación. Cada vez que este circuito de gratificación se activa, el cerebro nota que algo importante está pasando que debe recordar y nos enseña que debemos repetirlo una y otra vez, sin pensarlo. Debido a que las drogas de abuso estimulan el mismo circuito, se aprende a abusar de las drogas de la misma manera. (22)

Corteza frontal

La parte delantera de la corteza, conocida como la corteza frontal, post encéfalo o cerebro anterior, es el centro del pensamiento del cerebro. La corteza frontal, y en concreto la prefrontal es la última zona del cerebro en alcanzar la madurez completa. Su desarrollo se prolonga hasta pasados los veinte años de edad. Este es un período de grandes oportunidades y también peligros.

"He descubierto que nuestras conductas y hábitos diarios pueden ya sea, lastimar nuestros cerebros y hacernos más vulnerables a la adicción, o estas mismas conductas pueden ayudar y proteger a nuestro cerebro de la adicción". (23)

La corteza frontal controla las emociones y las capacidades cognitivas: memorización, concentración, auto reflexión, resolución de problemas, habilidad de escoger el comportamiento adecuado. Por lo tanto, a lo largo del desarrollo se observa una mejora progresiva en la capacidad de inhibir respuestas, en la atención y la autorregulación de la conducta.

El lóbulo frontal le ayuda al cerebro a tomar las decisiones correctas, da la empatía de no lastimar a otras personas, la dirección para saber lo que va a pasar, si se toma uno u otro camino, ayuda a aprender de los errores, es la conciencia, el "Pepe Grillo" de lo que se debe o no hacer, es un compás. Clarita

La corteza pre-frontal y la regulación de la conducta adolescente

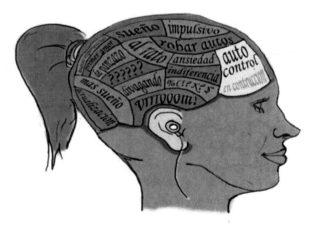

Las facultades mentales que dependen del lóbulo frontal son, la capacidad para controlar los impulsos instintivos, la toma de decisiones, la planificación y anticipación del futuro, el control atencional, la capacidad para realizar varias tareas a la vez, la organización temporal de la conducta, el sentido de la responsabilidad hacia sí mismo y los demás o la capacidad empática.

El papel que desempeña la corteza prefrontal en la toma de decisiones, da indicios de la **mayor impulsividad** e implicación de los adolescentes en conductas de riesgo relacionadas con la sexualidad, el consumo de drogas o los comportamientos antisociales. La inmadurez de la corteza prefrontal en la adolescencia, sobre todo en su etapa inicial, y la impulsividad que lleva asociada, contribuyen a explicar la mayor implicación en conductas de riesgo durante este periodo.

La maduración del circuito prefrontal es más lenta que otros cambios cerebrales, no se ve acelerada por los cambios hormonales de la pubertad y depende de la edad y del aprendizaje, no alcanzando su madurez hasta la tercera década de la vida. Esto supone que la etapa temprana de la pubertad, es el momento en el que el desequilibrio es mayor, con un circuito motivacional muy propenso a actuar en situaciones que puedan deparar una recompensa inmediata y un circuito auto regulatorio que aún no ha alcanzado todo su potencial y, por ello, va a tener muchas dificultades para imponer su control inhibitorio sobre la conducta impulsiva.

El abuso de alcohol durante la adolescencia puede influir negativamente en el centro de la memoria cerebral (el hipocampo).

El uso de drogas y alcohol puede también alterar el desarrollo cerebral adolescente, resultando en una falta de habilidad para enfrentar adecuadamente situaciones sociales y eventos estresantes de la vida diaria. (24)

"Como Alex comenzó a consumir alcohol a una edad temprana, probablemente su lóbulo frontal no alcanzó la maduración debida, y por eso algunas veces presentaba conductas impulsivas y propias de un joven de 18 años, cuando ya tenía 26 años o más. Su madurez se fue dando con las experiencias y las circunstancias tan terribles que tuvo que vivir durante el proceso de adicción. Genéticamente, Alex presentaba una predisposición a la adicción y la otra lesión es la que él propició en el lóbulo frontal, comenzando su consumo tempranamente. "La introducción a las drogas en este periodo de desarrollo puede causar cambios en el cerebro que tienen consecuencias profundas y duraderas". (25) Todos estos elementos se van convirtiendo en un círculo vicioso, donde yo sigo dañando mi lóbulo frontal; es decir, como ya no puedo hacer conciencia del peligro de tomar un camino

u otro, vuelvo a consumir; Alex lo llamaba "me engaña mi cerebro".
Clarita

Circuito de recompensa del cerebro

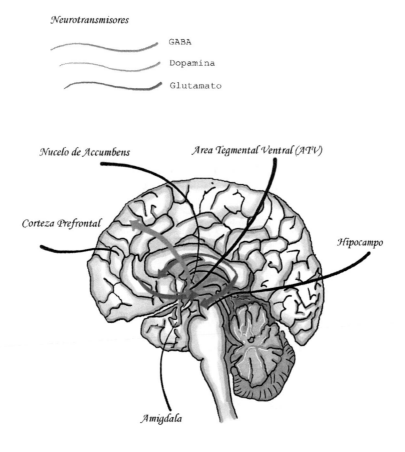

Neurotransmisores

GABA

Dopamina

Glutamato

Nucelo de Accumbens

Area Tegmental Ventral (ATV)

Corteza Prefrontal

Hipocampo

Amigdala

Factores sociales y familiares

El crecimiento, desarrollo y constitución de una persona dentro del núcleo familiar, resulta uno de los fenómenos más complejos de la vida. Cada factor del ambiente, (relación entre los padres como pareja y con los hijos, creencias, estilos y formas de educar, conflictos y ambiente) puede interactuar de múltiples maneras, lo cual resulta en la formación de un estilo particular de interpretar la realidad, definir quiénes somos y cómo nos relacionamos con los demás.

Algunos estudios (Coombs y Landsverk, 1988; Jurich, Polson y Bates, 1985; Melby, Conger, Conger y Lorenz, 1993; Volk, Edwards, Lewis y Sprinkle, 1989), han logrado establecer la relación entre factores familiares y el abuso de drogas. Destacan factores vinculados a la unión familiar (aislamiento del adolescente de la familia, falta de relaciones estrechas con sus padres, necesidad no satisfecha de reconocimiento, confianza y amor, rechazo de los padres, vínculos de dependencia, padre no implicado en la familia); conflicto (matrimonial, irresponsabilidad, hogar infeliz, esposa infeliz, discordia familiar, implicados en conflicto matrimonial, alto grado de estrés, trauma); divorcio y ruptura familiar (hogar roto, padres ausentes, hogar de un solo progenitor); disciplina (autocrática o "laissez-faire", falta de reglas claras o límites, excesivo uso del castigo); moralidad hipócrita (doble ética, negación de los problemas personales de los padres); vacío de comunicación (falta de habilidades de comunicación del adolescente, poca comunicación de los padres con el adolescente).

Asimismo, la influencia del entorno hogareño, especialmente durante la infancia, es un factor muy importante. Los padres o los miembros mayores de la familia que abusan del alcohol o las drogas, o que manifiestan comportamientos criminales, pueden aumentar el riesgo de que ellos también desarrollen problemas con las drogas.

Por otro lado, el desarrollo de la adicción se facilita por factores sociales que modifican su aparición. También existen aspectos sociales en los grupos de uso y adicción específicos. Algunos autores señalan que nuestra cultura contiene creencias y reglas sociales que son disfuncionales y que se constituyen en el núcleo psicosocial de la adicción. El consumismo y el culto por la imagen son algunos de las características de nuestra sociedad que influyen directamente en la predisposición a la adicción. Ésta impacta de tal manera la vida del adicto, que su sistema de valores cambia para convertirse en toda una cultura diferente y con sus propias creencias y rituales. (26)

Los amigos, compañeros de la escuela y conocidos, pueden tener una influencia cada vez mayor durante la adolescencia. Si estos pares consumen drogas, pueden convencer hasta a quienes no tienen factores de riesgo de que las prueben por primera vez. El fracaso escolar o la falta de habilidades sociales pueden poner a un niño en mayor riesgo de consumir o convertirse en adicto a las drogas.

¿Por qué la adicción es una enfermedad?

Para los fines de este libro, es vital presentar la adicción como una enfermedad debido al estigma tan grande que existe y que rodea a la misma adicción. Definitivamente, es importante que sea vista por la sociedad como una enfermedad mental, si es que queremos tener mejores resultados en el acompañamiento y el tratamiento de la adicción.

"Sólo mediante la comprensión de la humanidad que existe dentro de los que sufren una adicción,- muchas veces tan profundamente escondida dentro de ellos- podremos nosotros como sociedad encontrar el valor y la voluntad para hacer finalmente lo que hay que hacer para acabar con el sufrimiento" (27)

Una vez que una persona desarrolla una adicción, ésta debe ser tratada como una enfermedad mental y por lo mismo, el adicto no debe ser castigado, precisamente porque está enfermo.

En este contexto, a partir del libro de Addiction del Dr. Kevin McCauley, se mostrarán algunos conceptos, que desde nuestro punto de vista y la experiencia que vivimos con Alejandro, han sido los que más nos han hecho sentido:

"No vamos a negar que el adicto puede hacer cosas terribles, entonces, ¿cómo podemos decir que son enfermos?, sería esto como justificar una mala conducta; por qué mandar un adicto a tratamiento cuando lo qué más quisiéramos es sacarlo de la casa, o correrlos del trabajo, inclusive llegamos hasta pensar "ojalá los metan a la cárcel." Nada de lo que tratamos de hacer funciona. Hoy me queda muy claro, que hay algo mucho más profundo en la adicción que un mal comportamiento. Y esto es muy cierto, hoy ya tenemos una explicación al porqué los adictos parecen malas personas, toman malas decisiones, no aprenden de sus errores, pierden la empatía. Los adictos pueden hacer cosas terribles pueden robar, engañar y mentir, pero resulta que no es una característica en ellos, sino que hay una razón por la cual actúan así, y esta razón es un desajuste en la química del cerebro. Hay un proceso de enfermedad en todas esas conductas. Algo pasa en el cerebro de estas personas al consumir alcohol y drogas, que no pasa en otras." (28)

¿Maldad o síntoma?

"Si lo único que hacemos es fijarnos en la conducta del adicto, vamos a llegar a conclusiones rápidas de quién es esta persona. Es casi imposible no hacer esto ya que el comportamiento de la persona cuando está en su proceso de adicción activa puede ser horrorizante. Podríamos decir que los adictos son débiles, que no tienen fuerza de voluntad, incluso pensamos que tienen una personalidad adictiva. Podemos juzgar su carácter, sus amistades, cómo fueron educados, algo malo que hicieron sus padres. Incluso, muchas veces el mismo adicto se describe a sí mismo como una mala persona, débil de carácter, que sólo sabe lastimar a sus seres queridos". (29)

Kevin McCauley continúa:

"Por lo tanto, las mismas ideas que tenemos sobre las conductas de los adictos son tan poderosas que éstas nos hacen pensar que los adictos son en realidad "estas conductas". Entonces, cuando pensemos en adicción, debemos dejar a un lado todos los estereotipos y prejuicios que durante la historia de la medicina y la psicología han caracterizado las conductas de estas personas que no nos gustan o inclusive que no entendemos.

La verdad es que no existe una "personalidad adictiva", durante cinco décadas de investigación clínica se ha tratado de identificar esta personalidad específica a la adicción y no ha habido nada que la defina, no se ha llegado a conclusiones definitivas; de igual manera, la adicción ocurre en personas con grandes valores morales, independientemente de cómo fueron educados y de su estrato social. A su vez también, podemos decir que fallas en los valores, defectos en el carácter y una familia disfuncional pueden acompañar el tema de la adicción.

En los últimos diez años hemos aprendido mucho sobre el cerebro. Hoy ya sabemos cuál es el defecto físico de la adicción que se encuentra en la parte más profunda del cerebro que se encarga de la supervivencia. Por este defecto, el adicto inconscientemente piensa en su droga como su propia vida. La cerveza ya no es una simple cerveza, el adicto necesita la cerveza para poder navegar por la vida, la necesita para subsistir, a estos se le conoce como "craving" u "obsesión".

"Cuando a mí se me mete el craving en la cabeza, ya no hay nada

que me lo saque, puedo usar todos mis recursos para dejarlo pasar y sin embargo éste regresa, se apodera de mí y ya no puedo pararlo". Alex

-Continua McCauley-, "lo que es cierto, es que la persona si tiene la elección de usar o no drogas y la elección que no tiene es esta necesidad llamada **craving.** Si los cravings (los momentos de obsesión) se vuelven muy fuertes, hasta la persona con la mayor fuerza de voluntad, la más madura y la más responsable, volverá a usar drogas. Ningún cerebro puede ignorar la necesidad imperiosa de supervivencia. Una de las razones por la que nos cuesta tanto trabajo llamar a la adicción una enfermedad, es nuestra inhabilidad de entender este concepto. "Craving" es un pensamiento emocional y obsesivo, una desesperación a nivel de supervivencia, es un sufrimiento mental tan real, que lleva al adicto hasta el punto de volver a usar drogas, aunque éste no quiera y aunque las consecuencias sean terribles: perder a su familia o su trabajo, su estabilidad económica, ir a la cárcel, incluso la muerte.

Este pensamiento no ocurre en personas no adictas aunque abusen del alcohol u de otras substancias ilegales. El craving no es una metáfora, es una actividad neuronal que es visible en los escaneos del cerebro y lo que es importante para el adicto es que el **craving es igual a sufrimiento.**

Aunado a esto, es importante entender que el **craving es INVOLUNTARIO.** Es una desorganización en la habilidad del cerebro para hacer uso del libre albedrío. Por más difícil que sea entender este concepto, existen evidencias muy concretas de que el libre albedrío, está roto o desconectado en el adicto. Esto no quiere decir que hay quitarle al adicto toda la responsabilidad de sus acciones, pero de lo que sí se puede hablar con seguridad es que la adicción es una enfermedad y el adicto tiene que tomar responsabilidad de su recuperación". (30)

Factores que pueden desencadenar una adicción

En general, las personas comienzan a consumir drogas por varias razones:

Para sentirse bien. La mayoría de las drogas de las que se abusa producen sensaciones intensas de placer. Esta sensación inicial de euforia es seguida por otros efectos, que varían según el tipo de droga que se consume. Por ejemplo, con estimulantes como la cocaína, la sensación de euforia es seguida por sentimientos de poder, confianza en uno mismo y mayor energía. En contraste, la euforia causada por opiáceos como la heroína es seguida por sentimientos de relajación y satisfacción.

Para sentirse mejor. Algunas personas que sufren de ansiedad social, trastornos relacionados con el estrés y depresión, comienzan a abusar de las drogas en un intento por disminuir los sentimientos de angustia.

El estrés puede jugar un papel importante en el inicio del consumo de drogas, la continuidad en el abuso de drogas o la recaída en pacientes que se recuperan de la adicción.

Para desempeñarse mejor. Algunas personas sienten presión por aumentar o mejorar químicamente sus capacidades cognitivas o su rendimiento deportivo, lo que puede desempeñar un papel en la experimentación inicial y el abuso continuo de drogas como los estimulantes recetados o los esteroides anabólicos/androgénicos.

La curiosidad y el "porque otros lo hacen." En este aspecto, los adolescentes son particularmente vulnerables, debido a la fuerte influencia de la presión de sus pares. Los adolescentes son más propensos que los adultos a participar en comportamientos riesgosos o temerarios para impresionar a sus amigos y expresar su independencia de las normas parentales y sociales. (31)

Uno de los factores de riesgo más importantes es el de la Tolerancia: (La tolerancia a alguna sustancia se produce cuando, como resultado de su administración, (o autoadministración) el sujeto presenta menor sensibilidad a ella. Así, la dosis habitual de la sustancia produce menos efectos, con lo que se necesitan dosis más altas para producir los mismos efectos.)

La Tolerancia

-Tolerancia: implica la disminución del efecto obtenido con una dosis constante de la droga, lo que hace que se incremente progresivamente la dosis para obtener el grado de satisfacción deseado.

-Privación: que implica la aparición de un síndrome de abstinencia ante la falta de la droga.

-Consumir una cantidad mayor, o por un período de tiempo mayor que el que se desea.

Tener un deseo persistente de consumir e intentos fallidos para disminuir la cantidad que se usa.

-Utilizar considerables períodos de tiempo obteniendo o usando.

-Rechazar o despreciar oportunidades sociales y de trabajo por usar.

-Continuar consumiendo aún a sabiendas del daño que ocasiona a la salud y a todos los aspectos de su vida.

(32)

"¿Por qué es tan difícil para nuestros hijos comprender el daño que hacen las drogas? Todas las drogas pasan por un periodo de luna de miel, por eso es tan difícil explicarle a un joven que aunque en un principio, éstas tengan efectos placenteros, después, el continuo consumo se convertirá en una historia de terror, en algo fuera de su control, pues ellos no miden las dimensiones y en su reto de vivir experiencias nuevas, no captan la profundidad del acto, tan sólo piensan que estamos satanizando un elemento que para ellos es mera diversión". Clarita

Tipos de sustancias adictivas

El concepto de adicción para todas las sustancias es el mismo, sin embargo lo que cambia es la sustancia que se consume. Podemos señalar que hay ciertos factores que hacen que una sustancia sea más adictiva que otra:

El primer factor es la velocidad con la cual la droga produce efectos placenteros. Mientras una persona tarda 20 minutos en sentir los efectos del alcohol, con el crack este llega rápidamente al cerebro y sus efectos placenteros duran muy poco, aproximadamente 7 minutos. Por lo que se da una conducta de prender y apagar la pipa constantemente, lo que hace que se convierta en una conducta compulsiva y habitual.

El segundo factor que hace una droga más adictiva es el grado de placer que ésta produce. El placer es un aumento de sensaciones agradables o la manera en la cual se enmascara el dolor. Una persona con una autoestima baja, encontrará mucho mayor placer en el consumo de las drogas, que una persona segura de sí misma.

"Mi papá me había dado una tarjeta de American Express que sólo a pocas personas se les otorga. Sólo el hecho de tenerla me daba cierto status y prestigio. Para mí, una persona insegura que buscaba siempre la aprobación de los demás, este era un gran regalo, yo me sentía una persona importante al sacar esta tarjeta en cualquier lugar donde se necesitara". Alex

"En su inseguridad no es tan relevante el hecho de que usara o no la tarjeta, pues sólo la tenía para emergencias, sin embargo a él le daba un empoderamiento muy especial, (conducta que se presentó durante todo su proceso de adicción). Cuando Alejandro consumía, nosotros le retirábamos esa tarjeta y cuando él estaba bien, lo que primero quería hacer era recuperarla, como si ésta por sí misma le devolviera su valía. Años más tarde, dentro de su proceso se convirtió en una especie de símbolo de rehabilitación. "Cuando la recupero, vuelvo a sentirme normal". Clarita

El tercer factor que hace que la droga sea más adictiva es el grado de molestia que la persona experimenta al dejar de consumir la droga.

En el adicto al alcohol el Síndrome de supresión puede causar convulsiones, temblores, alucinaciones y esto puede ser la motivación para no volver a consumir al igual que el que consume heroína. Este síndrome puede ocurrir pocas horas después de la última vez que se usó la droga. Sus síntomas incluyen inquietud, dolor en los músculos y huesos, insomnio, diarrea, vómito, escalofríos con piel de gallina y movimientos de las piernas. Los síntomas agudos del síndrome de abstinencia alcanzan su punto máximo entre 24 a 48 horas después de la última dosis de heroína y se apaciguan aproximadamente en una semana. El adicto se puede morir durante un síndrome de supresión.

Para la persona que consume crack el dejar de usar puede causar temblor de cuerpo, depresión, sentimientos suicidas, paranoia, y un estado de desesperanza tan grande que con el sólo hecho de saber que en siete minutos todo esto desaparecerá, el paciente volverá a consumir.

"Logré no usar durante la noche. Hay que decir la verdad, aguanté y me costó mucho trabajo, desperté y esto, es completamente ajeno a ustedes, pues me dio como un sentimiento de por qué ya se había terminado mi consumo, y, que ahora es cuando empezarían todas las dificultades y no aguanté, volví a consumir". Alex

El cuarto factor es la duración de los efectos psicoactivos de la droga.

Vamos a suponer que tenemos 2 tipos de substancias adictivas la Droga A, por ejemplo, metanphetamina (Ice) que produce rápidamente efectos placenteros, causa fuertes molestias cuando la suprimimos, pero mantiene por aproximadamente 12 horas el efecto placentero y la Droga B (Crack) que tiene las mismas características que la anterior, con la diferencia que el efecto placentero dura solo 7 minutos después de administrada.

Obviamente la droga B será mucho más adictiva ya que la persona estará más expuesta a la droga, a salir a comprar, preparar, y administrarse la substancia. Sabemos que entre más veces uno repita una conducta esta se convertirá en un hábito. (33)

USO DEL CRACK

Adicción activa: alucinaciones auditivas, hipertensos, híper atentos. Durante el uso el adicto puede pensar que escucha sirenas, coches estacionándose afuera de su casa, música, gente hablando, etc. Algunas personas experimentan alucinaciones

---

táctiles, tales como animales arrastrándose sobre la piel o ven insectos en su piel. Están extremadamente alertas al punto de la paranoia, sospechosos de cualquier movimiento alrededor del lugar donde están usando. Es común que se escondan en el lugar de uso y se nieguen a abrir la puerta.

1) Etapa de pánico: 1 a 3 horas después del último uso. Durante esta fase la preocupación más grande que tiene el adicto es tener dinero para poder ir a comprar su siguiente dosis. En esta fase el adicto busca algo en su casa que pueda vender o empeñar o considera incluso en pedir limosna o robar algo para poder comprar cocaína o Crack. Buscan casi con lupa en el piso o en la alfombra esperando que algún pedacito de Piedra o Crack se haya caído. En este período de abstinencia aguda, se sabe que el adicto puede intentar robar en lugares públicos (almacenes dentro de un centro comercial, supermercados, restaurantes de comida rápida) para conseguir dinero... El Síndrome de Supresión es tan intenso y el "Craving" tan fuerte, que la persona en estos momentos tiene muy poca capacidad para pensar o razonar lógicamente.

2) Bajón o Caída: Se da entre 3 y 24 horas después del último uso. Depresión; remordimiento, comportamiento suicida. El cerebro tiene una gran necesidad de descanso, pero se han agotado los neurotransmisores (serotonina) necesarios para dormir y es difícil, en un principio lograr conciliar el sueño. En esta primera fase entran sentimientos de culpa y remordimientos por haberse gastado todo su sueldo, por haber utilizado fondos que no les pertenecían, por haber empeñado valiosos artículos por menos de su valor real. Han robado a las personas que ellos más quieren y que les importan. A menudo, bajo la influencia de la depresión inducida por la cocaína, hacen a sí mismos promesas de que nunca van a volver a consumir y se lo creen. Durante esta fase se presenta el mayor riesgo de suicidio.

3) Etapa de Luna de Miel: Se da de 1 a 5 días después del último uso. Caracterizada por sentirse muy bien. El anhelo o "Craving" no es muy notable y es fácilmente manejable. Los efectos de la droga van desapareciendo y empiezan a recuperar la confianza en su capacidad para manejar la adicción. Durante

esta fase es común escuchar al adicto decir, «no pienso para nada en el consumo, ahorita no me hace falta, creo que no voy a tener ningún problema con mi adicción.» Esto es una forma de autoengaño, un engaño que lo lleva a olvidar sus ciclos pasados de recaídas y esto allana el camino para su próximo consumo o recaída. Los neurotransmisores químicos del cerebro (serotonina/dopamina) necesarios para disfrutar los efectos del crack, están muy bajos y en poca cantidad y por lo mismo, existe una falta de interés por la droga. Esta es una etapa peligrosa ya que es fácil pensar que no hay un problema y por lo tanto, ¿para qué preocuparse por ello? Los adictos bajan la guardia durante esta fase y suelen utilizar mecanismos de defensa, por ejemplo, racionalización y minimización del problema para convencerse a sí mismos que esta vez sí ya se curaron y por lo tanto no tienen necesidad de mayor apoyo o tratamiento. Existe un alto riesgo de abandonar el tratamiento en esta fase ya que no se sienten o son conscientes de las afectaciones tanto físicas y emocionales de su crisis.

4) Retorno al "Craving": Se presenta entre los 5 y 14 días después del último uso. Existe un tremendo aumento de la obsesión o una necesidad aguda por la droga, depresión e ira. El cuerpo ha producido nuevamente suficiente serotonina/dopamina para que la persona desee usar más cocaína, pero no lo suficiente para darle estabilidad en su estado de ánimo y sus emociones. Durante esta fase uno puede experimentar sueños vívidos, fantasías y el "Craving" de la droga. Los pensamientos giran alrededor de volver a consumir hasta que una persona siente la obsesión de volver usar. Reaparecen mecanismos de defensa como: (racionalización, intelectualización, negación, minimización), después de que habían sido contenidos durante la crisis original.

5) Aumento Emocional: se da entre los 14 a 28 días y pueden durar hasta 1 a 2 años. Encontramos respuestas anormales al estrés común y eventos de la vida cotidiana. Su estado de ánimo puede fluctuar de inmensamente feliz a sumamente triste. Dándole demasiada importancia a las cosas. (Hacer montañas de un grano de arena). Esto está relacionado a las respuestas bioquímicas provocadas por fuertes emociones que estimulan

ciertas aéreas del cerebro en donde los estados de ánimo y las drogas actúan. El cuerpo está ahora seriamente dándose a la tarea de reparar las áreas dañadas por el uso de las drogas y está reemplazando productos químicos importantes que son necesarios para la regulación del estado de ánimo y las emociones. Como resultado, el adicto se encuentra fuera de balance sin ser consciente de esto. En ese momento, es de suma importancia recibir una retroalimentación precisa sobre su comportamiento desde la perspectiva objetiva de un grupo de apoyo. (AA o NA o cualquier otro grupo terapéutico enfocado en la recuperación). Esto es altamente importante para el éxito de la recuperación a largo plazo. También es importantísimo hacer cambios en el estilo de vida: hacer ejercicio de bajo impacto: caminar, trotar, andar en bicicleta, aeróbicos de bajo impacto y una dieta bien balanceada, ayudaran a acortar y reducir la severidad de los síntomas: irritabilidad, depresión, ansiedad, cambios de humor, pérdida de memoria, dificultad para concentrarse, períodos de atención cortos, pesadillas, insomnio, fatiga y dolores de cabeza; que son normales en esta etapa.

6) Ansias Secretas: Se presenta entre los 28 y 35 días. Los secretos y los malos juicios caracterizan esta fase. El "Craving" u obsesión puede no ser tan fuerte o constante, pero se pueden tener antojos fuertes y periódicos y no querer admitirlos por varias razones. Los adictos piensan que tenerlos es un signo de debilidad, de poca moralidad, de que no están trabajando bien su programa de rehabilitación, o que simplemente no deben de tener "cravings". En general, estos "cravings" se encuentran a un nivel bajo por ejemplo, memoria eufórica (glorificando historias de la guerra), sueños vívidos que provocan ansiedad al despertar, o simplemente un suave antojo por la droga. Sin una persona o grupo con quien hablar sobre estos síntomas de abstinencia normales, estos pueden evolucionar en "cravings" de niveles muy fuertes, por ejemplo la obsesión aguda por las drogas y la búsqueda compulsiva de éstas. Otra vez la necesidad de un sistema de apoyo es muy recomendable e importante.

7) Condicionamiento: De los 35 días en adelante. Este condicionamiento es conocido como "triggers" o estímulos gatillo, pueden ser desde dinero, enojo, una decepción, música,

una película o una gran alegría. Cualquier cosa asociada con el consumo, como la pipa, el encendedor, cierto lugar o cierta persona, puede ser un "trigger" y desencadenar el deseo de consumir. La fuerza de estos antojos o triggers van disminuyendo con el tiempo. Sin embargo, si una persona no está protegida para cuando se dan estos estímulos, pueden ir haciéndose fuertes una vez y llevar a una recaída, aún después de llevar muchos años de abstinencia. Una vez más, un plan de apoyo a largo plazo como AA/NA o grupo terapéutico, son necesarios para poder mantener la sobriedad y saber qué hacer durante estos "triggers".

Tener fuertes "cravings" es una parte normal de la recuperación, debido a la abstinencia aguda en los primeros 3 a 7 días y continuar con ellos a un nivel menos fuerte, durante una abstinencia prolongada de 6 meses a 2 años. Estos "cravings" también dependerán del tiempo y la cantidad de droga que la persona consumió. Un programa de buena nutrición y ejercicio de bajo impacto puede aliviar estos síntomas de recuperación normal.

Hay que tener en cuenta que los síntomas conductuales como: compulsión, obsesión, pérdida de control sobre el tiempo y del lugar, la cantidad utilizada y seguir consumiendo alcohol y drogas, a pesar de las consecuencias adversas, son los síntomas secundarios del proceso de la enfermedad. Con un tratamiento continuo, abstención y un buen sistema de apoyo, estos síntomas disminuirán con el tiempo.

(34)

Qué es la codependencia?

La familia como sistema recibe de manera frontal el impacto de una adicción, de modo que no existe familia que no se afecte y muestre síntomas de disfunción, cuando uno de sus miembros se enferma de adicción.

Paradójicamente además, la familia afectada por la adicción, termina produciendo un sistema de conductas que apoyan al desarrollo de la adicción. A esto le llamamos codependencia

La codependencia es una enfermedad, en la que se generan conceptos como: obsesión, falta de límites, y conductas inapropiadas y de rescate, compulsión y control, deseos de cambiar a la persona adicta, dejando de vivir para vivir la vida del otro. Se define también, como el ciclo de patrones de conducta, y pensamientos disfuncionales, que producen dolor, y que se repiten de manera compulsiva, como respuesta a una relación enferma y alienante, con un adicto activo o en una situación de toxicidad relacional.

Disfunción Familiar

Las relaciones familiares y la comunicación se van haciendo cada vez más disfuncionales, debido a que el sistema familiar se va enfermando progresivamente. La comunicación se hace más confusa e indirecta, de modo que es más fácil encubrir y justificar la conducta del adicto. Las reglas familiares se tornan confusas, rígidas e injustas para sus miembros, así como los roles de cada miembro familiar que se van distorsionando a lo largo del proceso de avance de la adicción. Todos los miembros de la familia se afectan de este sistema de reglas disfuncionales.

Facilitación

La conducta codependiente es una respuesta enferma al proceso adictivo, pero además se convierte en un factor clave en la evolución de la adicción. O sea que la codependencia promueve el avance del proceso adictivo. A este concepto le llamamos "facilitación". Existen diversas formas que toma la facilitación que oscilan entre la colaboración y la agresión. Los codependientes no pueden darse cuenta de que están facilitando el problema, en parte por la negación y en parte porque están convencidos que su conducta está justificada, debido a que están "ayudando" a que el adicto no se deteriore más, y a que la familia no se desintegre. (35)

Los roles de la familia

Con todo el impacto que la adicción genera sobre la dinámica familiar, los miembros de esta familia van enfermando progresivamente de codependencia. Muchas veces esto se traduce en una inversión de gran cantidad de tiempo y energía en la actuación de roles familiares disfuncionales, cuyo objetivo es el de proveer a la familia de un mecanismo de defensa para disminuir la ansiedad y el temor y dar la sensación de "estar haciendo algo" para resolver el problema de la adicción.

Desgraciadamente el resultado final es que la adicción se fortalece y la familia se enferma más aún. Poco a poco comienzan a surgir una serie de patrones enfermizos como la negación, el enojo, la obsesión, manipulación, deshonestidad, facilitación. Los miembros de la familia sin darse cuentan empiezan a actuar diferentes roles para minimizar o distraer la verdadera raíz del problema.

"El Rescatador", este miembro de la familia se encarga de salvar al adicto de los problemas que resultan de su adicción. Son los que inventan las excusas, pagan las cuentas, llaman al trabajo para justificar las ausencias, etc. En general ellos se asignan a sí mismos la tarea de resolver todas las crisis que el adicto produce. De esta manera promueven el autoengaño del adicto, manteniéndolo ciego a las consecuencias de su adicción y convencido de que no existe ningún problema con su uso. "El Cuidador", ellos asumen con ímpetu todas las tareas y responsabilidades que puedan, con tal de que el adicto no tenga responsabilidades, o tenga las menos posibles. Ellos actúan así convencidos de que al menos "las cosas están andando". Lo que no pueden ver, es que esto los carga con tareas que no les corresponden y con responsabilidades que no son suyas, produciendo una sobrecarga que afecta su salud. Esto a su vez promueve la falta de conciencia en el adicto, del deterioro que produce la adicción en su funcionamiento. "El Rebelde, La función del rebelde u oveja negra, es desenfocar a la familia y atraer la atención sobre sí mismo, de modo que todos puedan volcar sobre él, su ira y frustración. Muchas veces es el niño que continuamente tiene problemas de disciplina en la escuela, o incluso el joven que experimenta con drogas ilegales. "El Héroe", el también está empeñado en desviar la atención de la familia y distraerla hacia él, a través de logros positivos. De esta manera hace que la familia se sienta orgullosa, y ayuda a la familia a distraer la atención que tiene en el adicto. Puede ser el alumno de impecable record académico, el atleta que sobresale en los torneos o que siempre está logrando más de lo que se espera de él. "El Recriminador", esta persona se encarga de culpar al adicto de todos los problemas de la familia. Se encarga de llevar a cabo sesiones de recriminación tremendamente amargas, y sermones que, no solo son exagerados, sino que además solo funcionan para indignar al adicto, brindándole así una excusa perfecta para seguir usando. El "Desentendido", usualmente este papel es tomado por algún menor de edad que se mantiene "al margen" de las discusiones y de la dinámica familiar. En realidad es una máscara que cubre una gran tristeza y decepción que es incapaz de expresar. "El Disciplinador", este familiar presenta la idea de que lo que hace falta es un poco de disciplina y agrede al adicto, ya sea física y/o verbalmente. Esta actitud nace de la ira y frustración que se acumulan en la familia del adicto y de los sentimientos de culpa que muchos padres albergan por la adicción de sus hijos. Por supuesto que la violencia no añade nada positivo a la dinámica familiar ya enferma por la adicción.

Todos y cada uno de los familiares realizan estos roles sin la más mínima idea de que están promoviendo el desarrollo de la adicción. Muy por el contrario, están más que convencidos de que están ayudando. Por esto es necesario hacer conciencia de la necesidad de cambios en la familia para poder lograr una recuperación de mayor calidad. (36)

Síntomas de la codependencia

Comunicación cuidadosa, manipuladora, Dificultad para establecer y mantener relaciones íntimas sanas, Relación sin límites, abusiva, invasiva, Congelamiento emocional (negación de sentimientos), Perfeccionismo, Relación de victimización, Necesidad obsesiva de controlar la conducta de otros (posesivos), Relación de lucha de poder, Conductas compulsivas, Sentirse responsables por demás por las conductas de otros, Profundos sentimientos de incapacidad, Relación idealista, Vergüenza tóxica, Autoimagen negativa, baja autoestima, Dependencia de la aprobación externa, Dolores de cabeza y espalda crónicos, Gastritis y diarrea crónicas, Depresión, Relación de celos e inseguridades, Relación inflexible.

El codependiente sufre todas las características indicadas en todas las relaciones: consigo mismo, con sus relaciones familiares, con sus relaciones de pareja, etc. El sistema familiar se va enfermando progresivamente. Las relaciones familiares y la comunicación se van haciendo cada vez más disfuncionales.

El trabajo de la familia para su recuperación

A pesar de que la familia es afectada con la adicción y de que la dinámica familiar facilita el avance de la misma, la familia organizada puede ser un vehículo de intervención excelente. La familia es una parte importante en el manejo clínico de las adicciones, por lo que es necesario que ésta se involucre tanto en el tratamiento como en la recuperación de los procesos adictivos. La mayoría de los casos es primero un familiar el que toma conciencia del problema y da los primeros pasos en la búsqueda de ayuda. La terapia individual puede ser de ayuda en las primeras etapas del tratamiento como una forma de lograr expresar los sentimientos, recibir apoyo emocional, elaborar una estrategia de intervención y comenzar la recuperación individual del codependiente.

La terapia familiar es básica para la recuperación

Los grupos de familia y los grupos entre los pacientes adictos, son de suma utilidad en el tratamiento. Proveen de soporte emocional y de contención en la recuperación. Una de las primeras metas a trabajar en la recuperación de la familia es en el sistema de creencias de la familia para poder trabajar toda la vergüenza y los sentimientos de culpa que se puede generar.

La adicción daña las relaciones familiares, haciendo muy difícil la expresión del amor sano. Con el tratamiento se aprende a ejercer y brindar el amor que el codependiente siente por el adicto y le permite establecer límites sanos con claridad y firmeza. Esto lo llamamos Amor Responsable.

Como familiares, a veces el cariño puede evitar que pongamos límites adecuados para protegernos o para evitar conflictos. Sin embargo, el amor de la familia combinado de manera balanceada, con la firmeza necesaria para establecer límites saludables, es una herramienta vital en el proceso de convivir con un adicto activo. Los límites tienen que ver con el amor sano, con el cuidado, el límite determina el territorio el lugar de cada integrante de la familia.

La familia organizada y bajo la guía de un profesional especializado, puede convertirse en una herramienta de intervención sumamente valiosa para romper la negación del adicto. Sin embargo es necesario para poder iniciar ese proceso que los miembros estén dispuestos a comenzar y mantener su propia recuperación personal como codependientes. (37)

Conclusión

"La realidad y la complejidad de esta enfermedad es que al final del día, los cambios físicos que se van dando en el cerebro son muy reales. Los pensamientos irracionales se van profundizando y grabando. Los malos comportamientos y malos hábitos van haciendo fuertes raíces y el adicto ya tiene para este momento su sistema de valores totalmente distorsionado, ha perdido la capacidad de funcionar tanto social como laboralmente y lo único que existe en su mente es cómo voy a conseguir mi siguiente dosis". (38)

Por estas razones pienso que es tan complejo el tratar la adicción, el problema no es sólo desintoxicar a la persona en su consumo. El tratamiento debe de ser de forma integral, se deben trabajar todos los aspectos de la vida del paciente: físicos, sociales, psicológicos y espirituales para que éste tenga probabilidades de éxito. Clarita

ANEXOS

CARTAS DE DESPEDIDA

Eduardo Sierra

Mi querido Ale, aunque pase el tiempo no hay día que no te encuentre en mis pensamientos, te veo todos los días, en mis hijas, en Ana, en mis papas, en Mau, en mis amigos, en el trabajo, siempre tendrás un lugar muy importante en mi corazón.

Tengo muy presente la última vez que hablamos, te extraño

Hasta pronto

Te quiero

Eddie

Mauricio Sierra

Querido Alex, tus papas, tus hermanos, tu novia Marimar, tus cuñadas, tus tíos, tus primos, primas, sobrinas, sobrinos, tu ahijada Ana y todas tus amigas y amigos queremos compartir contigo nuestra fe de hoy te encuentras descansando en paz y estamos seguros que Dios siempre misericordioso te dio este regalo de iniciar tu nueva vida junto a él y a nosotros la fortuna de tener un Ángel que nos cuidara por siempre.

Es Difícil entender cómo trabaja Dios, siempre en formas misteriosas que no podemos comprender, pero todo es y será el resultado de un plan perfecto.

¡Ahora entiendo que Alex era un ángel! Claro no le podíamos ver las alas, eso hubiera sido darnos la respuesta sin trabajar por ella.

¡Puedo ahora entender que la enfermedad de Alex era su disfraz, una máscara que se ponía para ocultar su verdadera esencia y así poder ponernos las pruebas necesarias para llegar a conocer la ¡Magia y el Don que es vivir!

Entiendo ahora que como enviado de Dios, ¡Alex nos lo enseño todo! Desde la idea más sencilla de tener siempre el corazón y la actitud de un niño, siempre nos dio ese regalo, verlo como un niño al que le entusiasmaba todo y admiraba todo. A pesar de su gran madurez para afrontar otras situaciones siempre reflejaba el gran niño interior. Ojalá y podamos todos los días despertar con la ilusión de llenarnos de felicidad y compartirla con todos día con día, tal y como él lo hacía con su enorme y generosa sonrisa.

Nos enseñó también a vivir aspirando a alcanzarlo todo, aunque a nosotros nos sonaban como fantasías él sabía que todo lo era posible. Sólo había que quererlo y buscarlo.

Nos enseño que todos nos equivocamos, que no somos perfectos y que lo más importante es aceptar y aprender de nuestros errores, que volverse a tropezar con la misma piedra, no es un reflejo de torpeza sino al contrario es una muestra de lucha constante de mejorar el camino recorrido!!

Nos enseño a ser pacientes, no todo llega de la noche a la mañana sino que hay que valorar el tiempo en el que se forman las cosas y agradecerlas aunque no lleguen en el momento que queremos.

Nos enseñó que el querer recibir más es sólo el paso anterior a dar más. Como un árbol que madura y encuentra su abundancia, no pregunta ni juzga a quienes reciben su fruto, sino sabe que para renovarse, para transformarse y para seguir creciendo hay que dar y soltar lo mejor de su ser.

Como padres, la lucha constante por el amor incondicional que se le tiene a un hijo. El siempre quiso ser papa y siempre mostró toda la capacidad de serlo, se ganaba a todos los niños, se identificaban con él y se sentían seguros de tenerlo cerca. Esto mostraba una vez más su capacidad de amar, de tolerar, de ser paciente y sobre todo siempre nos recordaba su inmenso amor por la vida.

Como hermanos, nos enseño a siempre estar ahí para apoyarnos, a ser el hombro que todos a veces necesitamos en momentos difíciles, aprender a escuchar con el corazón abierto, sin juicios ni culpas.

Como amigo a dar sin condiciones, a ver al prójimo como una oportunidad de conocer lo importante que es tener diferencias, aceptar y tolerar esas diferencias para volvernos cada vez más humanos y una vez más saber que lo más importante es el amor tan grande que todos somos capaces de dar.

Como novio, a amar sin límites, a dar lo mejor de ti por siempre, saber que si se comenten errores, remediarlos sólo es cosa de aceptarlos y también saber que podemos fallar, pero tener la humildad de entregarle el corazón al otro para que esas fallas se conviertan en el producto de un amor sin límites.

Alex, nos dejas en este plano con mucho que trabajar, primero que nada a aceptar que la vida así como llega se va, por lo que hay que vivir intensamente todos los días, derramando amor a todos y siguiendo a Dios día con día. Nos dejas con la oportunidad de crecer como ese árbol y madurar para dar nuestros frutos. Estoy seguro que día con día trabajemos para que esto sea posible y estés orgulloso de que continuamos siguiendo tus pasos.

También nos dejas con la oportunidad de poder ver la luz en momentos obscuros, aprender de esos momentos y dejarlos ir cuando ya hayan cumplido su objetivo.

Nos costara trabajo saber que no estás entré nosotros, pero una vez que entendamos que ERES parte de la LUZ del día, sólo con abrir los ojos veremos tu resplandor en todo y en todos.

Le agradezco a Dios por dejarnos vivir 30 años junto a ti, por enviarte a este mundo y formar parte de esta gran familia, que hoy es más unida y más fuerte gracias a ti!

Tu ejemplo de vida toco a mucha gente de diversas maneras y por ello te recordaremos y estaremos siempre agradecidos.

¡Gracias por darnos tanto Alex, por ser nuestro ángel y la luz en nuestras vidas, te llevaremos en el corazón eternamente y vivirás en nuestros recuerdos toda la vida!

Marimar

Creo que nunca llegaré a entender por qué Alex se fue de esta vida, pero si puedo empezar a comprender el por qué cruzó mi camino y toda la serie de aprendizajes que me dejó. Siempre estaré eternamente agradecida el que haya cruzado mi camino, y aunque se fue físicamente, siempre lo llevaré en el corazón.

Alex me enseñó a amar de una manera desinteresada y espontánea. Me enseñó que podemos amar y podemos amar mucho más fuerte todos los días como él lo hacía: con una simple sonrisa, bailando en una tienda, regalando al de al lado lo que necesite, dando detalles, buscando siempre como ayudar a los demás, y todo esto se logra, saliendo de uno mismo. ¡Gracias por tu gran corazón!

Me enseñó a valorar más a la familia. Es lo más importante que tenemos y no debemos descuidarla. Para él, siempre fue la prioridad.

Me enseñó el poder de un abrazo y como este puede cambiar el humor de la otra persona instantáneamente. ¡Gracias por tus abrazos Alex!

Me enseñó que hay que disfrutar la vida, no podemos frenarnos en peleas absurdas, hay que vivir cada momento como si fuera el último, porque no sabemos cuándo será el último. Me enseñó a perdonar y volver a empezar, aprender a sobre pasar las acciones que nos lastiman del otro para realmente perdonar.

Me enseñó que Dios está en todos lados, en silencio, en nuestro corazón, en nuestra pareja, en nuestros papás. No hay mucha ciencia en encontrar a Dios, simplemente hay que aprender a sentirlo y descifrarle en cada acción en nuestra vida. ¡Gracias por enseñarme a sentir a Dios durante todo mi día!

Me enseñó el valor de la empatía, esa virtud olvidada por muchos y tan necesaria en este mundo. Nunca lograremos comprender la enfermedad de una adicción sin tener empatía.

Aprendí a entender y sentir a Alex en su dolor y en sus momentos de felicidad.

Entendí que la drogadicción no es lo que define a la persona.

Estamos acostumbrados a catalogar a alguien como "drogadicto", "alcohólico" y en ese momento vemos a la persona y reducimos a la totalidad de la persona a una simple etiqueta. Antes me hablabas de un drogadicto y a mi mente venía la imagen de una persona sucia, mala, dejada, egoísta sin salir de ahí. Y ciertamente cuando el adicto está usando en eso se convierte, pero la persona no deja su esencia. La drogadicción es una "enfermedad", una "carga" que trae la persona, mas no es "la persona." Hay que aprender a descubrir la verdadera esencia de la persona, sin quedarnos simplemente en la superficialidad de su enfermedad. Gracias por dejarme conocer tu esencia a fondo, esa gran persona, tan fuerte, tan sonriente, tan atenta, tan detallista. Para mí, siempre serás y te recordaré como ese Alex.

Me enseñó a no juzgar nunca a nadie. No sabemos por lo que la otra persona realmente está pasando.

Me enseñó a aprender a soportar el dolor hasta el borde de sentirte en la locura, me enseñó mi capacidad de amar y de soportar el dolor y seguir luchando por el ser amado, cuando creemos que ya no podemos más.

Fortaleció mi fe y mi relación con Dios al aprender a poner TODA mi seguridad en Él, saber que nada depende de nosotros y que todo al final está en sus manos. Nunca había tenido la experiencia de realmente "soltar" toda mi vida y dejarla en manos de Dios y de la Virgen. Y a pesar de encontrarme en tanto dolor, fue una libertad hermosa.

Pasé con él de los mejores momentos de mi vida, y con su muerte, el más doloroso.

Ninguna palabra, abrazo, consejo disminuye el dolor, ya que una parte de mi vida, de mi persona desapareció también. Y aunque mi razón lo comprende, es algo que el corazón no logra comprender.

Aprendí que a pesar de tener todos tus planes hechos, una casa, un anillo, una boda, y miles de sueños, Dios tiene otros planes desconocidos para ti, hay que planear menos y confiar más. A pesar de que se hayan venido abajo, no dejo de agradecer el que me haya escogido para hacer todos estos planes con él, el haber vivido con él la ilusión y la forma en que el transmitía tanta emoción por formar algo más, fue una experiencia increíble.

Aprendí a sentir y dejarme sentir todo, llorar todo lo necesario, gritar lo necesario, escribir lo necesario, y no tratar de comprender el por qué de las cosas y empezar a descubrir ese para qué.

Para mí, el haber conocido a Alex fue uno de los más grandes aprendizajes que he tenido en mi vida. Cuando por primera vez lo vi, nunca me imaginé que me iba a meter a esta historia llena de amor, dolor y a la vez tanto aprendizaje que me llevó a puro crecimiento.

Alex, nunca terminaré de agradecerte todo lo que me dejaste y lo mucho que me enseñaste en este recorrido. Gracias por tanto crecimiento.

Te llevo para siempre en el corazón, y trataré de vivir al máximo esos aprendizajes que me dejaste. Tu desde allá cuídanos y guíanos por el camino que debemos seguir.

Marimar

Daniela

¿Qué fue Alex Sierra para mí? En cierto momento, fue justo el hombre que necesitaba, alguien amoroso, lindo, cariñoso, detallista y alegre, -alguien que te sacaba una sonrisa hasta en los peores momentos, ¿cómo lo conseguía?, no lo sé- y sobre todo por su manera tan apasionada de ver la vida.

Alex era luz y sombra al mismo tiempo y por azares de la vida y gracias a la relación tan entregada e intensa, me tocó ver ambos lados. Sin embargo, su luz siempre fue mucho más grande ante los ojos de quien lo queríamos y conocíamos.

Tristemente en varios momentos de su vida Alex abrazó más su lado oscuro, pero sin miedo a equivocarme, sus momentos de luz son los que nos quedan en nuestra memoria y corazón. Lo que para mí comenzó como una historia de amistad entre dos personas que necesitaban llenar un vacío, se convirtió en una historia de amor de la que me quedo con mucho, pero al mismo tiempo con el más grande aprendizaje. Llevar una relación con una persona que padecía esa enfermedad y en donde la otra parte se encuentra vulnerable por un reciente divorcio lo hacía todo más pasional y de igual manera más enfermiza; por eso hoy puedo decir que conocí a Alex en su plenitud.

Nuestra historia empezó con simples pláticas a través de un chat. Varios meses en donde me encantaba conectarme y encontrármelo... platicábamos por horas durante las noches y hasta la madrugada. Nos consolábamos, nos reímos, pero sobre todo nos entendíamos. No existían juicios entre nosotros.

Así fue como Alex viviendo en esos momentos muy lejos de mí, dentro de un Centro de Rehabilitación en San Diego, CA, se metió en mi vida y se volvió una parte muy importante de mi día a día y así... El cariño comenzó a nacer. Conforme pasaron los meses y nuestra relación se volvía más estrecha decidimos vernos en persona. La idea me llenaba de emoción y esperanza, más la duda claramente existía. ¿Realmente estaba lista emocionalmente para empezar una relación con alguien más? Y aún más... ¿Si esa persona llevaba una larga temporada luchando contra una adicción? A decir verdad la respuesta era ¡NO!

Sin embargo la alegría que me infundía, su comprensión, su visión de lo bonito y su apoyo me hicieron darme cuenta que aún con los miedos no podía dejar de darme una oportunidad con alguien que inspirara tanto amor y tanta paz.

Mi llegada a San Diego excedió todas las expectativas, no sólo me atrajo físicamente si no que sus sorpresas, sus atenciones y su disposición de ser en todo momento tal cual era, despertó en mí una cierta autoestima que llevaba muerta desde hace mucho tiempo. Pero sobre todo, lo que realmente me enamoró de Alex, no fue con los ojos como me veía a mí, si no con los ojos con los que veía a mi hija. Hecho que significó mucho para mí ya que después de un reciente divorcio uno de mis principales miedos era no ser aceptada tan fácilmente por una pareja teniendo ese " paquete". Y él al contrario de verlo como tal, siempre vio a mi hija como una bendición más; como un plus, alguien a quien querer, cuidar y por quien empezar a responsabilizarse de sus actos. De hecho una de las frases que más me quedo de Alex fue el decirme constantemente: " no es tuya, es nuestra", para él, él era su papá. Y como me dijo su mama en la misa de Alex: "agradezco a ti y a tu hija el haber llegado a la vida de Alex, porque gracias a ella

Alex supo lo que era ser papa". Por ejemplo, nunca se me va a olvidar cuando una noche Daniela tenía mucha calentura, yo tuve que salir por sus medicinas y a mi regreso me encontré con ellos dos metidos en una tina con agua fría hasta que Daniela mejoró y esto es sólo una de las muchas veces en que el demostró su amor incondicional para con mi hija. Y ni que decir de lo que a mí me ayudó en un camino que parecía tan difícil, él lo hizo fácil. Nos dio a mí y a mi hija un amor incondicional y lleno de alegrías y atenciones. No soy sólo yo quien recuerda a Alex como una persona alegre y llena de luz, Daniela mi hija lo recuerda constantemente con mucha alegría y cariño. En pocas palabras, Alex era alguien que siempre hacia sentir a las personas tanto especiales como únicas.

A diferencia de lo que se pueda llegar a pensar de Alex y de su enfermedad, él era una persona que amaba la vida y que te contagiaba ese amor y entusiasmo por vivir y que al mismo tiempo te inyectaba alegría y fuerza en los peores momentos, siempre con esa sonrisa inolvidable que lo caracterizaba. No sólo a través de Alex me sentí protegida, en los momentos en lo que más necesitaba de alguien si no que sentí el mismo apoyo y cariño de su familia desde que tuve la oportunidad de conocerlos, tanto para mí como para Daniela la familia de Alex fue la familia que tanto añore, y en ese punto siempre voy a estar agradecida con él.

Como mencione al principio, Alex tenía también un lado difícil el cual me tocó vivir muy de cerca. No me es fácil hablar de lo malo de una persona que me dio y dejo tanto, más sin embargo, hoy me doy cuenta de la lucha que él tenía que sobrevivir día con día. Probablemente nuestra relación hubiese tenido más futuro si yo hubiera podido entender o imaginarme lo que él estaba sufriendo. La codependencia a una substancia química es un asunto más complicado de lo que se puede ver o imaginar por fuera; y yo viví esa frustración en carne propia. Alex intentaba explicarme que su problema era algo de él, que no tenía nada que ver conmigo, y que aún peor, era algo mayor que él y contra lo que tenía que luchar cada segundo de su día. Y hoy me queda claro que en ese momento lo que el más quería era sobrepasar su adicción, hacer una vida plena al lado de Daniela y de mí.

El que ahora lo entienda no quiere decir que hubiese cambiado mi actitud en ciertas fases de la relación, ya que me hija siempre fue y será mi prioridad y sólo buscaba protegerla de una relación que ya se estaba saliendo de nuestras manos. Pero seguramente lo hubiera apoyado de una manera muy diferente. En varias ocasiones lo llegue a juzgar con una vara muy alta, y en cada recaída me volvía más dura y cruel. No podía entender como alguien no podía luchar por su salud y por su felicidad al lado de quienes amaba. Para mí, Alex lo tenía todo. Y si... Lo tenía todo, incluyendo una enfermedad que no lo dejaba ser totalmente feliz y encontrar la paz. Para mí esa fue la mayor impotencia, quería que entendiera el daño que nos hacía a todos (pero sobre todo a él) porque sin lugar a dudas es una enfermedad que no sólo desgasta a la persona sino también a los que lo rodean. En cuanto a nuestra relación, no fue una guerra que perdí yo, fueron muchas batallas que perdimos los dos. Y al final tuve que entender que no quedaba en mí sacarlo adelante y que por mis propias circunstancias, lejos de ayudarlo, nos estábamos haciendo mucho daño.

Lo que me deja no sólo Alex si no también su enfermedad es que al vivir en una cuerda floja, lo hacia una persona que vivía al máximo día con día, sumamente entregado y muy detallista, siempre me llenaba de sorpresas y para él nunca eran suficiente los detalles. Lo que le admiraba y al mismo tiempo envidiaba era su capacidad de perdonar el daño que sin querer le llegue a hacer con mis impulsos y errores. Creo que al el estar consciente de sus imperfecciones lo hacía más humano y comprensivo con los demás.

En fin, para mí la relación con Alex y el haber tenido la oportunidad de compartir dos años de nuestras vidas ha sido un parte aguas en mi vida. Y hoy por hoy solo me deja los mejores recuerdos de un ser humano tan lleno de virtudes, una enseñanza y una lección de vida de siempre luchar hasta el último por lo que queremos, y siempre estaré agradecida con la vida por haberlo puesto en mi camino.

"GOOD BYES ARE NOT FOREVER, GOOD BYES ARE NOT THE END, THEY SIMPLY MEAN I'LL MISS YOU, UNTIL WE MEET AGAIN" (Las despedidas no son para siempre, las despedidas no son el final, simplemente significan que te echare de menos hasta el día que nos volvamos a ver).

Te queremos y te extrañamos mucho

Daniela

Helen

Mi relación y el proceso de duelo que viví con Alex han sido una de las luchas más duras de mi recuperación. Como alguien que ha estado en recuperación durante mucho tiempo, la muerte es una parte muy triste en las historias de los adictos. Es casi imposible caminar por los salones de las juntas de alcohólicos anónimos y no conocer a alguien que no haya fallecido por esta enfermedad. De hecho, incluso en ocasiones es lo esperado, pero es muy diferente perder a alguien que estaba muy cerca de ti y a quien amaste tan profundamente. Todo el dolor que sufrí al lado de Alejandro durante su enfermedad no se compara con el dolor de su muerte.

Antes de que Alex falleciera, sabía que mi camino era ayudar a otros adictos y alcohólicos en recuperación. Después de ese día tan doloroso, me quedó claro que voy a dedicar mi vida a esto. Alex me transformó en maneras que no puedo explicar con palabras. Las decisiones que tomé en mi recuperación temprana, fueron fundamentales para lograr una recuperación duradera. Aprendí a estar cerca de mi sistema de apoyo, a comunicar mi dolor o mis alegrías a otros, a derrotarme ante mi enfermedad y lo más importante; aprendí a dejar mi vida en las manos de Dios y confiar todos los días en su fuerza.

Las enseñanzas de Alex siempre fueron mucho más allá de la recuperación. Él me enseñó que mis debilidades podrían un día convertirse en mis fortalezas, que merecía ser querida (cosa que en la recuperación temprana es muy difícil de creer). Me enseñó que la vida en sobriedad vale la pena de ser vivida. Y con toda esta tragedia, él me dio uno de los regalos más grandes: la vida es un regalo de Dios y la puedes perder en cualquier momento, sin importar la edad. Por esta razón, debemos valorar, respetar y amar a los que nos rodean, y hacer todo lo que podamos para apoyarlos, porque cuando llegue el día de nuestro último aliento, lo único que les dejamos a los demás son los recuerdos.

Susy

A través de los años, Alex se convirtió en mi mejor amigo y realmente nació una comunicación profunda y enorme entre los dos.

Siempre tenía mucho que compartir acerca de todo lo que estaba aprendiendo y acerca de cómo poder ser fuerte en un mundo donde no es fácil vivir. La verdad es como si Alex quisiera sanar a todos los que lo rodeaban y brindarles parte de su gran luz.

Tenía un amor incondicional y compasión hacia todas las personas, amigos o desconocidos y quería compartir siempre su gran corazón. Yo nunca he conocido a otra persona como él. Tenía un gran entendimiento de la vida, de los sentimientos más profundos de los humanos; tenía una percepción excepcional sobre las cosas de la vida cotidiana y una gran sabiduría.

La última vez que lo vi después de muchos años de no verlo, me puse muy contenta pues realmente lo vi muy bien. Me compartió tantos pensamientos positivos y me di cuenta que él tenía la determinación de estar siempre sano y feliz. Estaba muy orgulloso de sí mismo y sobre todo, tenía una gratitud enorme a todas las oportunidades que tenía para mejorar.

Tengo que confesar y compartir que tuve unos años muy complicados y después de ese día que lo vi, Alex me compartió su fortaleza, su fe y me dio muchos consejos para que yo me sintiera feliz. Aquel día, me dijo algo muy importante que he hecho mío en mi vida cotidiana: "cada momento difícil pasará". Al escuchar esas palabras me di cuenta de su gran filosofía y sabiduría. Él observaba las situaciones difíciles que había vivido para sobrepasar otros momentos todavía más difíciles, y cuando me compartió estas palabras, me hicieron mucho sentido y me dieron paz. Me dijo que aquellos "momentos difíciles, cuando sentimos que no queremos vivir y donde cualquier cosa se siente imposible, es tan sólo un momento pasajero… Esa idea me mantuvo fuerte, muy fuerte. Yo sé que Alex quería compartir con todo el mundo su fortaleza y todo lo que había aprendido. Tengo que decir que realmente ha sido una de las personas que más ha impactado mi vida y cada consejo que me dio no pudo ser más atinado.

Realmente es como si Alex pudiera sentir nuestros corazones…. él podía sentir mi corazón, leer mis pensamientos. La sensibilidad que tenía hacia otras personas es algo que no he visto en otro ser humano de este planeta. Vulnerable, pero lleno de tanto amor y al mismo tiempo era un alma que necesitaba también, ¡tanto amor! Cada vez que él desaparecía, yo sabía que estaba en algún tratamiento, pero no sabía en dónde…. Él me había dicho que cuando no se comunicaba conmigo, era cuando estaba en sus momentos más oscuros. De verdad quisiera haber podido encontrarlo en esos momentos oscuros y tratar de darle la misma fuerza y amor que él nos daba a nosotros.

El año 2013 fue cuando pude pasar los mejores días de mi vida con él y tristemente también fueron mis últimos días con él….Vi a un Alex que llegó con mucha fuerza y que sabía bien lo que quería para su presente y su futuro. Tenía la meta de estar sano y también quería hacer todo lo posible para mantener esa salud mental, emocional y física. Me contó que se quería casar y tener una familia hermosa. Amaba tanto a los niños…. yo sé que quería ser un gran papá. Cuando hablaba de todas esas cosas increíbles que quería hacer y tener, sus ojos se llenaban de una luz tan intensa.

También me dijo que había momentos en que no podía parar y que nada ni nadie lo podía detener y que lo único que sí lo detenía era cuando pensaba en su familia preocupada y esperando su regreso. Su familia siempre fue el motivo que le ayudaba a despertar de la obscuridad y a decir ¡basta!, levantarse y volver a dejar las drogas. Siento que es muy importante que yo comparta esto, ya que él me mencionó que estaba escribiendo un libro sobre todas sus experiencias y sobre cómo cada vez que recaía y cada vez que se recuperaba, volvía a la luz. También me dijo que él no se iba a dejar vencer nunca, ya que Dios lo estaba ayudando siempre con mucha fuerza y a través de muchos ángeles para regresar a casa y para regresar a sí mismo. Él quería compartir esto con el mundo para demostrar que sí se podía y quería dar esperanza a todos los que pasan por momentos similares…

Alex me contó que si no fuera por el amor y el apoyo incondicional que sus papás le daban, no hubiera podido luchar cada batalla. En esos momentos, me veía fijamente a los ojos y me decía cuan agradecido estaba con ellos y lo amado que se sentía, ya que ellos eran su razón para seguir viviendo, pues ellos jamás le habían fallado ni lo habían hecho sentir poco amado.

Al platicar con él de todas las veces que volvía a caer, se dio cuenta que muchas de éstas, sucedía por algún desamor… Le pasaba con todas sus novias. Tenía un corazón muy vulnerable y tanto amor que dar, que cuando se sentía traicionado, le provocaba un dolor tan fuerte, que sentía que no podía salir solo. Sentía una gran tristeza y derrota y sentía que él solo no podía salir del hoyo, y entonces... caía una vez más. Y sí,... caía en las drogas para escapar del dolor. También en esa ocasión me dijo que cada vez que salía, era el amor el que lo volvía a levantar y lo sacaba adelante. El amor de su familia y la promesa que se tenía a sí mismo de tener una vida feliz y sana. Y entonces, volvía a empezar... Siempre se levantaba, una y otra y otra vez. Yo diría que esto lo hacía un luchador increíble. ¡Alex ganaba porque luchaba y se levantaba siempre! Y el levantarse significaba una batalla ganada. Yo siento que Alex no únicamente ganó su batalla, sino mucho más... porque en su camino y en su lucha nos fue levantando a todos. Después de todas las batallas que tuvo, donde cayó y volvió con más fuerza, no puedo olvidar ese último día que lo vi en Laguna Beach, mientras veíamos un increíble atardecer, me dijo que nunca me olvidara que Dios es Amor. Así que cuando puedo, voy corriendo al mar para alcanzar los atardeceres y sobre todo cuando me siento triste, es cuando recuerdo cada palabra que Alex me dijo y eso me fortalece.

No hay palabras para describir lo especial que ES Alex. E insisto en usar la palabra ES, porque sé que sigue con nosotros.

Mi corazón se rompió en miles de pedazos el día que me dijeron que se nos había ido de este mundo. No pude encontrar la razón en mi mente y le daba mil vueltas a mi cabeza para intentar entender qué era lo que había pasado, o más bien, que fue lo que lo lastimó en esta ocasión, qué fue lo que lo destrozó, y ojalá hubiera podido saber qué le estaba pasando, ya que deseo con toda mi alma poder haberlo ayudado, salvado, abrazado. Creo que todos nos sentimos así... Realmente devastados.

Puedo afirmar que Alex siempre luchó muchísimo y su fe en Dios era tan grande, que siento que su misión en esta vida fue más que cumplida. Con todo el corazón puedo afirmar que el levantó a tanta gente que estaba sumida en una profunda tristeza y les dio tanta luz y amor, que Dios lo quiso de regreso en sus brazos.

Tengo tantas cosas positivas que contar de Alex.... Nunca fue egoísta, al contrario, fue una persona con un amor desbordado. Nunca jamás me dejó sola. Extraño muchísimo nuestras conversaciones, sus pláticas chistosas y su facilidad para a ser feliz. Eso lo llevo conmigo hoy y todos los días. Alex fue un ser humano extraordinario…

Un día me dijo que estaba muy arrepentido por todo el dolor que les causaba a su familia y amigos cada vez que recaía. Y por otro lado, siento que Alex estaba logrando ser sano y feliz….y por eso se sentía increíblemente orgulloso de sí mismo. ¡Quería tanto demostrarle al mundo que SÍ era posible! Lo que si me confesó un día fue que le daba angustia y nervios pensar que a veces sentía que tenía que ser perfecto y sobresalir con excelencia en todo lo que hacía. ¡Cómo quisiera ahora que él supiera que SÍ lo fue en todos los aspectos!

Alex me deja con una sonrisa en el alma y con el gran impacto que tiene en mi vida. En cada momento y en cada día que vivo está más que presente. Sus palabras son un eco constante todos los días, al despertar y al dormir… Si es un día difícil o un día bueno, sólo tengo que recordar su sonrisa y sobre todo, sus ojos que brillaban con tanta luz.

Alex tomó el lado más obscuro de su adicción y lo convirtió en algo increíblemente positivo…Siento que todos deben saber esto. Este es el milagro de Alex y lo que lo hace tan grande como persona. Alex tomó el lado más difícil de sus experiencias y su dolor para compartirlo con nosotros, para darnos luz a través de su sabiduría y la fuerza que el usaba para salir adelante y así demostrarnos que se podía extinguir la obscuridad y brillar de nuevo con la luz y amor de Dios. ¡Él quería compartir tanto su historia y levantar a todos uno por uno….!

Lo único que me hace falta tremendamente y que quisiera tanto, es ¡poder abrazarlo físicamente!!!!! Los abrazos de Alex siempre fueron los mejores…y nunca se me va a olvidar que me dijo que un sólo abrazo nos podía salvar la vida.

Te vi llegar. Canción que le escribió Susy a Alex después de conocerlo. Para Alex, Mayo 2004

Te vi llegar

Esa noche de invierno

Tu mirada vacía lo decía todo

Te vi llegar

Y cruzaste la puerta

Tu sonrisa mentía

Algo ya no sentías

Ya lo habías decidido

Te querías ir lejos de aquí

Y así como el viento te trajo

Así tan pronto me dejaste aquí

Mírame

Y dime que no es cierto

Júrame que lo que hemos vivido

No ha muerto

Y Siénteme

A ver si así puedo abrir tu Corazón

A ver si así puedo abrir tu Corazón

Me viste llegar esa noche de Mayo

Tu Mirada me lo decía todo

Te vi volar

Tu Sonrisa me encanto

Te acercaste lentamente a mis labios

Y tan suave como la brisa del mar

Me deje llevar por tus dulces besos eternos

Ya lo habías decidido

Te querías acercar a mí

Tus ojos me hipnotizaron

Y de pronto el amor nació en mí

Y de pronto el amor nació en ti

Andrea

Alex:

Fuiste y serás siempre el gran amor de mi vida durante tanto tiempo. Te conocí a los 14 años y desde ese momento permaneciste como parte de mi vida. Gracias por haberla pintado de emociones y vivencias tan padres durante tantos años. Puedo decir que fuiste mi primer amor y también mi gran amigo.

Seguiré platicando contigo siempre, sé que seguramente te estarás riendo mucho al verme intentar escribir esta carta. Ja, ja, ja... Sé que me observas ahora, me acompañas y me mandas mensajes. Muchas veces en sueños, en el cielo, en el aire y en la naturaleza. ¡Los recibo Flaquito!

Sé que siempre encontrarás la manera de hacerte presente, te lo pido en donde estés. Siempre hazte presente. Aunque no te vea, te quiero, te platico... ¡Te llevo siempre conmigo!

Admiro a mi gran primer amor, amigo y persona que sufrió, luchó y que hoy reconozco en mi vida como una de las personas más valientes. Su vida no fue nada fácil y aun así, su sonrisa y gozo por la vida los transmitió hasta el final. Ninguno de nosotros sabemos la soledad que pudo sentir, aun teniendo tanta compañía y apoyo a su alrededor. Hoy Alex es un ser que marcó mi vida, la hizo mágica y le dio un sentido especial. No hay bueno ni malo, todo forma parte de un ser defectuosamente perfecto como él lo fue.

Andrea

María

Seguimos en contacto siempre, hasta que un día me mandó un mensaje en la noche preguntándome si podíamos hablar, quería contarme algo muy importante, después de varias horas me confesó que había recaído muy fuerte. Lo escuché triste y confundido, así durante casi un mes hablábamos por teléfono, pienso que era una manera de desahogarse, y para mí, significaba la esperanza de poder ayudarlo.

Me dijo que quería volver a irse a una clínica, tenía muchas ganas de salir adelante, él sentía que tenía el control, como muchas otras veces, siempre me decía que ese iba a ser el día en que iba a salir adelante, que era el último, pero más tarde llegaba una llamada para contarme que no lo había logrado. No sabía cómo arreglar el daño que le había hecho a la gente a su alrededor, y como volver a poner en orden cada parte de su vida, como lo iba a perdonar la gente a la que había lastimado. Me platicaba sus mil opciones para salir de su adicción, sus pasos a seguir, que según él, siempre le habían funcionado. Hablamos sobre lo agradecido que estaba con sus papás y sus hermanos y lo mucho que los quería, sobre como quería ser la mejor persona para hacer feliz a Marimar, de cómo estaba en el momento perfecto de su vida, de cómo de repente tenía todo lo que siempre quiso, lo que pensó que por su adicción, nunca iba a poder tener. Me patico sobre su adicción, sus recaídas, sobre todo lo que vivió bueno y malo, de cómo había disfrutado cada segundo la vida. Me pidió perdón por haberme lastimado en la época en que fuimos novios y nos dimos cuenta que todo había sido por culpa de su adicción.

Nunca paró de jurarme que iba a salir adelante, por él, por sus papás, sus hermanos, por Marimar y por todo lo que le quedaba por vivir.

Tenía días muy buenos y otros malos, yo estaba segura que iba a salir de ésta, tenía todas las ganas del mundo y estaba luchando constantemente para salir adelante. Por fin llegó el momento en el que me dijo que se iba al día siguiente a una clínica a rehabilitar, se despidió de mí, lo escuche ya muy mal, cansado y desesperado por salir de eso.

Alex fue un gran maestro en mi vida, me enseñó a querer y a dar incondicionalmente, a no juzgar por una enfermedad, a ser cómplice y a aceptar que a veces la gente solo necesita que la escuches.

María

Rodrigo

Alex fue la persona más detallista que he conocido. Siempre se le ocurrían los regalos más originales y precisos para cada ocasión. A mí me tocó desde un trofeo de cumpleaños, hasta unas pizzas para mi cambio de casa. La última vez que vino a la oficina, fue para dejarme unas roscas de Corn Flakes con chocolate para navidad. Sabía que me encantaban y a pesar de que ya estaba en problemas, se tomó el tiempo para traernos nuestros regalos de Navidad en 2013. Compartimos todos en la oficina que el ángel y carisma que tenía Alex era su mayor cualidad. Nos acordamos siempre de su gran sonrisa y no dejamos de extrañarlo. Para mí fue un gran amigo, alguien con quien inexplicablemente siempre he sentido una profunda conexión y sé que siempre estará presente en mi vida. Lo recordaré y extrañaré eternamente por su exquisita sonrisa y su inagotable fuente de energía. Le doy gracias por haberme dado el regalo de compartir unos años muy amenos y haberme permitido ser su jefe por algún Tiempo.

Rodrigo

CARTAS

Carta de Alex, febrero de 2009. Llegando a Utah con Kevin McCauley

Empiezo este mail sin mucha dirección y realmente sin tener el tiempo suficiente (de sobriedad) para escribir algo que vaya más allá de bonitas palabras que en ocasiones puedo escribir pero que no llevan detrás mucho valor.

Lo que sí no me puedo sacar de la mente estos días es la necesidad de encontrar alguna manera de expresar mi agradecimiento por su amor incondicional, apoyo, tolerancia y paciencia. Desafortunadamente todavía no encuentro una manera ni el valor necesario para hacerlo.

Lo único que puedo hacer es darle tiempo al tiempo y pedirle a Dios que poco a poco mis acciones hablen más fuerte que mis palabras.

Por el momento les digo que cuando duden que todo lo que han hecho por mí no ha tenido algún sentido y no ha valido la pena, sólo les puedo decir que han hecho, como lo mencioné en un mail anterior, que tenga ganas de seguir adelante.

Se preguntarán cómo un joven de 25 años con tan increíbles oportunidades y experiencias ha perdido el sentido de la vida y se ha perdido en un mundo obscuro y aparentemente sin salida. ¿La verdad? No tengo aún la respuesta. Sólo les digo que ustedes y su amor han sido el único rayo de luz que ha entrado en ese mundo obscuro y me ha enseñado el camino para salir adelante.

Me excavé un hoyo tan grande y tan profundo que llegó un momento que perdí mi rumbo y ustedes prendieron una luz en esa obscuridad y esa luz es la que ahora me está guiando.

Los quiero mucho,

Alex S.

P.D. "You alone can do it, but you cannot do it alone"

Juntos venceremos esto, ustedes ya pusieron toda su parte y ahora me toca a mí

Carta de Alex, San Diego, 31 de agosto de 2009

Queridos Padres:

Les escribo esta carta con mucho dolor en mi corazón, mucha incertidumbre en mis palabras, pero sobre todo, les escribo esta carta, desgastado, triste y realmente vacío. ¿Cuáles serán las razones por las cuales me ha tocado vivir una experiencia como esta? No las he encontrado. El por qué les tocó a ustedes acompañarme en este camino, tampoco lo entiendo. Lo último que quiero de mi vida es ser una persona que sólo causa dolor a los demás. A mis seres más queridos. El por qué fallé, el por qué una vez más fui débil, todavía me es difícil de entender. Un abrir y cerrar de ojos y seis meses de esfuerzo, trabajo, lágrimas, esperanza, los vi irse en un segundo. Estoy realmente herido, realmente no le deseo esto ni a mi peor enemigo. Gracias a Dios mi cuerpo ya no dio para más. Me queda claro que mi enfermedad me quiere matar. Pero Dios me protege y aquí estoy, vivo, "sano".

No puedo enfrentar mi enfermedad, teniendo el dolor que les estoy haciendo pasar. Necesito todas mis fuerzas para salir adelante...No quiero pedir nada, no me merezco nada. Lo único que me merezco es salir adelante solo. Tratar de arreglar mi vida. Má, lo siento mucho, me parte el alma decirles esto. ¡Tantas ilusiones! Pa, no pierdas la esperanza, es lo único que te pido. Voy a salir adelante... Yo sé que puedo.

Por el momento, las lágrimas no me dejan escribir nada más.

Alex

Carta de Cumpleaños de Clarita para Alex, julio 11 de 2012

Querido Alex:

"Esta vida es nuestra elección, es la que elegimos vivir y cómo la vivimos también es nuestra elección. El cambio puede ser difícil y dar miedo, pero es parte de nuestro crecimiento como seres vivos. Tú eres un ser privilegiado porque tienes en ti miles de posibilidades y si luchas por ellas, te ayudarán a sentirte empoderado. Creo que tú ya estás por el camino del cambio, ya empiezas a sentir la satisfacción de darte a ti mismo cosas increíbles y poco a poco serán más; en el aspecto emocional, obviamente es más difícil y el único consejo que yo puedo darte es que "ya le has dado tanto a tu adicción y ésta, ya te ha quitado tanto; que yo ya no le daría ni un minuto más de tu tiempo, ni de tu vida".

El elegir libremente es el regalo más grande que Dios nos ha dado, lo que hemos hecho no le pertenece a nadie más que a nosotros y cada quien tenemos que tomar responsabilidad sobre nuestras acciones. Llegó el momento de las elecciones y Dios te abre una vez más el camino para que elijas como quieras vivir tu vida.

ESTA ES UNA INVITACIÓN A VIVIR. Hoy cumples 30 años y la mejor manera de Celebrar, es celebrando tu nueva vida. Te invito a Amar tu vida, a estar presente en ella, en ti y en todos los demás con AMOR. Cuida tu poder, cuida tu salud, cuida tu vida y se FELIZ.

¡FELICIDADES!! Que sea hoy el comienzo de una gran vida.

Con el amor de siempre

Clarita

Carta de Clarita, verano de 2012. Después de la recaída que se da al año de haber fallecido su amigo.

Mi querido Alex:

Aunque antes de irnos de viaje tuviste una pequeña recaída me fui pensando que era sólo eso. La esperanza es lo último que se pierde y por esa razón me fui un poco más tranquila. Al final del viaje mi corazón me decía que algo estaba mal. El regreso fue devastador.

Honestamente, ha sido muy difícil de digerir, sobre todo después de Dallas, la balacera y José. Si, pensé que ya nunca ibas a recaer, que todo ya había quedado atrás como una horrible pesadilla. Y una vez más, viene ese horrible dolor, esa impotencia, desesperanza y tristeza.

Me queda claro que las cosas tienen que cambiar. No sé qué tengas que hacer, ni cómo le vas a hacer. No puedes seguir viviendo y repitiendo el mismo patrón cada vez que tu cabeza y tus emociones te engañan. Tienes que encontrar la forma de resistir a los juegos macabros de tu mente compulsiva y acelerada.

Yo Clarita, ya no puedo ni quiero conectarme nunca más con tu adicción. No es que te deje de a tí, no es en tono de amenaza ni mucho menos, simplemente, ya no puedo ni quiero. Mi corazón está completamente desgastado, dolido, triste y desesperanzado. Y espero que de corazón puedas entenderme.

Desde que llegamos, hemos tratado de ser pacientes, tolerantes, compasivos y amorosos. Hemos tratado de ayudarte, acompañarte, etc.; pero tu adicción se aprovecha y manipula horriblemente nuestro amor por ti. El que cada vez creemos más expectativas, se convierte en algo muy doloroso.

Hoy, una vez más, estamos tratando de ayudarte a salvarte de ti mismo, este viaje que vas a hacer, no es un premio, ni mucho menos; es simplemente la intención de moverte de lugar, de lograr hacer clic en tu mente de que todo tiene que cambiar y de que vuelvas una vez más a tratar. Pero el que realmente tiene que moverse de lugar eres tú.

Créeme que poco a poco nuestras defensas van creciendo más y nuestros límites se vuelven más fuertes. En esta ocasión, tu papá ya estaba decidido a pagarte unas noches de hotel hasta encontrarte un pequeño departamento en donde tú decidieras cómo ibas a vivir tu vida. En realidad yo fui la que flaquee, pero de mi parte, nunca más. Tienes que cambiar, aprender, crecer y modificar tu vida.

Tienes en tu papá a un hombre generoso, tolerante, amoroso que va mucho más allá del amor incondicional. Ojalá que aproveches la oportunidad que una vez más te da, como un espacio de reflexión y meditación y no como una salida fácil. Que hagas un recuento de tu vida y observes todas tus experiencias y vivencias, tanto buenas, como malas y camines hacia adelante aprovechando todo lo aprendido y trabajando cada día para lograr perdonarte todo aquello que te ha causado daño a ti y a los demás.

Ojalá que aproveches el espacio para encontrar una vez más a Dios en la grandeza de su amor por ti y que ya no sea una vez más una plática, sino que realmente busques el propósito y el para qué de tu vida, de tu dolor y del camino recorrido.

Que busques la forma de regresarle a la vida, todo el amor que ésta te ha dado. Ojalá si puedas entender que Dios si te otorgó el LIBRE ALBEDRIO, la capacidad y la fortaleza para escoger y decidir. Que si tu adicción te engaña, es simplemente eso, un engaño. Tú tienes el Control y el Poder sobre tus pensamientos y tus decisiones. Tú puedes escoger entre caminar por el camino de la oscuridad y la destrucción o hacerlo por un camino de Luz y Amor.

Mi amor por ti siempre estará para ayudarte y acompañarte.

Clarita

Carta de Alex, 25 de septiembre del 2012, Después de un viaje con su papá

Hola Pa:

El viaje realmente me sacó de todo lo malo y oscuro de mi adicción y mis pensamientos. Me transportó a un lugar de paz, tranquilidad y mucha belleza. Agradezco el gran esfuerzo para que hayamos podido disfrutar de un tiempo juntos. Es una demostración de lo que se puede tener en la vida si nos dedicamos a llevarla por el camino adecuado y siempre nos esforzamos por ser mejores.

Está claro, que más no pueden hacer por mí, me han limpiado y enderezado mi camino y me han dado un mapa perfecto con instrucciones muy claras de cómo navegar por esta vida. Ahora está en mí, seguirlo.

Mi mamá y tú son unas grandes personas. Tu temple realmente me deja impresionado y con muchas ganas de algún día poder manejarme como tu ante la adversidad. Está claro que llevará tiempo y años reprogramarme. Pero bien lo dice la frase, "Nada es imposible".

Pa, de nuevo te agradezco desde el fondo de mi corazón el tiempo regalado para mi recuperación y todo lo que en este vivimos.

Te quiero

Alex S.

Carta de Gerardo para Alex, 25 de septiembre de 2012

Gracias Alito. Yo también la pasé increíble. No tienes por qué caer en el juego del stress. Como bien dices, tienes ya muchas experiencias que se convierten en herramientas que te pueden ayudar a salir de cualquier tipo de situación o de aceptarlas, tal cual son, si no se pueden cambiar. No me queda ninguna duda que con esfuerzo, dedicación, humildad y el acompañamiento en el día a día de las personas que te quieren saldrás adelante por muchos, muchos años más. Estos diez años han sido un aprendizaje para el resto de tu vida, por lo menos unos 60 más. Por el momento, tienes el compromiso ineludible de tener objetivos a corto, mediano y largo plazo, que estén mejor definidos. Esto te ayudará a enfocarte y a encontrar de una manera más fácil el camino. Un abrazo y seguiremos creciendo juntos.

Tu Pa

Carta de Alex para Clarita, marzo de 2013

Claris:

Ahora que ya viste la carta que le mandé a Marimar, espero que cuando sólo veas un texto en la tuya, no te desilusiones y creas que no puse el mismo empeño en tu carta. A lo mejor menos tiempo, sí, pero la verdad el mensaje será lo que importe de esta carta.

Quiero que sepas, que el poder hacerle una carta a Marimar así, es única y exclusivamente gracias a ti. Gracias a que tú me has enseñado a ser creativo...lo que es poner nuestro tiempo y nuestro esfuerzo en algún detalle para nuestro prójimo.

La capacidad de amar es gracias a las innumerables demostraciones de amor que tú siempre tienes conmigo, no hay detalle que pase desapercibido. Estos siempre me hacen ser una persona más sensible y una persona más amorosa.

Ma, son tantas cartas, tantas palabras que te he mandado a lo largo de los años y lo que más me gusta... es lo que siento cuando las escribo, es una sensación de alegría...de admiración... de amor incondicional...de agradecimiento. No sé... pero me encantaría ser un poeta que pudiera plasmar en este texto, la felicidad que hay en mi corazón, cuando trato de encontrar las palabras para que sepas cuánto te quiero.

Qué vida tan interesante nos ha tocado, qué camino tan difícil en momentos...pero si algo... algo agradezco a esa vida tan oscura, es que siempre tuve una luz en mi camino...y, esa luz, aunque a veces tenue, siempre me acompañó... y aunque en momentos no seguía su rumbo, a lo lejos siempre estaba dispuesta a esperarme y volverme a enseñar el camino... esa luz me salvó, esa luz eres TÚ

Y hoy... hoy que ya estamos juntos en paz, y viendo sólo hacia adelante, sigues siendo una luz...ya no necesariamente enseñándome el camino...ahora más bien acompañándolo... iluminándolo y llenándolo siempre de alegría.

Mami realmente te quiero

¡Eres alguien muy especial¡

Carta de Alex, Abril 2013, Regresando de ver al Dr. Daniel Amen

Pa y Ma:

Gracias por la paciencia antes del viaje, porque a pesar de su desesperación, aguantaron un poquito más y un poquito más cada día. Sí, son días oscuros y muy desagradables que no tendrían por qué ser parte de ustedes. Me queda claro que si lo han hecho, es únicamente para darme la oportunidad de tener otro futuro que siempre han querido para nosotros.

Cuenten oficialmente con mi presencia total en esta nueva etapa de mi recuperación. Estoy totalmente consciente de todo lo que hay por delante, de los cambios que se tienen que llevar a cabo y del esfuerzo diario que tendré que desempeñar para que ahora sí, de una vez por todas, quede atrás esta pesadilla.

En verdad, no saben cómo reconozco y admiro lo que han hecho por mí. Hay días que se me olvida y hay días que a pesar de que me acuerdo, sigo actuando de manera incorrecta. Eso será algo, que espero día con día mejore y que con el tiempo pueda reparar mi control de impulsos y emociones y entonces ante cualquier situación, poder actuar frente a ustedes, como se merecen: con total respeto y amor.

El estudio que me hicieron, me ayudó a entender muchísimas cosas de mi comportamiento. Me siento bien con los medicamentos, me siento despierto y con ganas... Quedan miedos como siempre, muchos pendientes que ni siquiera sé bien a bien cuáles son, pero siento que tengo tanto por hacer.

En fin, son muchas cosas que les quiero decir, pero gracias a Dios y a ustedes seguimos juntos y podemos platicar todos los días. Espero que esto no sólo se quede en palabras y que en mis acciones puedan cómo respondo y mi agradecimiento.

Los amo

Alex S.

Carta de Alex para Emilio y Lucrecia Planas papás de Marimar, 2 de septiembre de 2013

Mis Queridos Suegros:

Les escribo ya que entre tantas cosas y emociones no he podido tener un tiempo para poderles agradecer el cariño con el que me han recibido siempre en su casa. Realmente estoy muy emocionado con el compromiso de vida que estamos Mar y yo por iniciar. Creo que como todo en la vida, será una aventura llena de retos y compromisos. Estoy seguro que con mucho amor y dedicación, Mar y yo tendremos una relación de la cuales ustedes puedan estar orgullosos.

Para mí y como se lo mencione a Emilio en nuestro desayuno siempre será importante tener su bendición y aún más que eso, contar con su compañía y su cariño a lo largo de toda esta etapa.

A lo largo de este camino sé que tendremos muchas oportunidades de convivencia en el que poco a poco todos nos iremos conociendo mucho mejor. Para que eventualmente y habiéndome ganado este lugar pueda formar una pequeña parte de su gran familia. Será para mí un gran honor.

No es la intención que esta carta suene muy formal, más bien es un cariñoso acercamiento con ustedes, con la única intención de expresarles la felicidad que en estos momentos estoy viviendo con este padrísimo compromiso.

Los quiere,

Alex

Carta de Gerardo y Clarita Sierra, 12 de diciembre del 2013. Última recaída de Alejandro.

Queremos hoy tu papá y yo dirigirte estas palabras con todo el amor que hay en nuestro corazón. Nos cuesta trabajo el que no puedas entender el daño que causas a las personas que te queremos con tus malas decisiones, nos cuesta trabajo que te escondas detrás de tu enfermedad, para no tomar responsabilidad de tus acciones... y si es tan grande tu enfermedad y tu hábito, por qué no haces todo lo necesario para siempre controlarlo. La triste verdad es que no escuchas, la verdad es que ya tienes que ver tu realidad, que puede ser maravillosa, pero sí eres diferente, tienes una enfermedad que requiere que vivas la vida en forma distinta, que tengas siempre más cuidados que otras personas, que entiendas que no puedes hacer nada que altere los niveles de tu conciencia: alcohol, drogas, juego. No estoy diciendo que no puedas tener un trabajo con sus altas y sus bajas pero sí tienes que saber sacar tu caja de herramientas y encontrar la que te pueda servir en cada momento que te sientas presionado o inclusive, sobre estimulado debido a un gran momento de felicidad.

Nos queda claro que no puedes seguir así, porque al final del día vas a terminar muerto de un paro cardiaco, un paro respiratorio o alguien te va a acabar matando. Tienes que encontrar la fortaleza primero en ti, después en el amor de Marimar y después en el de nosotros. Si medimos esa fortaleza por el gran amor que te tenemos, pues entonces tiene que ser muy grande, le pedimos a Dios que no estés consumiendo, que realmente estés meditando, reflexionando, rezando, etc.

Hay varias opciones si es que quieres pedir ayuda, se puede buscar algún médico que te ayude con la ansiedad y los cravings. Puedes tomarte tu tafil y tratar de dormir tres días seguidos para tratar de desintoxicarte tú solo, pedir que te lleven el súper o puedes pedir algo de comer a algún lado para estar bien alimentado, tomar mucha agua, ir a alguna terapia, irte caminando a tus juntas. En fin, todo es mejor que seguir consumiendo. Utiliza este tiempo para reflexionar y para tratar de recuperarte a ti y recuperar a Marimar.

Alex ojalá escojas el amor, la luz, tomes decisiones correctas y no permitas que la oscuridad te destruya.

Acuérdate siempre de lo mucho que te queremos.

Tus papás

Mail de Alex, 1 de febrero de 2014. Días antes de fallecer, auto engañándose y quizás tratando de pedir ayuda escribe este mail.

-Si tengo 1500 a la semana

-Tengo una idea

-Acabo de ver que salen cruceros de aquí de San Diego...salen muchos...

-De 7, 14, 21, y 30 días... con todo incluido... no hay drogas

-Porque no piensan si sería una buena idea pagar uno de estos y me voy unos días...

-Chance es bueno estar alejado de todo, en el mar, con toda la comida incluida...

PLATICA DE ALEJANDRO SIERRA EN LA FUNDACIÓN CONVIENCIA SIN VIOLENCIA

Buenas noches a todos:

Es una oportunidad increíble para mí estar aquí. Yo creo que en la vida tenemos que aprovechar cualquier oportunidad donde nuestra experiencia les pueda servir a otros.

Cuando Joaquín me invito a este proyecto empecé a pensar cuál sería la mejor manera de compartir mis vivencias y que tuvieran el mayor impacto posible.

Tengo que ser realista y darme cuenta que son pocos los que logran experimentar en cabeza ajena y por lo tanto a veces es difícil hacer conciencia. Es difícil hacerle ver a las personas que nadie está exento de lo que a mí me pasó.

Créanme que cuando yo tenía 15 años y comencé a tomar, nunca hubiera imaginado que 12 años después terminaría viviendo en la calle.

Contarles los detalles de mi historia no creo que sea necesario, pero sí les puedo dar más o menos una idea de cómo la fiesta se fue haciendo parte tan importante de mi vida, tanto que fui dejando a un lado las cosas que realmente importaban.

En un breve resumen, empecé tomando como ya mencioné yo creo que más o menos a los 15... Pero digamos que fue de los 16 a los 18 que el alcohol le daba un sentido diferente a mi vida... El alcohol me hacía sentir más popular, me ayudaba a platicar con las niñas, a sentirme más cómodo con los amigos...

Recuerdo las borracheras que me ponía, siempre compitiendo con los amigos para ver quién era el que más aguantaba. El peligro de manejar borracho comenzaba, pero como buen niño inocente me sentía invencible... sentía que a mí nunca me iba a pasar nada.

Fue a los 18 años cuando mi "mejor amigo" me invitó a probar la cocaína. Claro, en su momento había ya tomado mucho antes y por supuesto que cuando me pusieron la coca enfrente para mí fue como si me pusieran la nueva bolsa de sabritas. No había conciencia ninguna de lo que estaba haciendo. Era simplemente una aventura más. Esta falta de capacidad para tomar una sana decisión había desaparecido, por los efectos desinhibidores de alcohol.

Y pues pasó lo que tenía que pasar... ¡me gusto!!! ¡Había adquirido una nueva herramienta de fiesta!!! Una que me ayudaba a poder tomar y luego simplemente bajarme la borrachera con una línea. Me hacía sentir invencible. Y para un niño un poco inseguro como yo, tener una herramienta como esta era realmente tentador.

Aquí yo creo que es buen momento de meter el factor adicción. Tengo muchos amigos que consumen drogas y que lo pueden hacer sin ninguna consecuencia, mayor... Hasta la fecha son personas funcionales que por alguna razón nunca han generado una adicción. Yo no fui tan afortunado. Genéticamente estaba predispuesto a que mi cuerpo reaccionara diferente ante la droga y sin darme cuenta se empezara a desarrollar en mi esta enfermedad. Enfermedad: Progresiva, incurable y mortal.

Si hubiera sabido esto, la historia podría haber sido diferente. Ahora, quien quiera arriesgarse está en todo su derecho, pero lo que yo viví a causa de esta enfermedad no se lo deseo ni a mi peor enemigo.

Entiendo que para muchos hablar de drogas va más allá de su realidad. Pero no hay que engañarnos, el alcohol es una droga. PUNTO

Jugar con el alcohol y otras substancias es como jugar a la ruleta rusa. Nunca sabes si por tomar puedes causar un accidente. No sabes si las drogas que te están vendiendo son buenas o te causaran un accidente. En fin, son innumerables las combinaciones de cosas que pueden salir mal. Y luego corres el riesgo de caer en el mundo de la adicción o el alcoholismo. Que tarde o temprano puede ocasionar un accidente.

Entiendo que la juventud experimenta, entiendo que la diversión es parte del crecimiento y entiendo que vivimos en una sociedad donde agarrar la jarra es aceptado. No pienso que por escucharme a mí hablar vayan a dejar de tomar o de experimentar; pero sí espero que entiendan que hay una finísima línea entre la diversión y el desastre.

Yo crucé esa línea en varias ocasiones y gracias a Dios que estoy aquí para contarlo.

Les puedo contar pequeñas porciones de cuando crucé esta línea y pude haber ocasionado un accidente:

Era una reunión como las que todos aquí hemos ido, empecé a tomar, llegó la niña linda y empecé a tomar un poco más, claro que estaba desinhibido y todo hasta el momento me salía bien. Después continuamos la fiesta en el Restaurante Shu. ¡ Creo que nos tomamos todo el saque del lugar!!! A la hora de pedir el coche, quedamos mi hermano y yo que nos íbamos a seguir. El valet me entrego primero el coche y decidí adelantarme. Era tal mi jarra, que en vez de cruzar los túneles para regresar a mi casa me seguí derecho rumbo a Reforma... recuerdo que iba manejando a exceso de velocidad, tenía un coche de velocidades e iba manejando como si estuviera en carreras de fórmula 1 y cuando menos me di cuenta me salió un coche en una de las glorietas de Reforma e iba tan rápido que no alcancé a frenar... Le pegué tan fuerte que lo dejé dando trompos y mi coche creo que paró unos 500 metros adelante del lugar del impacto. Afortunadamente, la persona a la que le choqué como yo, salimos ilesos.

En otra ocasión, invité a mis amigos de vacaciones a Ixtapa. Después de una larga noche de consumo de alcohol y drogas regresamos a la casa. Nos dimos cuenta que se había terminado el alcohol y las drogas (eran aproximadamente las 7 de la mañana) tomamos la mala decisión de ir a comprar más y por supuesto escogimos a los más borrachos para que fueran a conseguirlo... (Es la clase de decisiones que tomas cuando estás bajos los efectos de substancias que alteran la zona del cerebro que controla la razón y el sano juicio) unos 100 metros después de salir de mi casa me quedé dormido y cuando desperté había volteado una Suburban... yo quedé parado encima de mi amigo que quedó tirado contra la puerta. Otra vez afortunadamente salimos ilesos.

Les puedo decir que yo antes de estos accidentes juraba que yo nunca iba a chocar, que yo era inmune a esa clase de accidentes!!! Pero vuelvo a recalcar nadie está exento y tarde o temprano a todos nos puede pasar.

Yo creo que es necesario para dar un buen mensaje, aceptar frente a ustedes que durante algún tiempo disfruté los efectos del alcohol y de las drogas. Si, éstas me produjeron sensaciones que yo creo nunca más voy a sentir. Me refiero a la sensación física. Y ¡claro! estás liberando una cantidad de dopamina y serotonina (substancias que producen placer) en cantidades que tu cuerpo no está acostumbrado. Y pues sí, la sensación puede llegar a ser muy placentera. Pero sensaciones de este tipo no son gratis, todo tiene un precio. ¡Y las drogas tarde o temprano te cobran la factura!!!

A mí me costó mucho. Ver llorar a mis papás, a mis hermanos, a la gente que me quiere. Perder su confianza. Perder mis valores. Cambiar mi personalidad por completo. Perder muchas cosas materiales.

Era muy curioso por mucho tiempo buscaba estas cosas materiales porque pensaba que me iban a hacer sentir mejor. Que la gente me iba a querer más si tenía la ropa más bonita, el coche más bonito, el reloj más bonito... y la adicción es tan fuerte que nada de esto ya importaba, ¡lo único que importaba era el consumo!!!

En una ocasión mi necesidad de consumir era tan fuerte que vendí mi coche, un coche del año y muy bonito, en aproximadamente 500 dólares de droga...

Quiero pensar que contarles historias más fuertes, realmente de terror no causaría nada más que reforzar su idea que ustedes nunca van a llegar a tales extremos.

Por eso yo creo que es más sencillo decirles, que soy simplemente uno más de ustedes, tengo una familia realmente bonita, nunca nos faltó nada, tuvimos todo y hasta más. Fui al colegio Vista Hermosa, salí con muchas niñas, me divertí mucho tiempo, y cuando menos me di cuenta, cuando menos pensé que iba a pasar, pasó. Poco a poco fui perdiendo todo. Le perdí el sentido a la vida. Desaparecieron mis ilusiones. Desaparecieron mis ganas de vivir. Y lo único que había ya, era consumir.

Pero mientras haya vida estamos a tiempo. A tiempo de tomar buenas decisiones y decidir qué es lo que queremos de nuestras vidas.

Yo personalmente quiero hacer sonreír a mis papás, compartir con mis hermanos esta vida!! Formar una familia, desarrollarme como ser humano. Ayudar a los demás. Y he aprendido que una vida llena de alcohol y drogas no se lleva con una vida como la que yo quiero.

Amigos, al principio les dije siento que nadie experimenta en cabeza ajena. Bueno por hoy les pido que lo hagan.

Créanme y me atrevo a decirlo sólo porque ya lo viví. ¡NO VALE LA PENA! Hoy en día salgo en las noches y no saben cómo me divierto sin tomar. Son las 4 de la mañana y están todos realmente borrachos y digo gracias a Dios que no me veo así. Puedo platicar con las niñas y no saben la respuesta tan positiva que tengo cuando me ven sobrio y coherente y no ahogado tratando de ligármelas.

Me despierto al día siguiente y no tengo que hablarle a un amigo para que me diga que hice la noche anterior.

Aparte les pido que confíen en mi cuando les digo que se pueden ahorrar muchos años de sufrimiento. No saben cuántas veces yo me puse de rodillas y le pedí a Dios que regresara el tiempo. Ya no quería sufrir, ya no quería hacer sufrir a mis seres queridos, pero ya era demasiado tarde, había cruzado esa fina línea. No se arriesguen, les prometo que las drogas prometen algo que nunca les van a dar y poco a poco les va ir quitando más y más.

Esas cosas están tan lejos de mi familia………..

Moisés Kleinberg N. Consejo editorial del Pacto de no Violencia

Esas cosas tan feas, no nos van a pasar a nosotros. Una familia "bien". Un padre de altos desempeños en una importante empresa, capaz de realizar difíciles operaciones y delicadas negociaciones tanto en México como en el extranjero, Una madre profesionista, con títulos de posgrado en una renombrada universidad, plena de reconocimientos en su campo de acción. Niños bien portados, deportistas, con las mejores calificaciones, premiados en sus colegios y bien acogidos en los círculos sociales que frecuentan. Historias familiares de éxito, de amor, de convivencia, de ayuda mutua. En un hogar cálido, lleno de cultura. Con integrantes, todos ellos de alta eficiencia, con hábitos sanos………………

¡No! Es imposible que esas cosas sucedan en una familia como la mía.

Esas cosas que traen las malas influencias, están muy lejanas a nosotros. Eso solo les sucede a las familias disfuncionales. En las que existen hijos no deseados. En las que las riñas son lo común, en las que los niños son abandonados por padres que solo piensan en su bienestar. Para quienes atender las necesidades de los hijos es punto más que una molestia. Donde la falta de amor es el denominador común en cada uno de los integrantes. Familias con antepasados que han caído en vicios. En las que el padre es violento con su esposa y con sus hijos. Familias de fracasados, de malvivientes, alejados de la religión y de las buenas maneras...........................

Estamos completamente blindados contra esos males. Nosotros estamos continuamente al pendiente de nuestros hijos. Sabemos qué les sucede tanto en sus escuelas, como fuera de ellas, sabemos dónde están, con quienes andan, qué hacen, los llevamos a sus fiestas, revisamos el ambiente de cada una y los vamos a recoger.

Les tenemos programas académicos y extracurriculares que no les permiten pensar en otra cosa. No tienen tiempos libres para ensuciarse la cabeza con esas porquerías...........................

¿Es verdad que existe un blindaje para no caer en algún tipo de adicción, es verdad que una educación adecuada aleja a los hijos de las sustancias adictivas, están nuestros hijos realmente tan lejos de ellas como para despreocuparnos del problema?

El pasado martes 28 de junio se demostró, una vez más que el problema de las adicciones está mucho más cercano a todos de lo que podemos imaginar.

Un joven brillante que cayó en el infierno de las adicciones, hasta el punto en el que ya nada, ni su propia vida tenía algún valor.

Su madre, que vivió la pesadilla de ver a un hijo autodestruirse, experimentar por varios años culpas, impotencias, frustraciones y una serie de fracasos, finalmente, casi milagrosamente, viéndolo resurgir.

Ellos dos ofrecieron una conferencia testimonial en la que quedaron claros, una vez más, los hechos de que las sustancias adictivas, todas ellas, están al alcance de cualquiera y de que las adicciones, en contra de este mito que nos creemos todos, no son propias de algún grupo social definido. De que en realidad no existe un blindaje definitivo para que los hijos caigan en alguna adicción, pero sí existen algunas conductas que pueden minimizar las posibilidades de que esto ocurra.

Por un lado, el hijo nos cuenta que entrar al mundo de las sustancias adictivas es algo que muy lenta y sutilmente se va dando. No es que un día la vida cambia y una persona se convierte en adicto a todas las sustancias. Se empieza con el cigarro y poco a poco, se da la oportunidad de probar alguna otra sustancia. En este caso, el alcohol. Una vez siendo adicto al alcohol y perdiendo el control sobre su consumo, dentro de la inconsciencia de una borrachera, puede uno fácilmente probar cualquier otra droga.

Poco a poco las relaciones para con la familia, la escuela, el trabajo se van deteriorando porque las drogas son las que van tomando el control de la vida. No es que no se dé uno cuenta de lo que está sucediendo. Es que en este punto ya no se puede cambiar. La bola de nieve lo ha atrapado y la salida se antoja imposible.

Además de toda la penuria física que experimenta uno al consumir drogas y alcohol sin control, además del peligro al que se expone uno mismo así como a otros muchos que no tienen nada que ver al llevar una vida llena de excesos, se experimenta un gran sufrimiento al saberse culpable de la destrucción de su núcleo familiar, así como de la pérdida de amistades de toda la vida.

En el punto en el que no se puede ya resistir la simple vista de seres queridos, al aflorar esa serie de culpas por ser el causante de la agonía de los seres más cercanos, se busca el escape en la soledad. Ese monstruo que poco a poco se adueña de uno mismo, empeorando la dependencia de las sustancias adictivas acelerando la caída en ese círculo vicioso en el que la mayor dependencia, conduce a un mayor alejamiento de la sociedad y este retiro a su vez, multiplica la dependencia.

- ¡Quiero salir................. Pero no puedo..................!

En este caso, ya al haber abandonado toda esperanza de salvarse, al resignarse al completo abandono, fueron algunos visos de bondad humana de desconocidos que al ofrecerle una mano amiga desinteresada, le hicieron ver que el mundo no es lo cruel que uno pudiera esperar. Esta fue la señal divina de que su autodestrucción es un desperdicio. De que alguien más lo necesita. De que así como a él lo ayudaron, también puede ayudar a otros que lo necesitan. Este fue el hilo que lo mantuvo atado a la vida y por el que ahora ofrece a todo el que necesite la posibilidad de aferrarse a ese aparentemente débil, pero sin duda potente como para detener la caída a una segura muerte, halo de vida.

Éste es un caso singular y sin duda poco común. Pero afortunadamente, no es el único. Es otra de las historias que demuestran que la batalla no está perdida. Que a pesar de todo el dolor que pueda causar un caso de adicción, sí puede haber esperanza y sí puede haber salida.

Es ese mensaje que nos hace entender que aún cuando el problema de la adicción parece irremediable, tormentoso, inacabable, gigantesco y desgarrador, no por eso hay que darse por vencido. Pero, como en todos los testimonios de familias que han podido salir de estos infiernos, se requiere de un grado superlativo de paciencia, una búsqueda incansable de información, una inquebrantable fe y sobre todo, una enorme......... y al decir enorme, no creo que la sola palabra realmente pueda aclarar el verdadero tamaño de la tolerancia a la frustración que se requiere para poder sobreponer la crisis familiar que la adicción de uno de sus miembros provoca.

En pocas palabras, el verdadero mensaje de este escrito, sin duda debe verse como "al final del túnel sí puede haber una luz y .... Con todo el dolor que eso representa, hay que buscarla.

Artículo publicado en www.convivienciasinviolencia.com, después de la plática de Alejandro Sierra.

RECOMENDACIONES

Páginas:

-TEN TIPS FOR THE FIRST YEAR OF RECOVERY DE KEVIN T. MCCAULEY,

www.instituteforaddictionstudy.com

-Al-anon

www.alanon.mx/www.al-anonalateen.mx

-Alcohólicos Anónimos

www.aa.org/www.aamexico.org.mx/www.alcoholicos-anonimos.org

-Narcóticos anónimos

www.na.org/ www.namexico.org.mx

-SAMHSA, (Substance Abuse and Mental Health Services Administration)

www.samhsa.gov/www.csat.samhsa.gov

-Familias Anónimas

www.familiasanonimas.org

www.convivenciasinviolencia.com

Libros

-Beattie Melody, Guía de los doce pasos para codependientes, México, Editorial Promexa, 2005

-Clegg Bill, Portrait of an addict as a young man. A memoir, New York, Little, Brown and Company, 2010

- Kennedy Lawford Christopher, Recuperarse para vivir, Editorial Sirio, 2015

-May Gerald G., M.D., Addiction and Grace. Love and Spirituality in the Healing of Addictions, New York, Harper Collins, 1988

-Meyers Robert J.,Ph.D./Wolfe Brenda L. Ph.D., *Get your Loved one Sober*, Minessota, Hazelden, 2004

-Sheff David, *Mi hijo precioso, Beautiful Boy*, Editorial Vintage Español, 2009

DVD´s

-McCauley Kevin Dr., Pleasure Unwoven. A personal journey about addiction, 2006 (En español, El Placer destejido. Un explicación de la enfermedad de la adicción, 2011)

-McCauley Kevin Dr., Memo to self: Protecting Sobriety with the Science of Safety, 2015

-Greenfield Lauren, (Producer) Thin. If it takes dying to get there, so be it. HBO Documentary Films, 2006

-Hoffman John, Froemke Susan, (Producers), Addiction. New Knowledge. New Treatments. New Hope, HBO Documentary Films, 2007

CITAS

(1)   Conyers Beverly, *Addict in the family. Stories of Loss, Hope and Recovery*, Minnesota, Hazelden Foundation, 2003, pag.17

(2)   Conyers Beverly, *Everything changes. Help for families of newly recovering addicts*, Minnesota, Hazelden Foundation, 2009, pag. XV, XVI

(3)   McCauley, Kevin Dr. M.D./ Reich Cory, Dr. Ph.D. LMFT, *Addiction*, Utah, The Institute of Addiction Study, 2008, pag.1

(4)   Cope Moyers William with Katherine Ketcham, *Broken. My story of addiction and redemption*, London, Viking, 2006, pag. 72

(5)   McCauley, *op cit*, pag. 36 y 37

(6)   McCauley, *op.cit.*, pag. 35

(7)   Conyers Beverly, Addict in the Family, pág. 21

(8)   Conyers Beverly, *op.cit.*, pag. 23

(9)   *Cocaina, Abuso y Adicción*, Boletín del Instituto Nacional sobre el abuso de drogas, Cocaina, en Serie de Reportes de Investigación, Enero 2001.

(10)   Cope Moyers, William, op.cit, pág. 112,113

(11)   Kennedy Lawford Christopher, *Recover to Live*, Kick any habit, manage any addiction, Dallas, BenBella Books Inc., 2013, Posición 686 de 8325

(12)   www.drugabuse.gov.

(13)   Roffe de Sierra Clarita, *The Importance of Spirituality in the Recovery of Substance Abuse and Addiction*, Institute for Transpersonal Psychology, Introduction to Transpersonal Theory, 01/12/08

    (14)   Grof Christina, *op.cit.*, página 191

    (15)   Grof Christina, op.cit. páginas 193-210

    (16)   Schultz Sherry, Coming back from a relapse, EUA, Hazelden, 1991, pág. 1

    (17)   Cope Moyers William with Katherine Ketcham, Broken. My story *of addiction and redemption*, London, Viking, 2006, pag. 278

(18)   Conyerd, *Everything changes*, pág. 97

(19)   www.adicciones.org

(20)   www.adicciones.org

(21)   www.salud.nih.gov

(22)   www.salud.nih.gov

(23)   Amen Daniel G., M.D./ Smith David, M.D.,   Unchain your brain. Ten steps to breaking the addictions that steal your life, California, MindWorks Press, 2010, pág. 110

(24)   NIH (National Institutes of Health) www.salud.nih.gov y NIDA www.drugabuse.gov (National Institute of Drug Abuse)

(25)   www.drugabuse.gov

(26)   Fantín Beatriz y García Horacio Daniel, Ajayu, 9(2), Agosto 2011, 193-214, Family factors, its influence on substance abuse. (Factores familiares, su influencia en el consumo de sustancias adictivas)

(27)   Parent Jake D. (editor), *Hearts and Scars. 10 Human Stories of Addiction*, Modern Minimalist Press, 2015, pos. 43 de 1497

(28)   McCauley, *op. cit.,*   pag.1, 2

(29)   McCauley, *op.cit*. pag. 2

(30)   McCauley, *op.cit*., pag. 6,7

(31)   www.drugabuse.gov

(32)   De Granda Orive, J.I., Solano Reina, Jareño J. Esteban, Pérez Trullén A., Barrueco Ferrero M., Jiménez Ruiz C.A., *De la neurobiología de la adicción a la nicotina al tratamiento del tabaquismo. Progresos terapéuticos,* Madrid, Servicio de Neumología, Hospital Central de la Defensa Gómez Ulla., Madrid.

(33)   Medzerian, George, Ph.D., Crack, Treating cocaine addiction, Florida, Tab Books,1991, pág. 29-33

(34)   www.7stagesofcrack.wordpress.com/ junio 12, 2007, 7stagesofc, y el blog chosenFast.com

(35) www.adiciones.org/familia/codependencia, Dr. Salvador Alvarado, Médico en adicciones.

(36) www.manantiales.org/ Fundación Manantiales

(37) www.adiciones.org/familia/codependencia, Dr. Salvador Alvarado, Médico en adicciones.

(38) Conyers Beverly, *Everything changes*, pág. 10

BIBLIOGRAFÍA

-Amen Daniel G., M.D./ Smith David, M.D., *Unchain your brain. Ten steps to breaking the addictions that steal your life*, California, MindWorks Press, 2010

-Conyers Beverly, *Addict in the family. Stories of Loss, Hope and Recovery*, Minnesota, Hazelden Foundation, 2003

-Conyers Beverly, *Everything changes. Help for families of newly recovering addicts*, Minnesota, Hazelden Foundation, 2009

-Cope Moyers William with Katherine Ketcham, *Broken. My story of addiction and redemption*, London, Viking, 2006

-Grof Christina, *The Thirst for Wholeness. Attachment, addiction and the spiritual path*, San Francisco, Harper, 1994

-Kennedy Lawford Christopher, *Recover to Live*, Kick any habit, manage any addiction, Dallas, BenBella Books Inc., 2013

-McCauley, Kevin Dr. M.D./ Reich Cory, Dr. Ph.D. LMFT, *Addiction*, Utah, The Institute of Addiction Study, 2008

-Medzerian, George, Ph.D., *Crack, Treating cocaine addiction*, Florida, Tab Books, 1991, pág. 29-33

-Parent Jake D. (editor), *Hearts and Scars. 10 Human Stories of Addiction*, Modern Minimalist Press, 2015

ARTÍCULOS

-Boletín del Instituto Nacional sobre el abuso de drogas, Cocaína,

Abuso y Adicción en Serie de Reportes de Investigación, Enero 2001.

-De Granda Orive, J.I., Solano Reina, Jareño J. Esteban, Pérez Trullén A., Barrueco Ferrero M., Jiménez Ruiz C.A., *De la neurobiología de la adicción a la nicotina al tratamiento del tabaquismo. Progresos terapéuticos,* Madrid, Servicio de Neumología, Hospital Central de la Defensa Gómez Ulla.

-Schultz Sherry, Coming back from a relapse, EUA, Hazelden, 1991

PÁGINAS CONSULTADAS Y DVD´S

www.adicciones.org

www.salud.nih.gov

www.drugabuse.gov

www.adicciones.org/familia/codependencia

www.manantiales.org

www.7stagesofcrack.wordpress.com

AGRADECIMIENTOS

Quiero agradecer a todas las personas que en un principio leyeron los ensayos de este manuscrito y compartieron conmigo sus valiosas sugerencias y correcciones.

A mi editor, Lisa Umina, quien me motivó y guió en la producción del libro.

A mi hijo Mauricio que trabajó con mucha dedicación e ilusión, tanto en las ilustraciones como en la portada del libro creando una imagen muy bella.

A mis padres por su amor y por la fortaleza que formaron en mí.

A mis hermanos, gracias por su cariño y su apoyo incondicional.

A mis nueras Ana Torre y Elizabeth Lerch, gracias por estar siempre presentes compartiendo con mucho cariño el camino con nosotros.

A mis nietas Ana y Elena por ser la alegría y la ilusión de mi vida.

A toda nuestra familia y amigos, nuestra gratitud por siempre estar presentes.

A Helen, Daniela, Danielita, Susy, Andrea y María y a todos aquellos que tocaron la vida de Alex de un modo especial, mi agradecimiento por haber sido parte de su historia y a cada uno de ustedes, mi gratitud por haberlo acompañado en su camino, aceptado y amado tal cual era.

Quiero agradecer de una forma muy especial a mi equipo de terapia médica familiar que siempre me dieron contención y me escucharon con amor durante diez años.

Mi gratitud a todos aquellos dedicados a ayudar a personas que sufren esta enfermedad y a sus familias, muy especialmente al Dr.

Kevin McCauley que siempre estuvo presente en el proceso adictivo de Alejandro, escuchándonos con paciencia y guiándonos con empatía y compasión.

A nuestro amigo el escritor Francisco Martín Moreno, gracias por escucharnos, por ayudarnos a realizar este proyecto y por escribir el maravilloso prologo para este libro con tanto cariño y pasión.

Me es muy difícil expresar mi gratitud a Ana Paula Rivas por haberle puesto estructura a mi historia y al legado de Alex. Por ayudarme a poner en orden todas mis emociones y sentimientos con una gran sensibilidad y siempre escuchando con el corazón.

Y por último, muy especialmente a Marimar Planas… Por siempre mi cariño, mi respeto y mi admiración, realmente no tengo las palabras suficientes para agradecerte la felicidad y el Amor que le diste a Alex y con qué fortaleza y dedicación nos ayudaste a crear este proyecto.

ACERCA DE LOS AUTORES

ALEJANDRO SIERRA

Estudió Administración de Empresas en la Universidad Anáhuac y trabajó en Vidalta Parque Residencial. Amante de la vida, amoroso, sensible, generoso, impulsivo. Creyéndose invencible poco a poco, se fue introduciendo en un mundo desconocido pensando que podía dejarlo en cualquier momento y arreglar su vida.

CLARITA SIERRA

Psicóloga egresada de la Universidad de Texas, con especialidad en psicología transpersonal y Terapia Medico Familiar. Trabaja como TMF con pacientes con cáncer. Le encanta cocinar y pasó parte de la infancia de sus hijos dando clases de cocina. Vive en la ciudad de México con su esposo, muy cerca de sus hijos y nietas.

ANAPAULA RIVAS

Historiadora por la Universidad Iberoamericana. Le encantan los libros, y ha trabajado en la investigación de novela histórica y de historia con autores como Francisco Martín Moreno e Ikram Antaki. Participó en la investigación de la biografía del escultor mexicano Sebastián. Tiene tres biografías escritas: Nunca me lo imaginé, Del Olivo al Agave y Tomando Riesgos

CPSIA information can be obtained
at www.ICGtesting.com
Printed in the USA
LVOW07s1218150617
538232LV00001B/11/P

9 781612 444482